루이비통도 넷플릭스처럼

KB140791

루이비통도 넷플릭스처럼

디지털 경제로 전환에 성공한 기업의 전략적 혁신 사례

초판 1쇄 2019년 5월 9일
    4쇄 2020년 4월 10일

지은이 수닐 굽타
옮긴이 김수진
발행인 최홍석

발행처 (주)프리렉
출판신고 2000년 3월 7일   제 13−634호
주소 경기도 부천시 원미구 길주로 77번길 19 세진프라자 201호
전화 032−326−7282(代) **팩스** 032−326−5866
URL www.freelec.co.kr

편 집 고대광·오창희
표지디자인 이대범
본문디자인 김경주

ISBN 978−89−6540−242−8

※ 일러두기
  별도로 '원주' '편집자주'라고 표기하지 않은 주석은 모두 '역주'이다.

루이비통도 넷플릭스처럼

디지털 경제로
전환에 성공한 기업의
전략적 혁신 사례

수닐 굽타 지음
김수진 옮김

프리렉

디지털 트랜스포메이션이란 무엇인가?

김현정 전무(IBM 아시아태평양 디지털 전략 컨설팅 총괄)

디지털 트랜스포메이션^{Digital Transformation}이란 무엇인가? 과연 실체가 있는 것인가? 역설적으로 들리겠지만 공식 석상에서 디지털 기술이 가져온 파괴적 혁신에 관해 수차례 이야기하고, 이로 인해 전략과 투자 우선순위를 변경하거나 새로운 실험을 하겠다고 발표하는 유수 기업의 경영진조차도 사석에서는 이런 질문을 하고 고민에 빠지는 모습을 자주 보게 된다. 그만큼 디지털 트랜스포메이션이라는 주제가 어렵고, 인프라나 시스템 변화에 그치는 것이 아닌 광범위한 영역에서의 기업 의사결정을 포함해야 하는 것이기 때문일 것이다.

　이 책은 그동안 많은 책과 글들이 디지털 트랜스포메이션의 요소들이나 시대의 주목을 받는 핵심 기술과 키워드에 집중했던 것과는 달리 경영진의 마음 깊은 곳에서 커지고 있는 "디지털 트랜스포메이션이란 도대체 무엇인가? 어떻게 이해하고 접근해야 하는가?"라는 질문에 대해 과감하고도 체계적인 프레임워크를 제시한다는 점에서 매우 특별한 책이다.

　여기서 만날 수 있는 수닐 굽타 교수의 날카로운 통찰력과 본질을 꿰

뚫을 수 있게 해 주는 제안들은 수많은 기업의 최고 경영진들과 함께했던 생생한 디지털 트랜스포메이션 경험에 기반한 것들인데, 국내 번역본 출간을 통해 수닐 굽타 교수의 조언과 코치를 수시로 들을 수 있는 계기가 만들어진 것 같아 누구보다도 기쁜 마음으로 이 책을 추천한다.

디지털 전환을 추진하는 국내 기업 사례

(**Section 1** 비즈니스 재해석하기 > 플랫폼 혁명과 생태계 변화 > 은행도 플랫폼이 될 수 있을까?)에 뒤이어 **한국 기업들의 플랫폼 사업 준비**	
(**Section 2** 가치사슬 재평가하기 > 오프라인과 온라인의 연결, 옴니채널 전략 > 오프라인과 온라인 채널의 융합 > 아마존의 옴니채널 실험)에 뒤이어 **롯데 백화점의 뷰티 옴니 매장 실험**	
(**Section 4** 조직과 역량 새롭게 재정비하기 > 혁신 지향적인 조직 설계하기 > 상륙함 만들기)에 뒤이어 **스타트업의 혁신 DNA 이식에 성공한 한국형 혁신 기업 모델**	
(**Section 4** 조직과 역량 새롭게 재정비하기 > 데이터 활용 인재를 관리하기 > 데이터 애널리틱스, 머신러닝, 인공지능 > 일자리 자동화의 여파)에 뒤이어 **상품 기획을 위한 인공지능 분석 플랫폼**	

※ QR 코드로 국내 기업의 디지털 전환 사례를 확인하실 수 있습니다.
  국내 기업의 사례를 확인하시고 더 풍부한 정보를 얻으시기 바랍니다.

비즈니스를 재창조하기 위한 프레임워크

디지털 파괴disruption(디지털 기술로 야기되는 파괴적 혁신)와 디지털 전환 Digital Transformation이 여러 가지 이유로 큰 주목을 받고 있다. 디지털 기술이 전 산업에 걸쳐 파괴적 혁신을 일으키며 엄청난 변화를 만들어 내면서 페이스북이나 아마존Amazon 같은 기업은 기하급수적으로 성장했다. 시장 변화를 민첩하게 간파한 신생회사들이 혁신적인 사업 모델을 들고 나오면서 기존 사업자들이 궁지에 내몰리는 상황은 이제 낯설지 않다. 하지만 여기서 더 중요한 것은 디지털 기술이 전통적인 선도기업들의 지위를 위협하고, 또 한편으로는 그들에게 무궁무진한 기회를 열어주기도 한다는 점이다.

미국의 기상 정보 제공업체 더 웨더 컴퍼니The Weather Company가 바로 그 대표적인 사례다. 소비자들이 TV에서 모바일로 이동함에 따라 체류시간이 짧아지고 이 때문에 광고 수입이 줄어들자, 더 웨더 컴퍼니 경영진들은 사업 방향을 바꾸어 웨더FXWeatherFX라는 서비스를 개발했고, 디지털화에 성공을 거두었다. 이 서비스는 앱을 통해 얻은 데이터로 리테일러가 날씨에 따른 소비자의 구매 행동 변화를 예측하도록 돕는다. 디지털화로 성공을 거둔 회사는 이뿐만 아니다. 뉴욕 타임스^{New York Times}는 신문 구독자와 구인이나 구직, 월세 등을 싣는 안내 광고^{classified ad} 매출이 떨어지자 온라인 유료 구독 서비스를 도입했다. 현재 뉴욕 타임스는 온라인 유료 독자 250만 명을 달성하였고, 디지털 부문에서 2020년까지 8억 달러의 매출을 거둘 것으로 기대한다.[■] 캐딜락^{Cadillac}과 같은 자동차 회사도 여러 자동차 브랜드를 번갈아 탈 수 있는 구독형 서비스를 운영 중이며,^{■■} 세계 최대 화장품 편집숍인 세포라^{Sephora}나^{■■■} 다른 리테일러들은 모바일 앱을 통해 매장 내 프로모션이나 신제품에 대한 정보를 즉각적으로 제공하여 소비자에게 새로운 경험을 선사하고 있다. 골드만 삭스^{Goldman Sachs} 역시 경쟁사들도 참여할 수 있는 온라인 플랫폼을 구축하였다.

비즈니스 리더라면 누구나 '디지털'을 오랫동안 고민하면서 자신의 사업을 '디지털화^{digitize}'하려고 새로운 과제를 추진하거나, 다양한 실험들을 진행해 왔을 것이다. 그중에서 일부는 나름 성과를 냈을 수도 있다. 하지만 여러분이 내가 상대하는 경영진과 다를 바가 없다면, 지금 이 순간에도 어떻게 해야 디지털 전환으로써 더 나은 성과를 낼 수 있을지 고민하고 있을 것이다. 하지만 어떻게 더 나은 성과를 낼 수 있을까? 만약 우리 회사가 디지털 DNA와 스타트업의 민첩성이 부족하다면, 디지털 시대에서 주어지는 특별한 기회를 최대한 활용하기 위해 무엇을 해야 할 것인가?

■　2018년 4분기 기준으로 2,713,000명(편집자주) 출처: statista.com

■■　북 바이 캐딜락(Book By Cadillac)이라는 서비스는 월 1,800달러(약 200만 원)으로 뉴욕과 로스앤젤레스, 댈러스 등에서 제공하고 있다. 연간 18회를 상한으로 캐딜락 모델 중 원하는 차를 바꿔 탈 수 있다(편집자주). 출처: global-autonews.com

■■■　프랑스의 루이비통모에헤네시(LVMH) 그룹이 운영하는 세계 최대 규모의 화장품 전문 유통체인

필자는 십여 년 이상 하버드대 경영대학원 교수로 재직하면서 디지털 전략을 연구하고 수많은 기업들의 디지털 전환에 참여했다. 그동안 디지털화의 성공과 실패 사례를 접하면서 느낀 점은 혁신적인 성과를 성공적으로 이끌어 낸 리더들은 디지털 전환에 사활을 건다는 점이다. 그들은 디지털 전략을 전사 전략과 분리해서 생각하지 않는다. 오히려 '디지털 퍼스트digital first' 마인드로 디지털 전략이 조직 전체에 파급되도록 추진한다. 그뿐만 아니라, 디지털 전환은 핵심 경쟁력을 강화하는 동시에 미래를 위한 준비하는 작업을 병행하는 과정이다.

이 책은 광범위한 예시를 통해 디지털 전환을 어떻게 추진해야 하는지 보여줄 것이며, 예시 중에는 비즈니스를 재창조reinvent하는 데 성공한 기업들의 사례 연구case study와 모범 사례best practice 분석을 포함한다. 그뿐만 아니라 이 책은 전체를 아우를 수 있는 디지털 전략을 수립하고, 혁신 과정을 통해 조직 전체를 이끌도록 도와주는 프레임워크를 제시한다.

기업이 잘못된 길로 들어설 때

새로운 기회를 모색하는 동안 디지털 파괴로 인한 영향을 줄이고자 기업은 다음의 세 가지 전략을 여러 방식으로 조합하여 구사한다. 첫째, 큰 조직 내에 소규모 독립 부서나 스타트업을 만든다. 둘째, 여러 건의 디지털 실험을 한다. 셋째, 비용을 줄이거나 효율성을 높이려고 기술을 활용한다. 하지만 이러한 노력은 대개 제한적인 성공에 그치고 만다.

많은 대기업이 독립된 디지털 부서를 만들거나 실리콘 밸리에 전초기지를 마련함으로써 조직에 혁신적인 분위기와 활력이 생기길 기대한다. 스페인 최대 통신사 텔레포니카^{Telefónica}는 2011년 9월 영국 런던에 텔레포니카 디지털^{Telefónica Digital}이라는 독립 부서를 설립했다. 마드리드 본사에서 멀리 떨어진 런던에 신설된 독립 부서는 최고경영자^{CEO}를 따로 두고 예산도 별도로 배정받았다. 대부분의 통신사와 마찬가지로 텔레포니카는 모바일 혁명 속에서 주도권을 잡지 못했고, 스카이프^{Skype}와 왓츠앱^{WhatsApp}과 같은 메신저 앱으로부터 핵심 사업을 위협받는 상황이었다. 텔레포니카 경영진은 디지털 그룹이 본사의 방향성을 제시할 만한 혁신적인 제품과 서비스를 발굴하리라 기대했다.

경영 자율권과 대규모 예산을 보장받으며 야심만만하게 출발한 텔레포니카 디지털은 기대에 부응하는 놀라운 아이디어들을 발굴하였다. 상당수 아이디어는 당시 통신사로서 굉장히 새로운 영역이었다. 디지털 그룹은 개발과 테스트, 파일럿을 거쳐 발전 가능성이 보이는 아이디어를 본사에 제안해 글로벌 시장에 적용하고자 했다. 하지만 아이디어를 받아들이고 실천할 자신이 없던 국가별 담당자^{country head}들의 반대에 번번이 부딪혔다. 결국, 텔레포니카는 3년의 실험 끝에 런던의 디지털 부서를 없애고 모든 기능을 다시 마드리드로 옮겼다.

독립 부서를 만들어 전사적으로 디지털 전환을 추진하는 것은 대형 선박의 방향을 바꾸려고 스피드보트를 띄우는 일과 같다. 스피드보트가 질주하며 제아무리 방향을 바꾸려 해도 거대한 선박은 꿈쩍도 하지 않는다.

그다음 경우를 보자. 많은 기업들은 디지털 전환을 위해 여러 가지 프로젝트를 실험한다. 급변하는 시장 환경과 불확실한 미래를 고려할 때 이는 타당한 접근 방식이라 볼 수 있다. 이러한 여정journey은 몇 가지 전술적인 실험에서 출발하는 경우가 많은데, 대개 새로운 소셜 미디어 도구나 모바일 플랫폼을 남들보다 빨리 써보는 성향의 직원들이 모여 있는 마케팅 부서에서 시작된다. 디지털을 둘러싼 기대감excitement이 조직 내에 퍼지면서 새로운 이니셔티브initiative가 회사 전체에서 나타나고 확산된다. 2012년 독일의 생활용품·화장품 기업인 헨켈Henkel의 CEO였던 카스퍼 로스테드Kasper Rørsted는 당시 팀 리더들에게 헨켈 내의 모든 디지털 이니셔티브를 모아들이라고 지시하면서 이러한 현상을 체감했다. 로스테드는 150개가 넘는 디지털 이니셔티브가 회사에 흩어져 있다는 사실에 놀랐다. 대부분의 이니셔티브는 한 부서나 특정한 국가에 국한된 문제를 해결하기 위한 작은 실험에서 출발했지만, 이윽고 새롭고 다양한 디지털 이니셔티브가 회사 전체 여기저기서 툭툭 튀어나오기 시작했다. 로스테드의 표현을 빌리자면 꽃이 필 날을 기다리는 '수백 송이 꽃봉오리'였다.[1]

이니셔티브가 여러 곳에 흩어져 있으면 시너지 효과가 낮아서 기업들은 흩어진 이니셔티브를 통합하려 한다. 팀 리더들은 서로 다른 직무 영역별·브랜드별·사업 단위별·지역별로 디지털 프로젝트의 목록을 작성해 개별 과제를 합리화하고 통합을 시도한다. 때로는 차세대 디지털 프로젝트를 총괄하는 부서를 만들기도 한다. 이 단계에서 국지적으로 진행하던 프로젝트가 글로벌 차원으로 확대되기도 하고, 하나의 브랜드만 다루던 이니셔티브가 여러 브랜드로 범위가 확장되기도 한다.

종종 실험의 여정에서 매 단계는 의미 있고 꼭 필요한 것일 수 있다.

실험은 말 그대로 기업이 신선한 아이디어를 테스트하고 미래의 트렌드를 발굴하는 데 유효하다. 하나의 아이디어가 회사 전체에 퍼져 나가는 현상은 기업가 정신entrepreneurship과 열정이 살아 있다는 증거가 되기도 한다. 이니셔티브 통합 역시 프로세스의 합리적인 개선과 자원 할당에 있어 필수적이고 효과적인 방법이다. 하지만 장기적인 로드맵이나 방향성 없이 실험만 반복한다면 눈앞의 성공에 사로잡혀 장기적인 성과는 내놓지 못할 수 있다. 아이디어가 우후죽순 생기는데, 규모를 키우지 못한다면 귀중한 시간과 자원을 낭비하는 것이다. 더 중요한 사실은 이러한 상향식bottom-up 접근이 기술 위주이기 때문에, 정작 기업이 깊이 고민해야 하는 근본적이고 고차원적인 이슈를 다루지 못한다는 것이다.

세 번째 방식은 비용 절감과 운영 효율 개선에 기술을 활용하는 것이다. 예를 들어, 소비자가 온라인과 모바일 뱅킹으로 옮겨 가면서 은행은 오프라인 지점을 없앤다. 소매 금융 지점은 물리적 면적을 줄이고 매출이 부진한 지점은 폐점한다. 가외성을 줄이고 효율성을 높이고자 프로세스의 디지털화와 간소화를 추구한다. 상당량의 내부 업무는 고객이 직접 처리하는 방식으로 변경해 인건비를 줄인다.

기업들이 항상 효율성을 높이고 비용을 최소화하려는 것은 당연한 이야기다. 하지만 기업들이 오로지 여기에만 의존한다면 그 기업들은 암묵적으로 기술이 시장의 판도를 근본적으로 바꿀 가능성이 없다고 가정하는 것과 같다. 쉽게 말해 전통 은행들이 핀테크Fintech ▪ 회사는 금융 산업에

▪ Finance(금융)와 Technology(기술)의 합성어로, 금융과 IT의 융합을 통한 금융 서비스와 금융 산업의 변화를 통칭하며 모바일 결제, 모바일 송금, 온라인 개인 자산 관리, 크라우드 펀딩 등이 있다.

별다른 영향력을 미치지 못하리라 생각하고 과거와 같은 방식으로 사업을 운영하고 있다고 가정해 보자. 이러한 가정은 잘못된 것임을 금방 알 수 있다. 알리바바에서 출시한 물건을 온라인으로 산 후 남은 돈을 예치하는 온라인 투자 상품 위어바오^{Yuebao}의 예를 보자. 이 투자 상품은 알리바바^{Alibaba}가 출시한 지 4년 만에 세계 최대의 머니마켓펀드^{MMF}(수시입출금 상품)로 성장하여 전통 은행을 위협하는 존재로 급부상했다. 수신고 규모가 1,656억 달러에 달해 JP모건의 머니마켓펀드의 수신고 1,500억 달러를 단숨에 추월했다.

　하지만 문제는 관리자들이 이러한 이니셔티브를 임시방편으로 이용한다는 것이다. 디지털 조직을 만들고, 다양한 실험을 하고, 기술로써 효율성을 높이는 것만으로는 성공하기 어렵다. 성공을 위해서는 디지털 전략을 기업 전사 전략의 핵심축으로 만들어야 한다. 디지털 전략을 별개의 활동으로 취급하지 않고 비즈니스를 구성하는 모든 요소에 침투하도록 조직 운영과 DNA에 이식할 수 있어야 한다.

전략적인 관점으로 보기: 비즈니스를 재창조하기 위한 프레임워크

이 책은 다양한 업계에서 선별한 수많은 사례를 바탕으로 쓰였다. 현재 기업이 가진 자산을 최대한 활용하고 새로운 역량을 개발해야 하는 부분을 정확하게 짚어 비즈니스를 재발견하는 데 도움이 되는 프레임워크를 제공한다.

프레임워크의 네 가지 핵심 요소

1. 비즈니스 재해석하기
2. 가치사슬value chain 재평가하기
3. 고객과의 관계 재정립하기
4. 조직과 역량 새롭게 재정비하기

[그림 0-1] 디지털 리더십 프레임워크

앞으로 프레임워크를 이루는 네 부분에 대해 자세히 설명할 것이다. 어느 한부분에 정통했다고 나머지를 소홀히 하면 성공할 수 없다. 그렇기 때문에 모든 부분에 대해 확실히 파악해야 한다. 앞으로 다양한 사례 연구를 통해 살펴보겠지만 사업을 혁신하는 길은 다양하고 유동적이며 제약이 없다. 마법 같은 하나의 정답이란 애초에 존재하지 않기에 이 책은 디지털 전환에 대한 체계적인 접근 방법을 알려준다.

그럼 이제 프레임워크의 각 부분에 대해 간단히 살펴보기로 하자.

비즈니스를 재해석하라

디지털 시대가 만들어 낸 극적인 변화를 고려할 때, 기업들은 자사가 영위하는 사업의 본질을 사업 영역과 사업 모델, 생태계라는 세 가지 관점에서 차분히 검토해 볼 필요가 있다.

사업 영역을 검토할 때 우리는 다음과 같은 아주 근본적인 질문을 떠올려야 한다. '우리 회사는 어떤 사업을 하고 있는가?' 아마존을 생각해 보자. 아마존은 온라인 리테일러로 사업의 첫발을 내디뎠지만, 이제는 단순한 온라인 리테일러가 아니다. 2018년 광고에서만 46억 달러 이상의 수익을 벌어들일 것으로 예상되며 인공지능 스마트 스피커 에코Echo와 같은 하드웨어는 가정 시장에 빠르게 침투하고 있다. 구글은 자율주행 차량으로 사업 영역을 옮겨 가고 있으며 수년간 하드웨어를 기반으로 성장해 온 애플은 오리지널 콘텐츠 제작에 공격적으로 투자하고 있다. 그렇다면 당신은 어떤 분야에 투자해야 할까?

디지털 시대의 경쟁은 주로 새로운 경쟁자에 의해 뜻하지 않은 곳에서 강력하게 대두되기 때문에 미래의 성공을 담보하기 위해서는 내가 영위하는 사업의 영역을 제대로 정의하는 것이 매우 중요하다. 이를 위해서는 나의 핵심 경쟁력을 유지하면서 사업 영역을 조심스럽고 균형 있게 확장해 나가는 것이 필요하다. 1장에서는 사업 영역을 다루며 경쟁의 법칙이 어떻게 변하고 있고 디지털 시대에 경쟁력을 유지하기 위해 무엇이 필요한지 알아볼 것이다.

기술이 발전해 가면서 가치를 창출하고 확보하는 방식, 즉 사업 모델에 대한 대대적인 재검토가 이루어져야 한다. 예를 들어 아이튠즈^{iTunes}의 등장으로 음악을 앨범이 아닌 곡 단위로 파는 것이 가능해지자 음악 업계의 음반 매출은 급격히 감소하였다. 이에 따라 음악 업계는 주요 수입원을 음반 판매에서 라이브 공연으로 옮겨야 했다. 종이 신문 등 전통적인 매체의 주 수입원인 안내 광고^{classified ad} 매출의 급락세 역시 인쇄·출판 업계에 큰 고민거리를 안겨 주었다. 기존 광고 기반의 사업 모델이 과연 미래에도 지속적인 먹거리가 될 수 있을지에 대한 심각한 우려가 그것이다. 2장에서는 혁신에 성공한 사업 모델들과 이들이 시사하는 바를 다룬다.

비즈니스 모델이 바뀌고 산업 간 경계가 무너지고 있다. 새로운 비즈니스 모델을 찾아야 하고 산업 분야를 넘어선 경쟁이 시작되었다면 우리는 기업이 홀로 성공하기 어렵다는 것을 알게 된다. 이 경우 종종 회사가 영위하는 사업이 플랫폼 사업으로 진화해야 하는 상황이 되기도 하는데 이렇게 되면 당신은 당신의 비즈니스뿐 아니라 파트너, 경쟁사, 파트너 같은 경쟁사^{frenemies}를 모두 포함하는 생태계를 관리할 수 있어야 한다. 플랫폼을 진화시키는 것이 큰 사업적 성과를 이루는 길이라는 사실은 이미 많은 기업들이 실사례 연구를 통해 파악하고 있다. 이러한 사업의 진화는 결국 경영진들이 경쟁 구도를 어떻게 이해해야 하는지까지 새롭게 재조명했다.

골드만 삭스가 구조화채권structured notes ■ 매매 플랫폼인 사이먼SIMON, Structured Investment Marketplace and Online Network을 출시했을 때 경쟁사들에도 자사 플랫폼에서 상품을 판매할 수 있도록 개방해 세상을 놀라게 했다. 골드만 삭스는 오픈 플랫폼 전략으로 몇 년 만에 구조화채권 분야에서 두 번째로 큰 발행자가 됐다. 3장에서는 제품 판매에서 플랫폼 업체로 변화하려면 지금까지와는 상당히 다른 사고방식과 전략이 요구된다는 점을 다룬다.

가치사슬을 다시 평가하라

디지털 기술은 가치사슬의 다양한 부분에서 효율성과 효과를 크게 향상시킬 수 있다. 특히 새로운 연구개발R&D과 혁신 모델이 출현함에 따라 더욱더 향상시킬 수 있다. GE제너럴 일렉트릭, P&G프록터앤드갬블, 지멘스Siemens와 같은 회사는 연구개발 프로세스를 재정의하는데 오픈 이노베이션open innovation(개방형 혁신)을 활용해 왔다. 4장에서는 오픈 이노베이션이 왜 유용한지 그리고 조직 내에서 오픈 이노베이션을 어떻게 설계해야 하며 성공적인 추진에 걸림돌이 되는 요소는 무엇인지를 알아본다.

한편, 디지털 기술로 말미암아 4차 산업혁명의 새로운 시대가 열렸

■ 채권과 파생상품이 결합돼 만들어진 상품이다. 채권의 원금과 이자가 금리, 주식, 통화 등의 기초자산에 연동돼 결정된다. 구조화채권의 시장참여자는 구조화채권에 내재된 스왑, 옵션 등의 파생상품을 거래하는 것과 동일한 효과를 얻을 수 있다. 즉 채권의 안정성과 파생상품의 높은 수익률을 같이 기대해 볼 수 있다는 것이다. 기초자산의 종류에 따라 금리연계채권, 신용연계채권, 주식연계채권, 통화연계채권, 상품연계채권 등으로 분류가 가능하다(편집자주). 출처: 머니투데이

다. 디지털 제조, 가상현실VR, Virtual Reality, 증강현실AR, Augmented Reality, 3D 프린팅, 디지털 공급망 관리와 같은 혁신으로 운영의 우수성이 높아지고 있다. 5장에서는 전 세계 기업이 이러한 신기술을 활용해 어떻게 생산성을 높이고 실패율을 낮추며 경쟁 우위를 확보하고 있는지 알아본다.

새로운 시장 진입자들은 디지털 기술을 이용해 기존의 가치사슬, 특히 유통 체계와 판매 질서를 뒤흔들어 놓곤 한다. 웹 기반의 신규 진입자들은 여러 산업에서 여행사와 같은 중개사업자들의 존재 기반을 무너뜨렸다. 자동차 딜러와 오프라인 매장은 제조업체들이 자체적으로 온라인 판매 채널을 개설함에 따라 압박에 시달리게 됐다. 제조업체들은 이러한 상황에서 필연적으로 발생하는 채널 간의 충돌을 관리해야 한다. 이제 모든 기업에는 온라인과 오프라인 채널 간에 시너지를 내는 옴니채널omnichannel 전략을 고민할 순간이 찾아왔으며 이는 6장에서 다룰 주제이다.

고객과의 관계를 재정립하라

디지털 기술은 소비자의 정보 검색과 제품 구매 방식에 변화를 가져왔다. 기업에는 디지털 기술 덕분에 소비자의 의사결정 과정이나 구매 경로 전반에 걸친 정보를 수집할 수 있어 고객을 확보하는 새로운 길이 열렸다. 소비자는 자동차를 구매하기 훨씬 이전부터 구글에서 정보를 검색하기 때문에 자동차 제조업체 입장에서는 소비자 선호도를 이해하고 구매 행동에 영향을 미칠 충분한 기회를 얻게 된다. 가전제품 제조업체인 월풀Whirlpool은 조만간 세탁기에 장착한 센서로 소비자의 이용 행태를 파악하고 세탁 세제에 대한 귀중한 소비 데이터를 수집해 P&G에 제공할 것이다.

그리고 소비자가 온라인 제품 리뷰와 친구 추천에 점점 더 의존함에 따라 어떻게 하면 이들을 충성스러운 브랜드 옹호자[■]로 전환할 수 있는지 소셜 미디어를 모니터링함으로써 파악할 수 있다. 7장에서는 디지털 기술 덕분에 가능해진 새로운 고객 확보 방법에 대해 이야기한다.

디지털 마케팅이 엄청난 발전을 거듭해 왔지만, 광고 클릭률CTR, Click Through Rate (광고의 노출 횟수 대비 클릭수)은 여전히 1퍼센트 미만에 머문다. 모든 브랜드는 소비자와 특별한 관계를 맺고 싶어 하지만 끌릴 만한 요소를 제공하지 못한다. 그렇다면 어떻게 소비자를 끌어들일 수 있을까? 8장에서는 기술과 데이터에서만 그 답을 찾을 게 아니라 한국의 테스코, 인도의 유니레버, 싱가포르의 마스터카드가 그랬듯이 소비자에게 독특한 가치를 제공하는 새로운 방법에서 그 답을 찾아볼 것을 강조한다.

디지털 기술로 광고 효과의 검증 방식이 향상되었지만, 여전히 신뢰도 있게 광고 효과를 측정하는 데는 많은 어려움이 있다. 마케팅 비용을 어떻게 측정하고 최적화해야 할까? 9장에서는 이러한 질문이 있는 기업들이 참고하면 유용할 새로운 연구를 제시한다.

조직과 역량을 새롭게 정비하라

큰 조직에서 디지털 전환을 이루기란 대단히 어려운 문제다. 핵심 사업을 강화하는 동시에 미래 기반도 확보해야 하기 때문에 두 조직을 동시에 운영할 때 겪을 수 있는 어려움에 부딪히게 된다. 그 결과 디지털 과도기에

■ 필립 코틀러(Philip Kotler)는 저서 마켓 4.0에서 '기업 마케팅의 궁극적 목표는 소비자를 단순 구매자가 아니라 충성스러운 브랜드 옹호자로 만드는 것'이라고 주장했다.

는 어쩔 수 없이 매출과 이익이 내림세를 겪게 되는 경우가 많은데 이런 상황에 직면하면 아무리 자신감이 넘치는 CEO라고 하더라도 심적 부담을 크게 느낀다. 10장에서는 디지털 기업으로 변모해 가는 가는 과정에서 겪는 갈등과 딜레마를 알아보고 어도비^{Adobe} 같은 회사가 조직 관리의 어려움을 어떻게 극복하고 성공적으로 도약했는지 살펴본다.

혁신 조직은 어떻게 설계해야 할까? 앞에서도 말했지만, 기업가 정신이 투철한 별도의 조직을 만들어 과거에 갇힌 회사에 디지털 혁신을 불어넣겠다는 시도는 스피드보트를 띄워 대형 선박을 조종하겠다는 생각과 같다. 기업은 스피드보트 한 대를 띄우는 데 집중할 것이 아니라 혁신을 위한 다양한 노력이 모선, 즉 기존 조직에 제대로 안착하고 확산할 수 있도록 '상륙함$^{landing\ dock}$'을 만들 수 있어야 한다. 그래서 그 부두^{dock}를 통해 새로운 스피드보트(이니셔티브에 해당)를 댈 수 있고 모선의 강력한 엔진으로 함대 경로를 변경해야 한다. 11장에서 이 내용을 다룰 예정이다.

빅데이터, 인공지능, 기계 학습$^{machine\ learning}$ ■은 업무를 자동화하고 기업이 미래에 요구하는 일자리, 기술, 역량에 상당히 큰 영향을 미치고 있다. 또한, 기업은 기술을 활용해 훨씬 데이터 중심적인 경영과 인사 평가에 인사 담당자의 주관이 개입되지 않고 객관적인 평가가 가능한 체계로 바뀌 나가는 중이다. 인력 채용과 인재 관리 방식에 혁신이 일어나고 있다. 12장에서는 이러한 주제를 다루면서 샌프란시스코에 소재한 회사 낵^{Knack}이 모바일 게임으로 고객사의 인력 채용을 어떻게 지원하는지 설명한

■ 컴퓨터가 명시적인 프로그래밍 없이도 학습할 수 있는 기능(능력)으로 수많은 데이터와 알고리즘을 사용해 행동 모델을 구축하고 이 모델과 새로 입력되는 데이터를 기반으로 미래를 예측한다.

다. 닉은 십 분간의 짧은 게임을 통해 사람들의 정보 처리 능력과 문제 해결 능력, 시행착오 학습 능력 등에 대한 인사이트를 얻을 수 있는 수천 개 데이터를 만들어 낸다. 혁신적인 방식의 닉 게임은 프랑스의 글로벌 보험 그룹 악사(AXA), 보스턴컨설팅그룹(BCG), 네슬레(Nestlé), 시티그룹(Citigroup) 등 영향력 있는 기업의 열렬한 지지를 얻었다.

이 책의 나머지 부분에서는 **그림 0-1**에 나와 있는 디지털 전환의 네 가지 주요 영역에 대해 자세히 설명한다. 각 장에서 이 네 가지 영역마다 세 가지 주제를 깊이 있게 다루고 업계의 모범 사례를 보면서 앞서 던진 질문들에 대한 답을 찾을 수 있을 것이다.

목차

사업 영역
사업 모델
플랫폼

미래를 위한 포석 다지기

디지털
리더십

핵심 경쟁력 강화하기

비즈니스 재해석하기

고객의 관점에서
사업 영역 정의하기

하버드대 경영대학원 교수이자 '마케팅의 시조'로 불리는 테오도르 레빗 Theodore Levitt은 1960년 하버드 비즈니스 리뷰HBR에 기고한 〈근시안적 마케팅Marketing Myopia〉이라는 논문에서 제품 개발에만 신경 쓰고 고객의 니즈는 등한시하는 기업의 세태를 비판했다. 이 문제를 어떻게 받아들일지 고민하는 실무자를 위해 "도대체 어떤 업종에 계시나요?"[1]라는 질문을 던졌다. 50년도 더 지난 지금, 기업들이 제품 중심에서 플랫폼 중심으로 사업을 전환하고 사업 간 경계가 모호해지면서 이 질문은 훨씬 의미심장하게 다가온다. 하지만 대부분의 기업들이 고객 위주의 경영을 시도하더라도 여전히 GM제너럴 모터스이나 월마트의 임원진들은 자사의 제품 중심으로만 사업과 업계, 경쟁 관계를 정의한다는 소문이 있다.

아마존이 레빗의 조언을 받아들인 보람이 있는지 알아보자.

아마존은 과연 어떤 사업 영역에서 경쟁하고 있을까?

1995년 7월 아마존닷컴 오픈 당시 창업자 제프 베조스의 목표는 온라인으로 도서를 저렴하게 판매하는 일이었다. 베조스는 반스 앤 노블Barnes & Noble과 같은 오프라인 서점에 비해 고정 비용은 적게 들면서 풍부한 재고를 보유한 온라인 서점을 만들었고 아마존의 새로운 판매 방식은 빠르게 인기를 얻었다. 베조스는 고객이 다른 품목을 구매할 때도 이런 방식을 선호할 것이라 확신해 음악·DVD·전자제품·인형·소프트웨어·생필품 등을 포함한 수십 가지 제품 카테고리로 확장해 갔다. 다양한 물건을 저렴하고 편리하게 구매할 수 있는 아마존의 부상은 전자제품, 장난감, 소매유통 등에서 오프라인 리테일 전통 강자로 군림해 온 베스트바이Best Buy, 토이저러스Toys R Us, 월마트Walmart에 심각한 위협으로 작용했다.

5년 후 아마존은 일반인도 입점 수수료만 내면 제품을 판매할 수 있는 오픈 마켓플레이스*를 열었다. 아마존은 재고 부담을 덜면서 다양한 제품 목록을 갖출 수 있고 판매자는 끊임없이 늘어나는 아마존 쇼핑객을 고객으로 확보할 수 있어 서로에게 '윈윈'이었다. 제삼자 판매로 온라인 리테일러에서 명실상부한 온라인 플랫폼 사업자로 도약한 아마존은 고객 경험 관리의 주도권을 잃지 않으면서 판매자를 확보하고 교육하며 관리하는 역량을 개발해야 했다. 아마존은 이제 온라인 벼룩시장 크레이그리스트Craigslist나 전자 상거래 업체 이베이eBay 등과도 경쟁하게 됐다.

인도에서 가장 큰 온라인 쇼핑몰 플립카트Flipkart도 아마존과 유사한

■ 개인 판매자들이 인터넷에 직접 상품을 올려 매매하는 곳(편집자주). 출처: 위키피디아

사업 모델로 전환하는 중이다. 재고를 쌓아두고 판매하던 방식에서 오픈 마켓플레이스로 전향하는 일은 쉬워 보이지만 실은 회사 역량과 운영에 크나큰 혁신이 필요하다.[2]

2001년 등장한 아이튠즈iTunes는 음악 구매 행태를 완전히 바꿔놓았다. 아마존은 소비자가 매장에서 CD를 사지 않고 온라인에서 디지털 파일을 내려받는 트렌드에 주목했다. 그리고 넷플릭스가 비디오 스트리밍을 출시하기 약 일 년 전에 VOD주문형 비디오 서비스인 아마존 언박스Amazon Unbox를 론칭하였고 이후 아마존 인스턴트 비디오Amazon Instant Video로 명칭을 바꾸었다. 뒤이어 고객 니즈에 따라 CD와 DVD 판매를 넘어서 새로운 역량이 필요한 스트리밍 서비스 영역으로 진출해 아마존은 애플, 넷플릭스 등과 새로운 경쟁 구도를 형성하게 됐다.

아마존은 2011년에 영화 제작사 워너 브러더스Warner Brothers와 제휴를 맺고 아마존 스튜디오를 론칭해 자체 콘텐츠 제작에 나서면서 할리우드 제작사의 경쟁자로 부상했다. 온라인 유통업계로 첫발을 내딛고 사업 다각화를 거듭해 온 아마존의 행보에 고개가 끄덕여지는 이유는 무엇일까? 콘텐츠 시청자가 바로 아마존의 잠재 고객이기 때문이다. 2016년 로스앤젤레스 인근에서 열린 기술 콘퍼런스에서 베조스는 "아마존이 골든 글로브를 수상하면 아마존의 신발 판매량이 늘어날 수 있다."라고 했다.[3] 베조스가 말한 바로는 아마존 스튜디오의 자체 제작 콘텐츠는 프라임 멤버십 연장률을 높이며, 프라임 30일 무료체험에서 유료 멤버십으로의 전환 비율 또한 스트리밍 콘텐츠 시청자가 더 높다.[4] 2005년 처음 등장한 프라임 멤버십은 연회비 79달러에 2일 무료배송 혜택을 제공했다. 2017년까지 전 세계 프라임 회원은 약 7,500만 명까지 늘어 났으며[5] 멤버십 연간 매출은 약 75억 달러에 달하며 프라임 회원의 지출이 비회원 대비 두 배가량 더 많은 것으로 나타났다.[6] 자체 제작 콘텐츠는 프라임 회원의 로열티를 높일 뿐 아니라 신규 고객 유치에도 도움이 된다. 2015년 아마존 최고재무책임자CFO, Chief Financial Officer 톰 츠쿠택Tom Szkutak에 따르면 13억 달러의 오리지널 콘텐츠 투자는 프라임 멤버십 확장을 비롯해 다른 사업의 신규 고객 유치의 주요 동력이 된다.[7] 2017년 아마존의 오리지널 영상 콘텐츠 투자액은 거의 45억 달러에 달했다.[8]

하지만 아마존의 사업 영역은 유통과 콘텐츠에 국한하지 않는다. 아마존은 애플의 아이패드 출시보다 약 3년 앞선 2007년 전자책 리더기 킨들Kindle을 발매해 하드웨어 사업까지 진입했다. 소비 대상이 물리적 제품에서 디지털 제품으로 옮겨 가는 현상에 발맞추어 킨들을 전자도서 판매 목적으로 제작했다. 매출 대부분을 하드웨어 판매에서 가져오는 애플과 달리 아마존은 킨들을 저렴하게 판매하는 대신 전자도서 판매를 통해 수익을 올렸다.

이는 질레트가 면도기를 거의 공짜로 나눠주는 대신 면도날 판매로 돈을 버는 방식과 유사하다. 소비자가 스마트폰에서 보내는 시간이 많아지면서 2014년 7월에는 스마트폰 브랜드 '파이어폰'을 내놨다가 처참한 실패를 거두기도 했다. 파이어폰 출시는 잘못된 계산이었을까? 아마 그럴지도 모른다. 하지만 성공했더라면 그 파급력이 막대했을 것이다.

최근 아마존은 새로운 제품을 출시했다. 고객이 쓰는 물건이 바닥나면 백 개가 넘는 브랜드의 제품을 바로 주문할 수 있는 대시Dash 버튼과 음악 청취, 정보 검색은 물론 훨씬 편리하게 아마존에서 제품을 주문할 수 있게 해 주는 음성인식 비서 에코Echo다.[9] 2014년 11월 출시한 에코는 2년 만에 미국에서 약 1,100만 대 팔렸으며 개발자들은 1만 2천 개 이상의 에코용 애플리케이션이나 기능을 개발했다. 음성이 차세대 컴퓨팅 인터페이스로 부상하면서 아마존은 에코를 통해 해당 시장에서의 입지를 굳힌 셈이다.

한편, 자체적인 광고 플랫폼을 개발해 구글과 맞대결에 나섰다. 아마존은 폭넓은 고객 기반, 정확히 말하면 구매 이력과 쇼핑 습관에 대한 데이터와 분석 데이터를 풍부하게 보유하고 있기 때문에 정교한 타기팅targeting 광고가 가능하다. 구글은 고객의 구매 의향만 아는 데 반해, 아마존은 구매 이력을 훤히 파악하고 있기 때문에 제조업체는 핵심 소비자에게 광고를 노출할 수 있는 아마존에 온라인 광고비를 지출할 수밖에 없다. 이러한 변화로 2017년 아마존은 거의 35억 달러에 이르는 광고 매출을 올렸고[10] 더 나아가 구글을 대체하는 상품 검색 엔진으로 자리잡겠다는 원대한 목표를 가지게 되었다. 아마존닷컴이 상품 검색 포털이 되면 구글에 지출하는 광고비가 절감될 뿐 아니라 막대한 시장 장악력을 갖게 된다. 2015년 10월 미국 소비자 2천 명을 대상으로 제품 검색 시 방문하는 사이트를 조사했는데 34퍼센트는 구글이나 야후와 같은 검색엔진을, 44퍼센트는 아마존에 직접 접속한다고 응답했다.[11] 에릭 슈미트Eric Schmidt 구글 회장은 "사람들은 아마존을 검색엔진으로 생각하지는 않지만, 물건을 구매할 일이 있으면 흔히 아마존에서 찾아보곤 한다."라고 말해 이러한 변화를 인정했다.[12]

베조스가 내린 결정 중에서 가장 큰 논란거리는 아마존웹서비스 AWS, Amazon Web Services 론칭과 함께 클라우드 컴퓨팅 시장에 진출한 일로, 이 때문에 IBM처럼 완전히 다른 업계의 기업들과 경쟁하게 됐다. 온라인 리테일러가 클라우드 컴퓨팅 사업에 진출한 이유는 뭘까? 아마존은 클라우드 사업을 통해 미래 성장에 대비해 기술 역량을 확대할 수 있게 됐다. 아마존 플랫폼을 쓰는 다른 온라인 사업자를 벤치마킹할 수 있을 뿐만 아니라 유휴 IT 자원을 임대함으로써 수익을 올릴 수 있게 되었다. 결국, AWS를 통해 최대 온라인 사업자가 되기 위한 기술 역량을 축적하는 발판을 마련하고 신규 매출원을 확보하는 일거양득의 효과를 거두었다.

그러나 아마존의 새로운 행보는 위험한 결정이 될 수 있었기 때문에 많은 전문가가 베조스의 판단에 의문을 제기했다. 2008년 IT 전문지 와이어드Wired에도 비판 기사가 실렸다. '월스트리트와 실리콘 밸리 모두 범상치 않은 베조스의 주의력 결핍 증상을 여러 해 동안 유심히 지켜봤다. 도대체 비밀리에 추진한다는 황당한 프로젝트들이 다 뭐란 말인가? 궤도 밖의 우주선 제프 베조스, 하루빨리 지구로 복귀하라! 당신은 리테일러의 본분을 잊고 있다. 어째서 엄연히 실체가 있고 가치 있는 리테일 사업을 손에 잡히지도 않는 뜬구름(클라우드) 같은 수익성 없는 서비스와 맞바꾸려고 하는가?'[13]

베조스는 아마존 클라우드 서비스의 비평가들에게 간결하고 함축적으로 대응했다. "그런 오해를 받는 데 익숙합니다. 그동안 여러 차례 겪어와서 이젠 단련이 됐습니다."[14] AWS는 2017년 4분기에만 50억 달러 이상의 매출을 올렸으며 연간 매출은 170억 달러 이상으로 전년 대비 43%의

성장률을 보였다.[15]

소비자들과 끊임없이 소통하고 니즈를 적극적으로 반영하면서 사업 영역을 확대해 나간 것에 아마존의 성공 비결이 있다는 것은 누구도 부인할 수 없다. 설립 초기부터 아마존은 기하급수적인 성장을 거두었으며 주가는 거의 6만 퍼센트나 뛰었다.

제품이나 경쟁자가 아닌 고객 관점에서 사업을 정의하라

아마존의 다양한 제품과 서비스, 그리고 그에 따른 다양한 분야의 무수히 많은 경쟁자를 그림 1-1에서 한눈에 파악할 수 있다. 아마존은 온라인 리테일러로서 반스 앤 노블, 베스트바이, 월마트와 경쟁하며 온라인 플랫폼 사업자로서 이베이와 경쟁한다. 클라우드 컴퓨팅 분야에서는 IBM, 구글, 마이크로소프트와 시장 점유율을 놓고 각축을 벌이고 있다. 동영상 서비스 분야에서는 넷플릭스, 훌루Hulu와 같은 막강한 경쟁자들이 있다. 아마존 스튜디오를 론칭함으로써 디즈니, NBC 유니버설 스튜디오와도 대적하게 됐다. 모바일 기기 시장에 진입할 때 애플, HTC, 삼성과도 맞부딪쳐야 했고, 광고 네트워크 시장에 진출함에 따라 구글의 막강한 경쟁자로 부상했다.

기업 대부분은 제품이나 경쟁자로 사업을 정의한다. 예를 들면 자신의 사업은 은행 업계 혹은 자동차 업계에 속한다는 식으로 표현한다. 하지만 고객 중심으로 사업 영역을 확장해 온 아마존은 기존 방식으로는 본연의 업業을 정의하기가 어렵다.

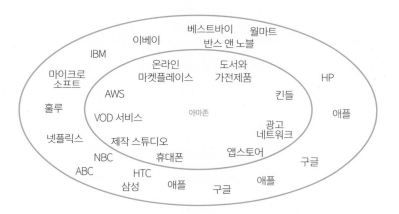

[그림 1-1] 아마존의 비즈니스와 경쟁자들

IT 회사만 고객 중심으로 사업을 정의해 온 것은 아니다. 미국을 대표하는 농기구와 중장비 제작업체 존디어$^{John Deere}$는 농부에게 철로 만든 쟁기를 판매하던 대장장이가 1837년 설립했다.[16] 2014년 전 세계 매출은 360억 달러, 직원 수는 6만 명에 달했다.[17] 수십 년간 존디어는 농부와 건설회사를 대상으로 중장비 기계를 판매해 탄탄한 성공을 거뒀지만 2000년대 초기부터 제품 라인업에 소프트웨어와 센서를 갖추며 전통적 제조업체에서 '아그리테크$^{agri-tech}$(농업과 기술을 결합한 ICT 기술) 전문업체'*로 변신을 꾀하고 있다. 최신 농경 장비에 적용한 스티어링 가이던스 시스템$^{steering guidance system}$은 작업 반경이 사전에 설정된 경로에서 엄지손가락 넓이 이상을 벗어나지 않을 정도로 정확도가 높다.[18] 이후에 존디어는 모바

■　1990년대 초반 존디어는 정밀 농업(Precision Farming)을 처음 도입해 첨단 센서가 장착된 트랙터 등에서 각종 데이터를 수집하는 영농법을 실행해 농민이 최적의 수확과 산출을 얻도록 지원해 주기 시작했다.

일 기술 그룹과 농경 서비스 그룹을 신설했다.

존디어는 2000년대 중반까지 농부의 비료 사용량을 최적화하기 위해 1,200제곱킬로미터가 넘는 농경지에서 기후, 토양, 식물의 데이터 등을 수집해 왔다.[19] 이를 기반으로 농경 장비 제조업체에서 농경 관리 회사로 변신했다. 원격 센서를 통해 수집한 빅데이터로 장비에 대한 예측 정비predictive maintenance,[■] 날씨 정보 제공, 어떤 품종을 심어야 생산량이 늘어날지, 토양의 온도와 습기 영양 상태를 파악하고 언제 물을 댈지 등을 알려주는 서비스를 시작했다. 존디어는 날씨, 토양 정보, 여러 농기구에서 수집된 데이터가 새롭게 활용될 수 있도록 내부 플랫폼의 응용 프로그래밍 인터페이스API를 외부 개발자에게 개방할 계획이다.[20]

자동차 회사들은 오랫동안 자신의 사업 영역을 철저하게 차량 제조와 판매로 한정시켰다. 하지만 차를 소유하거나 빌릴 필요 없이 공유한다는 개념을 도입한 우버Uber와 같은 서비스의 등장으로 새로운 경쟁의 장이 열렸다. 이제 모든 차량 제조업체는 사업 영역을 '모빌리티'로 포지셔닝하고 있다. 일부 제조업체는 차량 구매 수요 감소 우려에도 자체적인 차량 공유 서비스를 시작했다. 다임러의 '카투고Car2Go'와 BMW의 '드라이브나우DriveNow'와 같은 카셰어링 서비스는 밀레니얼 세대[■■]의 관심을 끌 수 있다. 카셰어링 서비스 덕분에 럭셔리 차 브랜드를 고려하지 않았을 이들이 저렴한 비용에 차량을 시험 주행할 수 있게 되었다. 이는 추후 고객 충성도로 이어질 수 있다.

■ 장비 주요 부품을 상시 모니터링하고 기계 결함 발생 시 축적된 데이터 기반의 사전조치를 가능하게 하는 미래형 설비보전기술을 말한다.

■■ 1980년대 초반부터 2000년대 초반 출생한 세대

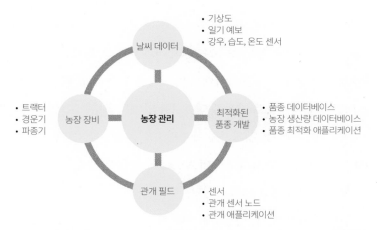

출처: 마이클 포터(Michael E. Porter) &제임스 헤플만(James E. Heppelman) 공저, 스마트, 커넥티드 제품은 경쟁의 구도를 어떻게 바꾸고 있을까(*How Smart, Connected Products Are Transforming Competition*) 내용 중 편집, 하버드 비즈니스 리뷰(2014년 11월)

[그림 1-2] 존디어의 디지털 전환

기존 산업 간의 경계로만 경쟁 관계를 정의할 수 없다

앞에 나온 다양한 사례를 보면 이제는 제품이나 산업으로 구분하던 기존의 전통적인 방식으로 경쟁 관계를 딱 잘라 구분할 수 없다. 급속한 기술 발전으로 데이터와 소프트웨어가 거의 모든 사업의 주요 요소로 자리 잡으면서, 지금보다 훨씬 빠르게 업계 간 경계가 허물어진다. 2014년 하버드 비즈니스 리뷰에서 마이클 E. 포터Michael E. Porter와 제임스 E. 헤플만James E. Heppelmann은 스마트 커넥티드 디바이스smart connected device 또는 사물 인터넷IoT, Internet of Things의 발전 덕분에 경쟁의 본질이 단일 제품의 기능에서 수많은 사업자가 속한 광범위한 시스템의 성능으로 바뀌었다고 주장했다.[21]

스타트업이나 다른 업계로부터의 신규 진입자가 시장에서 기존 사업자를 순식간에 따라잡는 경우가 있다. 아마존은 검색 시장에서 지배적인 경쟁자로 부상해 구글을 위협했으며, 애플은 자동차 업계가 심각한 압박을 느낄 정도의 속도로 자동차 엔지니어 인력을 흡수하고 있다. 컴캐스트 Comcast와 같은 케이블 사업자는 넷플릭스 그리고 최근 들어서는 HBO의 'HBO Now'나 CBS의 'CBS All Access'와 같은 인터넷 스트리밍 서비스 때문에 심각한 위협을 느끼고 있다.

기존 사업자가 기술 변화에 따라 달라지는 고객의 니즈에 대응하지 못할 때 새로운 사업자가 비집고 들어갈 여지가 생긴다. 넷플릭스는 '고객이 원할 때 언제든지' 서비스를 제공하는 온디맨드 스트리밍으로 고객의 생각을 완전히 바꿔놓았다. 케이블 업계도 해지 고객을 붙잡으려고 가입자가 디지털 기기를 이용해 TV 콘텐츠를 언제 어디서나 볼 수 있는 콘셉트인 'TV Everywhere'를 론칭했지만 이 서비스를 개발하기까지 수년이 걸렸으며 아직도 개발이 진행 중이다.

2015년 후반 콘퍼런스에서 넷플릭스 창립자 겸 CEO인 리드 헤이스팅스 Reed Hastings는 "항상 TV Everywhere가 우리(넷플릭스)에게는 가장 큰 위협이 되는 존재라고 생각했습니다. 고객은 미디어 생태계의 훌륭한 모든 콘텐츠를 매월 같은 요금에 아무 때나 볼 수 있는 온디맨드 서비스를 누릴 수 있습니다. 그런데 이런저런 이유로 케이블 업계에는 미디어 생태계 구현이 제대로 안 되고 있습니다."라고 말했다.[22]

컴캐스트가 고객 니즈의 변화를 일찍 알아차리고 고객 위주로 사업을 재편했더라면 케이블 유료 가입자들이 케이블 TV를 해지하고 넷플릭스,

훌루, HBO 나우와 같은 온라인 동영상 스트리밍 서비스로 옮겨 가는 코드커팅Cord Cutting■을 막았을 수도 있었다. 마찬가지로 택시 회사가 고객 니즈에 민감하게 반응하고 고객에게 차량 예약과 편리한 결제 서비스를 먼저 제공했더라면 우버가 지금과 같은 성공을 거두지 못했을 것이다.

이제는 저렴한 가격이나 제품 차별화를 통해
경쟁 우위를 확보하기 어렵다

하버드대 경영대학원에서 동료 교수였던 마이클 포터는 1979년 '경쟁 전략competitive strategy' 개념을 담은 기념비적인 논문을 발표하면서 기업은 최소 비용을 추구하는 비용 우위 전략과 제품 차별화 전략 중 하나를 추구해야 한다고 주장했다.[23] 저가 제품 생산자가 되려면 규모와 효율적인 운영이라는 핵심 역량을 갖춰야 하지만 차별화 전략은 혁신적인 제품과 서비스를 창출하는 역량이 필요하다. 사업 영역이 확대되고 경쟁 범위와 업계가 예전보다 훨씬 폭넓게 정의됨에 따라 기업은 핵심 역량과 경쟁 우위에 대해 재고해야 한다.

아마존이 온라인 리테일, 클라우드 컴퓨팅, 하드웨어, 디지털 광고, 미디어 스트리밍, 콘텐츠 제작처럼 완전히 이질적인 사업 영역으로 진출할 수 있게 한 핵심 역량은 무엇일까? 고정 비용이 필요한 오프라인 매장 없이 온라인 소매 리테일러로 출발했지만, 아마존이 차별화나 가격 경쟁 측면에서 우위를 누릴 수 있는 비결은 제품에 정통한 지식을 가졌기 때문이

■ 케이블을 자른다는 뜻으로 케이블 방송을 끊는다는 말로 쓰이고 있다.

아니다. 대신 아마존은 세 가지 기술을 터득해 왔다.

- **데이터 마이닝을 통해 파악한 고객에 대한 통찰:** 신제품과 서비스 소개나 도서와 영화 추천 시스템에 고객 취향을 반영한다.
- **페덱스나 UPS와 같은 초대형 물류회사를 능가하는 창고 운영과 배송 관련한 백엔드 물류 시스템:** 드론 배송에 투자하고 트럭을 이용한 운송 사업에 진출하는 등 물류 시스템 경쟁력을 더욱 강화하는 중이다.
- **기술 인프라에 대한 지식과 관리 역량:** 거대 규모의 온라인 리테일러로 성장하고 클라우드 컴퓨팅 분야의 지배적 사업자가 되는 발판이 됐다.

위와 같은 기술은 경쟁자가 모방하기 힘든 아마존만의 독특한 경쟁력이다. 아마존은 고객과 그들의 니즈가 발생하는 패턴을 깊이 이해하고 있기 때문에 −14일의 현금 전환주기를 갖고 있다. 월마트는 10일, 타깃Target은 27일인 것에 비해 월등한 수치이다.[24]

$$현금 전환주기 = 매출채권회전 기간 + 재고자산회전 기간 - 매입채무회전 기간$$

아마존은 소비자 수요를 정확하게 예측해 재고자산회전 기간을 단축한다. 소비자 결제가 즉각적으로 이루어지기 때문에 매출채권회전 기간이 짧고, 공급자에게는 30~60일 후에 결제가 이루어지기 때문에 매입채무회전 기간이 길다. 아마존은 −14일의 현금 전환주기를 통해 효과적으로 공급자가 아마존의 성장에 돈을 투입하는 구조를 만들었다. 아마존은 수요를 정확하게 예측하여 창고별로 주문 가능성이 큰 제품을 비축해 놓기 때문에, 최근 론칭한 아마존 프라임 나우Prime Now 이용 고객을 대상으로 일부 도시에서는 최대 1시간에서 2시간 정도 만에 제품을 배달해 주기도 한다.

보완재와 네트워크 효과가 강력한 경쟁 우위를 제공한다

오늘날처럼 모든 사물이 연결된 세계에서 지속 가능한 경쟁 우위를 유지하려면 각 부문을 연결하고 자체 서비스로 경쟁력을 높이는 보완제품을 제공하고, 소비자가 기존의 제품과 서비스에서 벗어날 수 없을 만큼 전환비용switching cost[■]이 증가하는 강력한 네트워크 플랫폼을 구축해야 한다. 애플과 같은 스마트폰 사업자가 플랫폼 기반의 사업 모델로 이동하여 새로운 앱이 개발될 때마다 아이폰의 가치가 증가하고 있는데도 노키아Nokia와 같은 휴대전화 회사는 제품 중심의 사업 모델을 벗어나지 못하고 있다. 삼성 갤럭시폰과 비교했을 때 아이폰 제품의 장점이 지난 몇 년간 급격하게 감소했지만, 아이폰은 아이튠즈iTunes와 페이스타임FaceTime과 같은 보완재 서비스complementary service[■■]로 소비자의 잠금효과Lock in effect[■■■]를 높여 주도적인 위치를 차지해 왔다.

■   현재 사용하는 재화가 아닌 다른 재화를 사용하려고 할 때 들어가는 비용

■■   두 재화를 동시에 소비할 때 효용이 증가하는 재화

■■■   소비자가 어떤 제품이나 서비스를 구입·이용하기 시작하면 다른 상품을 이용하기 어려워지는 현상

월마트나 베스트바이와 같은 전통적인 리테일러도 온라인 커머스를 시작했다. 월마트와 베스트바이의 상품 가격이 타사와 비슷한 수준이거나 아마존 가격보다 낮은 경우도 많지만, 아마존의 강세를 꺾긴 어렵다. 아마존은 온라인 저가 리테일러로 출발했지만, 시간이 지나면서 프라임 회원(유료회원)에게 광고 없이 무제한 제공되는 음원과 스트리밍처럼 아마존의 경쟁 우위를 다시 정의한 일련의 보완적인 서비스를 출시해 왔다.

중국 알리바바^{Alibaba}의 투자를 받은 인도 스타트업 페이티엠^{Paytm}은 보완재 서비스의 가치를 매우 잘 보여주는 사례다. 페이티엠은 선불폰에 돈을 추가하는 기능으로 소비자에게 편의를 제공하는 온라인 모바일 충전 회사로 시작했다. 이동통신 사업자에게는 소액의 충전 서비스 이용료를 부과했다. 뒤이어 페이티엠 월렛에 들어 있는 돈으로 버스와 기차표 구매, 차량 공유 서비스인 우버와 다양한 O2O^{Online to Offline} ■ 서비스 결제, P2P^{Peer to Peer} 결제에도 사용할 수 있는 새로운 보완재 서비스를 추가했다. 또한 수백만 개의 영세 소상공인을 포함한 오프라인 가맹점에서도 페이티엠을 받게 되어 가맹점은 신용카드 결제를 위해 비싼 POS 기계를 설치하지 않아도 되었다. 계산대에 QR 코드를 두어 소비자가 스마트폰으로 스캔해 결제하도록 했다. ■■ 그리고 마침내 페이티엠 월렛을 온라인에서도 쓸 수 있게 했다. 2015년 인도 중앙은행^{Reserve Bank of India}이 페이티엠과 여러

■ 온라인에서 주문이나 예약, 결제를 하고, 오프라인에서 구매한 상품과 서비스를 이용하는 형태이다. 온라인과 오프라인을 연결하여 소비자의 구매를 더욱 편리하게 도와주는 서비스 플랫폼이다.

■■ 신용카드 회사와 달리 페이티엠은 피이티엠을 취급하는 영세 가맹점에는 수수료를 부과하지 않는 대신 대형 가맹점으로부터 수수료를 챙겼으며 페이티엠 시스템에서 돈을 인출하려면 수수료가 붙었기 때문에 소비자는 가능한 한 페이티엠 계좌에 잔액을 남기려고 했다.

이동 통신 사업자에게 은행 라이선스 사업권을 부여해 인도에서 은행 서비스를 이용할 수 없었던 수백만 명의 소비자가 모바일 뱅킹 서비스의 혜택을 누리게 된 것이다. 페이티엠 월렛 서비스는 이러한 보완재 서비스를 추가함으로써 소비자에게 훨씬 가치 있는 서비스로 자리잡았다. 2017년 중반 2억 개가 넘는 페이티엠 월렛이 사용되고 있었으며 페이티엠은 신규 서비스를 추가하는 과정에서 온라인 장터 운영, 은행업 진출 등 사업 영역을 확대하고 새로운 역량을 갖추어 다양한 분야의 플레이어와 경쟁 구도를 형성하기 시작했다.

왓츠앱과 같은 서비스는 제품의 성능이나 기능을 바꾸지 않아도 사용자가 늘어날수록 서비스의 가치가 높아지는데 이를 직접 네트워크 효과direct network effect라고 부른다. 또한 이베이처럼 서비스가 구매자와 판매자를 연결하는 플랫폼일 경우 간접 네트워크 효과indirect network effect가 발생한다. 플랫폼에 참여하는 구매자가 늘어날수록 상대편 판매자가 느끼는 가치가 늘어나 더 많은 판매자의 참여를 유도한다. 네트워크 효과로 말미암아 생기는 선순환 구조는 몇몇 플랫폼이 지배하는 승자 독식winner-take-all 체계를 형성한다. 따라서 성능이나 가격 측면에서 훨씬 우세한 플레이어가 등장한다고 해도 이미 견고한 진입장벽이 형성돼 있어 사실상 경쟁할 수 없는 구조가 된다. 차량 공유 서비스 우버, 숙박 공유 서비스 에어비앤비Airbnb, 데이트 사이트 매치닷컴Match.com, 인도의 아마존이라 불리는 플립카트Flipkart 등이 막강한 간접 네트워크 효과를 지닌 기업 사례다.

그림 1-3은 고객에게 가치를 제공하는 전통적인 방식이 디지털 시대에 얼마나 급진적으로 변화했는지를 보여준다. 지난 수십 년 동안 기업의

조직 구성은 제품별로 나누어져 있었으며 각 사업부의 목표는 단일 제품과 단일 고객에게 집중하면서 제품의 가치를 제공하는 일이었다(그림 1-3의 왼쪽 아래 사분면). 이러한 목표의 달성에는 마이클 포터가 주창한 전통적인 전략적 프레임워크가 잘 들어맞아 기업은 훨씬 저렴하거나 좋은 제품을 만드는 일에 주력했다. 자동차, 소비재, 금융 상품 모두 이러한 전통적인 방식을 사용했다.

[그림 1-3] 고객 가치를 제공하고 경쟁 우위를 창출하는 새로운 방식

그러나 아마존과 같은 회사는 재구매가 일어나 는 면도날로 돈을 벌려고 면도기를 거의 공짜로 판매하는 면도기-면도날 전략을 구사해 보완재 상

품 간의 시너지를 최대한 활용한다. 이러한 전략이 시장에서 제대로 통하려면 기존의 제품 단위 기준으로 만든 전통적인 조직 구조와 인센티브 제도를 탈피해야 한다. 전자책 리더기 킨들Kindle 담당자의 업무 성과는 킨들 개별 사업의 수익성을 기준으로 측정하거나 평가할 수 없다. 왜냐하면 그의 목표는 킨들로 수익을 내는 게 아니라 더 많은 전자책을 판매하는 것이기 때문이다. 보완재 제품에 기반한 전략을 가진 회사는 영향력이 막강하다. 아마존은 자사 마켓플레이스에 등록된 2만 명이 넘는 소규모 판매자에게 돈을 빌려주는 소상공인 대출 서비스로 2016년 10억 달러의 이자 수익을 벌어들였다.[25] 아마존은 이러한 대출 자금을 면도기-면도날 전략에서 면도기처럼 활용해 아마존 플랫폼상의 판매자-구매자 거래에서 수익을 낼 수 있었다. 이 덕분에 전통적인 은행보다 훨씬 저렴한 이자율로 대출 서비스를 제공하는 것이 가능했다. 만일 은행의 핵심 상품이 아마존의 보완재에 해당한다면 은행은 아마존과의 경쟁에서 버티기 어려울 것이다.

모바일, 플랫폼, 애플리케이션 등으로 생활 전반이 연결된 세계에서 왓츠앱이나 우버와 같은 서비스는 굳이 제품 기능을 개선하지 않더라도 사용자가 늘어나는 것만으로도 가치는 증가한다. 따라서 이러한 가입자 기반의 네트워크 효과는 오로지 저비용 또는 제품 차별화로 경쟁하려는 플레이어를 어려움에 빠뜨리는 승자 독식 시나리오를 만든다. 아마존은 외부 판매업자가 아마존이 제공하는 온라인 마켓플레이스에 상품을 올려 판매하는 오픈 마켓플레이스를 도입하고 나서야 비로소 네트워크 효과를 누리는 온라인 리테일러가 됐다. Section1의 후반부에서는 GE와 같은 전통적인 기업이 네트워크 효과를 창출하기 위해 어떻게 사업의 축을 제품에서 플랫폼으로 옮겨 전략을 재구상하고 있는지 알아본다.

가장 야심 찬 전략은 보완재 서비스와 네트워크 효과의 이점을 모두 누리는 것이다. 2011년 텐센트Tencent는 중국에서 왓츠앱과 유사한 모바일 메신저인 위챗WeChat을 론칭했을 때 네트워크 효과의 이점을 누렸다. 위챗이 인기를 얻어 중국에서 '국민 메신저'로 자리를 잡게 되자 텐센트는 위챗 애플리케이션 안에 보완재 서비스를 구축하기 시작했다. 지금 중국에서는 위챗 앱으로 공과금 납부, 피자 주문, 의사 검진을 예약하거나 슈퍼마켓에서 QR 코드를 스캔해 결제할 수 있다. 위챗의 결제 서비스인 위챗페이는 알리바바의 알리페이에 심각한 위협으로 작용하고 있다.

이 전략은 IT기업에만 해당하지 않는다. 나이키는 팔찌처럼 차고 다니면서 활동량을 측정하는 퓨얼밴드Fuel Band라는 제품을 출시하였다. 그리고 나이키 플러스Nike+라는 글로벌 온라인 커뮤니티를 통해 회원들과 운동 내용을 비교하고 달리기 일정을 세우고 개인 코칭을 제공하는 나이키 런 클럽Nike+ Run Club을 만들기도 했다. 실내 자전거 제조업체인 펠로톤Peloton은 자사 제품이 경쟁사 제품보다 우수한 점을 앞세워 실내 자전거와 월정액 기반의 무제한 피트니스 콘텐츠를 결합한 서비스를 제공한다. 이는 선풍적인 인기를 몰고 왔다. 집에서 피트니스 콘텐츠를 실시간 스트리밍으로 보면서 운동할 수 있는 라이브 클래스를 내놓았으며, 화면 아래에 운동 강도, 심장 박동 수, 클래스 순위 등 사용자의 운동 정보까지 보여준다. 라이브 클래스에 수백 명이 참여하는 경우가 흔하다 보니 가상 피트니스 커뮤니티에 대한 소속감이 생길 뿐 아니라, 경쟁적인 환경이 조성되어 사용자들은 동기부여도 더불어 얻을 수 있다.

미국의 식품유통회사인 US푸즈^{US Foods}는 고객사인 레스토랑을 대상으로 재고 관리, 식자재 낭비 감소, 노동력 최적화를 지원하는 보완재 서비스를 제공한다. US푸즈는 또한 아마존이 플랫폼에 외부 판매업자를 참여시켰던 방식과 유사하게 일부 소규모 공급업체를 대규모 고객 네트워크와 연결해 주는 마켓플레이스 플랫폼을 구축하고 있다.

데이터와 고객이 기업의 핵심 자산이 된다

오늘날 기업이 보유한 가장 가치 있는 두 가지 자산인 데이터와 고객은 대차대조표에는 나타나지 않는다. 기업이 사업을 어떻게 관리해 왔는지 보여주는 전통적인 재무 보고 시스템은 물리적 자산에만 중점을 둔다.

고객은 강력한 네트워크 효과를 만들어 내는 동시에 보완재 서비스를 도입할 기회를 가져다준다. 아마존은 신규 서비스를 도입할 때 '아마존 프라임'의 대규모 고객 네트워크를 활용했다. 2017년 5월 아마존이 4,650억 달러 규모의 미국 의약품 시장에 진출할 기회를 엿보고 있다는 소문이 돌았다. 아마존이 로열티가 높은 프라임 고객을 대상으로 도서와 기타 제품을 판매할 수 있다면 같은 고객에게 처방 의약품을 판매할 수도 있지 않을까?

7천만 명이 넘는 가입자를 보유한 미국 3위 이동통신사인 T-모바일^{T-Mobile}의 경우 고객에게 특정 요일에 무료 피자를 제공하기 시작하더니 급기야 영화 티켓, 잡지 구독권, 주유소 할인 등으로 혜택을 늘렸다. 제품이나 서비스를 낮은 가격 또는 공짜로 공급하는 업체는 T-모바일 고객 네트워크를 활용해 무료 체험 이벤트를 열고 신규 고객을 획득할 수 있게 되었고, T-모바일은 별도의 비용 없이 현재 고객에게 부가적인 가치를 제공할 수 있어 서로에게 '윈윈'이었다.

요즘 흔히 인용되는 '데이터는 새로운 석유Data is the new oil'라는 말이 있다. 물리적 자산과 달리 데이터는 '고갈'되지 않는다. 데이터는 그 가치를 유지한 채 여러 용도로 사용될 수 있다. 사실 더 많은 데이터를 수집할수록 그 가치는 높아져서 일종의 '데이터 네트워크 효과'가 발생한다고 할 수 있다. 더 많은 사람들이 아마존 에코를 사용할수록 더 많은 데이터가 쌓이고 아마존은 그 데이터를 활용하여 에코의 성능을 더욱 향상시킨다. 테슬라는 차량에서 수집한 데이터로 자율주행 알고리즘을 개선하고 소프트웨어를 주기적으로 업데이트한다. 인공지능과 사물 인터넷 기술을 활용하여 사용자 수와 사용 빈도가 늘어날수록 학습과 개선 능력이 향상된 제품이 만들어진다. 제품이 많이 사용될수록 제품에 대한 데이터가 더 많이 모이며 더 많은 데이터가 모일수록 더욱 정교한 기능을 갖춘 제품을 내놓을 수 있기 때문이다. 기업은 이러한 데이터 네트워크 효과로 막강한 경쟁 우위를 쌓을 수 있다. GM과 포드가 테슬라보다 외관 성능이 훨씬 뛰어난 차량을 제작할 수 있다고 해도, 자율주행 차량에서 나오는 풍부한 데이터는 알고리즘 개발에 소중한 자산으로써 테슬라에 오래도록 강력한 경쟁 우위를 제공할 것이다.

사업 영역의 확대를 위해 새로운 역량을 구축해야 한다

제프 베조스는 킨들2를 출시하면서, 아마존이 전자 제품의 판매에서 제조까지 나아가게 된 경위를 설명했다. "사업을 확장하는 데는 두 가지 방법이 있습니다. 하나는 자신이 잘할 수 있는 분야를 파악해 능력을 발휘하는 것이고 또 다른 하나는 비록 자신에게 생소한 분야이고 새로운 기술이 필요하다고 해도 고객 니즈를 파악해 철저히 고객 관점에서 시작해 거슬러 올라가는 방식입니다. 킨들은 '돌아보며 일하기Working Backward)' 즉, 거슬러 올라가는 방식을 적용한 대표적인 사례입니다."[26] 전통적으로 기업은 기존의 핵심 역량을 활용할 수 있는 인접 사업 영역으로 확장한다. 그러나 고객 중심의 관점에서 볼 때 기업은 고객의 니즈 변화를 파악하고 이를 충족시키기 위한 새로운 역량을 개발해야 한다.

미국의 농기계 업체 존디어는 2006년에 직원 중 절반이 엔지니어였으며 인공지능, 위성 항법 장치GPS를 활용한 새로운 기능을 개발하려고 엔지니어를 더 충원할 계획이었다. "존디어는 뛰어난 성능의 트랙터나 훌륭한 잔디깎이를 생산하는 회사로 알려졌습니다. 하지만 존디어가 IT 혁신에 역점을 두고 움직이고 있다는 사실을 아는 이들은 많지 않습니다."라고 글로벌 인프라스트럭처 서비스 관리자인 래리 브루어Larry Brewer는 말했다.[27]

존디어가 사업을 예측 정비, 분석, 수확량 최적화와 같은 부가가치 서비스 영역으로 옮겨 가면서 데이터 과학과 분석에 관련된 내부 역량이 점점 더 중요해졌다. 2015년 존디어의 인텔리전트 솔루션즈 그룹 Intelligent Solutions Group에 근무한 찰스 쉬로이스너Charles Schleusner는 북미 농부 중에서 수확량을 문서로 기록해 둔 비율은 40퍼센트 미만이었으며 농작물 재배, 비료와 살충제 살포 내용을 기록한 수치는 훨씬 적었다는 분석 결과를 공개했다.[28] 존디어는 농부가 데이터를 기반으로 효율적인 의사결정을 할 수 있도록 지원하는 역할이 점점 중요해지고 있음을 확신했으며 그 목적을 이루는 데 필요한 새로운 역량 구축에 얼마든지 투자할 의사가 있었다.

사업 영역을 어디까지 확장해야 하는가?

일각에선 사업 영역의 확장에만 집중하다가 핵심 역량이 옅어지는 것을 우려할 수도 있다. 애플이 성공한 원인은 애플이 가장 잘 만들 수 있는 소수 제품에만 집중했기 때문 아닐까? 기업이 마음만 먹으면 어떤 분야든지 진출할 수 있고 손대는 일마다 성공할 수 있을까? 전략 교과서에서는 핵심 역량에 집중하지 않으면 경쟁력이 약해진다고 가르치지 않았던가?

사업 영역의 확대와 집중이라는 모순된 개념의 대립 속에 팽팽한 긴장감은 충분히 있을 수 있는 일이며 바람직한 현상이기도 하다. 가장 좋은 방법은 철저히 고객 관점에서 고객 니즈를 해결하고자 자사의 핵심 역량을 키우는 것이다.

애플은 수백 명의 자동차 엔지니어를 채용하고 있어 항간에는 애플이 자체적으로 자동차를 개발할지도 모른다는 소문이 돌기도 한다. 그렇다면 애플이 핵심을 놓치고 있는걸까? 시야를 조금만 넓혀 생각하면 자동차는 궁극적으로는 움직이는 기기, 즉 모바일 기기에 해당한다. 소비자가 차 안에서도 모바일 기기 간 매끄러운 연결을 원함에 따라, 뛰어난 사용자 인터페이스를 구현하는 애플만의 핵심 기술은 더욱 중요해진다. 자동차가 소프트웨어로 달리는 시대가 오면 애플은 이 업계에서 막강한 영향력을 행사할 수 있다. 하드웨어와 소프트웨어를 긴밀하게 결합하는 애플의 전략은 이제 하드웨어, 즉 자동차에 투자할 때가 가까워졌음을 시사한다.

　업계 리더들은 이러한 현실에 눈을 떠가고 있다. 2016년 1월에 열린 라스베이거스 국제가전제품박람회CES, Consumer Electronics Show에서 당시 포드의 CEO였던 마크 필즈Mark Fields는 말했다. "앞으로 오토와 모빌리티 회사로 급격히 변신해 가는 포드를 지켜보게 될 겁니다. 핵심 근간인 자동차 사업에 계속해서 발을 단단히 딛고 서 있겠지만 운송 서비스 분야에 더욱 많은 관심을 쏟는 모습을 목격하게 될 겁니다."[29] 2017년 5월 포드 스마트 모빌리티Ford Smart Mobility ■의 회장이었던 짐 해켓Jim Hackett이 마크 필즈를 대신해 포드의 CEO 자리에 오르며 포드의 전략에 큰 변화가 있음을 세상에 알렸다.

■ 2016년 포드 자동차가 모빌리티(이동성) 분야의 디자인, 연구개발, 투자를 전담하려고 설립한 자회사

루이비통도 넷플릭스처럼

디지털 시대의
사업 모델 기본 원칙

사업 모델은 기업이 가치를 창출하고 고객을 확보하는 방식을 규정한다. 기술 혁신으로 말미암아 소비자의 행동이 변화하고, 새로운 경쟁자가 출현함에 따라 기업 사업 모델에도 근본적인 변화가 요구된다. 이 장에서는 기업이 직면한 도전 과제를 알아보고 디지털 시대에 기업이 생존하고 성장하기 위해 받아들여야 하는 새로운 사업 모델의 기본 원칙을 중점적으로 다룬다.

'면도기와 면도날 전략'에서 역할 바꾸기

오랫동안 음악 산업은 레코드나 카세트 테이프, CD와 같은 물리적 형태의 앨범 판매로 상당한 호황을 누렸다. 소비자는 듣고 싶은 음악은 한두 곡밖에 안 되는데 열두 곡에서 열다섯 곡이 실린 CD를 사야만 했다. 음악 업계는 어째서 최소 열두 곡에서 최대 열다섯 곡까지 수록된 CD를 판매 했을까?

CD의 제작·배송·판매에 들어가는 비용은 CD에 한 곡이 실리든 열두 곡이 실리든 크게 차이가 없어서 업계로서는 여러 곡을 묶어 높은 가격에 판매해 비용을 충당하는 편이 훨씬 나은 선택이었다. 그러나 디지털 기술이 모든 것을 바꿔 놓았다. 음악의 재생산과 유통 비용이 디지털 기술 덕분에 대폭 감소하여 아이튠즈에서 음원을 낱개로 판매할 수 있게 된 것이다.

이러한 언번들링unbundling은 소비자에게는 이익이었지만, 음악 산업의 매출은 크게 하락했다. 디지털 싱글 또는 앨범 판매 매출과 스트리밍 서비스 매출은 CD에 음악을 여러 곡 넣어 판매하던 시절의 매출에 한참 미치지 못했다. 게다가 음원 불법 복제로 사태가 더욱 나빠졌다. 디지털 음악 생태계에 일어난 극적인 변화로 작곡가, 음악가, 음향 엔지니어 등 음악 종사자들의 수입이 급격히 감소했다. 소비자 사이에 음악의 인기는 사상 최고치에 달했지만, 막상 음악 스튜디오와 아티스트들의 수입은 급격히 떨어지는 역설적인 상황이 발생한 것이다 (2-1 참조).

음악 스튜디오와 아티스트는 콘서트를 개최하여 팬들 사이에 흥미와 인지도를 불러일으켜 앨범 구매로 이어지게 하는 전략을 구사해 왔다. 다시 말해 콘서트는 궁극적으로 앨범이라는 면도날의 판매를 위해 존재하는 면도기에 해당했다.

기업들은 면도기를 저렴하게 파는 대신에 면도날로 돈을 버는 '면도기와 면도날 전략'을 오랫동안 구사해 왔다. HP는 프린터를 싸게 판매하

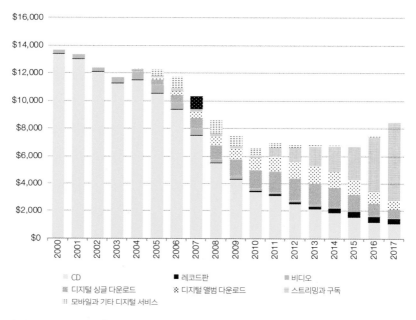

[그림 2-1] 2000-2017년 미국 내 음반 판매 매출 (단위: 백만 달러)

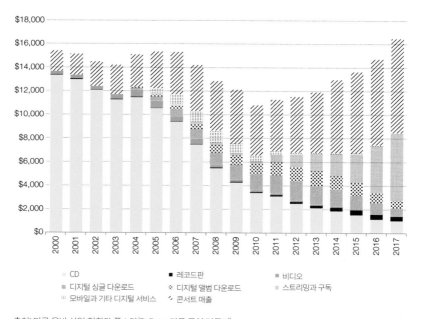

[그림 2-2] 2000-2017년 미국 내 콘서트 매출과 음반 판매 매출(단위: 백만 달러)

는 대신에 잉크 카트리지로 돈을 번다. 스튜디오와 아티스트는 음반 판매 수입이 급감함에 따라, 콘서트를 수익형 사업으로 전환했다. 고가의 콘서트(면도날에 해당)로 팬을 끌어들이려고 무료 음원(면도기에 해당), 심지어는 해적판 음반을 이용하게 된 것이다 (그림 2-2 참조).

아티스트들은 일반적으로 콘서트 수입이 앨범 판매 로열티보다 많아서 이러한 변화의 수혜를 입게 되었다.

또한 아티스트들은 유명세를 십분 활용하여 기업들과 직접적인 파트너 관계를 맺기도 한다. 마스터카드와 같은 기업이 고객에게 특별한 경험을 선사하기 위해 아티스트를 초대하여 개최하는 이벤트가 아티스트에게 막대한 수입원이 되곤 한다. 라이브 음악 공연의 글로벌 매출은 2020년 기준 280억 달러 이상에 이르리라 예상된다.[1]

대부분 기업은 보완재 상품complementary goods을 포함한 다양한 수익원을 보유한다. 앞서서 논의했듯이 기기 간, 사람 간에 연결된 디지털 세상에서의 보완재는 소비자가 제품이나 서비스를 바꾸는 데 드는 전환 비용switching cost을 높여 경쟁 우위의 새로운 원천이 된다. 애플 아이폰의 기능 자체는 삼성 갤럭시와 비슷하다 느낄지라도, 아이튠즈, 페이스타임, 애플 페이 등과 같은 애플의 보완재 서비스를 사용하고 있다면 삼성 스마트폰으로 바꾸기 어렵다. 기술이 사업 수익성을 좌우함에 따라, 보완재였던 제품·서비스가 주요 매출원으로 변경되는 사업 모델 전환이 이루어지기도 한다.

뉴욕 타임스도 유사한 디지털 전환Digital Transformation■ 거쳤다. 음악 산업

■ "디지털 트랜스포메이션"을 번역하여 "디지털 전환"이라고 한다. 기업이 새로운 비즈니스 모델과 제품, 서비스를 창출하기 위해 디지털 역량을 활용함으로써 고객 및 시장(외부 생태계)의 파괴적인 변화에 적응하거나 이를 추진하는 지속적인 프로세스(편집자주). 출처: IDC

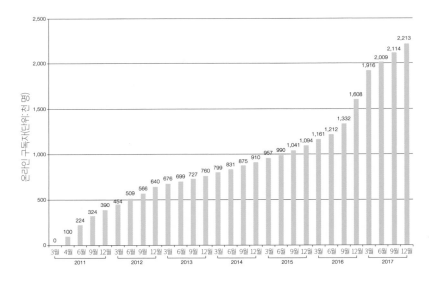

출처: 뉴욕 타임스 언론 보도와 재무 보고서 종합
참고: 온라인 뉴스 가입자만 포함하며 기타 온라인 섹션(요리, 크로스 워드 등)이나 뉴욕 타임스 온라인을 구독하는 종이신문 구독자는 제외 (*요금에 따라 접속 가능 콘텐츠 차등화)

[그림 2-3] 뉴욕 타임스 온라인 신문 구독자

과 마찬가지로 디지털 기술 때문에 각 신문사에서 콘텐츠의 언번들링 현상이 일어났다. 신문사 간 기사 대 기사로 경쟁하게 되면서 광고 매출의 상당 부분을 생활 정보 사이트인 크레이그리스트Craigslist, 구인·구직 전문 사이트인 몬스터닷컴Monster.com 등에 빼앗겼다. 모든 신문사는 종이 신문의 매출 손실을 만회하는 방안으로 온라인 사이트를 구축하여 전 세계 독자를 상대로 온라인 광고에서 막대한 수익을 올리겠다는 목표를 세웠다. 2012년 뉴욕 타임스 웹사이트에 월 3천만 명이 방문했지만, 온라인 광고 수익만으로는 지면 광고의 매출 손실을 감당할 수 없었다.

뉴욕 타임스와 같은 신문사는 딜레마에 빠져 있었다. 수십 년 동안 신문 구독료(면도기에 해당)를 낮게 책정하는 대신에 광고(면도날에 해당)로 매출을 일으켜왔는데, 온라인 세상에서 면도기는 완전히 공짜가 되어버렸고 면도날은 예전처럼 잘 팔리지 않았다. 면도기를 면도날로 변모시킬 때가 온 것인가?

뉴욕 타임스는 2011년 3월 유료화^{paywall}■ 서비스를 선보이고 웹사이트 내 무료 구독은 제한했다. 한 달에 최대 20개 기사만 무료로 읽을 수 있고 그 이상은 구독료를 내야 했다. 모든 사람이 정보는 공짜여야 한다고 믿었던 시대에 대담한 발상이었다. 많은 이들이 구글에 공짜 뉴스가 넘치는데 누가 뉴욕 타임스에 돈을 내겠냐며 비평했다. 하지만 뉴욕 타임스는 독자는 여전히 신뢰할 만한 고품질 저널리즘에 관심을 둔다고 굳게 믿었다.

누구나 트위터나 블로그에서 가짜이든 진짜이든 정보를 만들어 낼 수 있기 때문에, 신문의 가치는 단순히 정보 자체가 아니라 그 정보의 큐레이션에 있다는 점에 주목한 것이다. 유료 구독 모델의 체계와 요금을 꼼꼼하게 검토하고 이를 성공적으로 론칭하여 2017년 6월 200만 명이 넘는 신규 온라인 가입자를 확보했다(그림 2-3 참조). 2000년에는 광고가 전체 매출의 약 70퍼센트를 차지했던 것과 대조적으로, 2017년 상반기 동안 전체 매출의 70퍼센트 이상이 구독료에서 발생했으며, 그중 온라인 유료 구독이 큰 비중을 차지했다. 면도기가 면도날이 된 순간이었다!

컴캐스트와 같은 케이블 회사도 가입자들이 케이블 서비스를 해지하

■ 웹사이트에서 유료 구독자에게만 전체 기사를 보게 하는 방식

고 넷플릭스나 훌루와 같은 온라인 스트리밍 회사로 옮겨 감에 따라 비슷한 경쟁 압박을 겪고 있다. 이에 따라 여러 방송 채널을 묶어서 판매하던 방식에서 채널별, 프로그램별로 나누어 판매하는 언번들링 방식을 도입했다. 미국 위성방송 회사인 디시 네트워크Dish Network의 슬링TVSling TV ■는 고객 유치를 위해 최소 채널 패키지를 저렴한 요금으로 제공하고 있다. 전문가 사이에서 코드커팅에 대한 의견이 분분하다. 유료 방송 해지가 지나가는 현상이라고 보는 쪽과 앞으로도 가속화될 것이라고 예측하는 쪽이 있다.

어찌 되었건 케이블 가입자가 매출의 상당 부분을 차지하는 컴캐스트에는 심각한 고민거리이다. 온라인 스트리밍 서비스가 케이블TV 매출 악

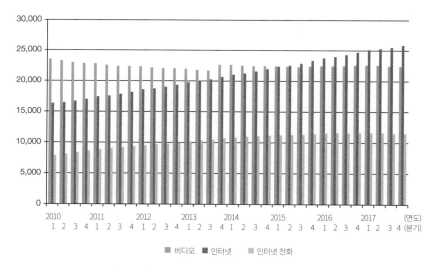

[그림 2-4] 2010-2017년 컴캐스트의 가입자와 가입 상품

■ 월 20달러에 스트리밍으로 약 20개의 인기 채널 패키지를 제공하는 서비스로 2015년 1월 개시했다.

화를 가속화하는 동안, 인터넷 서비스 매출은 꾸준히 상승하여 컴캐스트의 새로운 면도날로 작용하고 있다(그림 2-4 참조).

주요 수입원을 전환하거나 면도기를 면도날로 또는 그 반대로 대체하는 일은 한 기업의 수익성 관리에 도움이 될 뿐만 아니라 다른 업계에도 커다란 변화를 일으킬 수 있다. 예를 들어 아마존은 판매자에게 은행보다 훨씬 낮은 이자율로 대출(면도기에 해당)을 제공하여, 자체 플랫폼에서의 거래(면도날에 해당) 활성화로 수익을 올린다. 아마존의 이러한 행보는 소상공인 대출 시장을 뒤흔들고 은행이 경쟁하기 어렵게 만든다.

여러분만의 면도기나 면도칼은 무엇인가?

가치를 포착하고 사업에 적용하는 새로운 방식

새로운 기술이 기존 사업 모델을 뒤흔든다면 더 웨더 컴퍼니나 베스트바이 사례처럼 새로운 방식으로 가치를 포착해야 한다.

혼란에 빠진 더 웨더 채널 컴퍼니

2012년 1월 데이비드 케니David Kenny는 더 웨더 채널 컴퍼니The Weather Channel Company CEO로 부임하면서 막중한 책임을 맡았다. 더 웨더 채널 컴퍼니는 24시간 날씨를 내보내는 자사 케이블TV 채널의 광고 판매로 수십 년 동안 꾸준히 매출 증가를 이뤘다. 미국 케이블TV 가입자 수가 늘어남에 따라 사세를 확장하며 탄탄대로를 걸어왔는데, 어느 순간 기존 사업 모델에 제동이 걸렸다.

2010년 미국 케이블 TV 가입 건수가 감소세로 돌아서더니 경기 침체기를 지나 경제 여건이 좋아지고 나서도 내림세가 점점 도드라졌다. 굳이 TV를 켜지 않아도 모바일 기기나 온라인 웹사이트를 통해 누구나 손쉽게 뉴스를 접할 수 있게 되면서, TV 광고에 크게 의존하던 사업 모델이 더는 통하지 않게 되자 더 웨더 채널 컴퍼니는 불안해졌다. 디지털 트렌드에 발맞춰 변화를 꾀하려고 자체 웹사이트와 모바일 앱을 출시했다. 2007년 아이폰이 출시되면서 3.99달러에 다운로드 할 수 있는 앱을 개발했으나, 2009년 모바일 매출은 350만 달러에 그쳤다. 더 웨더 채널 컴퍼니는 모바일 사업에 본격적으로 뛰어들려고 앱을 무료화하는 대신 모바일 광고에서 이익을 얻는 사업 모델로 사업 구조를 변경했다. 무료 전환 후 더 웨더 채널 컴퍼니 날씨 앱은 아이패드에서 두 번째로 많이 다운로드 되었지만, 사용자 대부분이 날씨만 확인하고 몇 초 만에 앱을 종료하여 광고 수익을 내기 어려웠다.[2] 케이블 TV 시청자 수 감소와 모바일 사업의 낮은 수익성 문제에 부딪히자, 케니는 케이블 TV의 성장으로 성공 가도를 달려온 회사를 시대에 걸맞은 기상 정보 위주의 미디어 대기업으로 변모시키는 작업에 착수했다.

1982년 랜드마크 커뮤니케이션즈^{Landmark Communications}는 케이블 TV에서 24시간 날씨만 방송하는 최초의 채널 더 웨더 채널 컴퍼니를 만들었다. 1980년 세계 최초로 뉴스만 24시간 방송하는 CNN^{Cable News Network}이 설립된 전례를 따른 셈이었다. 더 웨더 채널 컴퍼니는 자사의 TV 채널에서 광고를 판매하거나, 컴캐스트와 같은 케이블 사업자가 상품 패키지에 더 웨더 채널 컴퍼니 채널을 포함하는 대가로 지급하는 구독료로 매출을 올려왔다. 또한 B2B^{Business-to-Business} 사업 부문의 자회사인 웨더 서비스 인터내셔널^{Weather Services International}을 통해 항공사나 보험회사와 같은 기업체를 대상으로 기상 정보를 제공해 왔다. 2008년 랜드마크는 컴캐스트와 두 개의 사모펀드로 구성된 그룹에 더 웨더 채널 컴퍼니를 35억 달러에 매각했다. 2012년 TV 사업 부문은 전체 매출의 약 60퍼센트를 차지했지만, 날씨 채널의 시청률은 8년 연속 내림세를 기록하고 있었다.

필자와 가진 개인적인 인터뷰에서 케니는 당시의 상황을 회고하며 다음과 같이 말했다.

> 더 웨더 채널 컴퍼니에 처음 합류했을 때 사업 구조를 들여다보니 TV에 지나치게 의존하고 있었어요. 새로운 매체 발굴에는 적극적이었지만 빠르게 행동을 취하지 못했죠. 날씨 관련 애플리케이션 개발자나 스타트업과 같은 새로운 디지털 플레이어가 매일 새롭게 나타나는 치열한 경쟁 상황이었어요. 구글은 자금력이 풍부하고 데이터 처리 속도도 굉장히 빨라서 국립기상청에서 제공하는 공개 데이터를 사용해 우리 사업 영역에 당장에라도 진출할 수 있었어요. 그때 제가 가장 고민했던 질문은 '이러한 새로운 디지털 환경에서 소비자와 파트너사에게 어떻게 더 많은 가치를 줄 수 있을까' 였어요.

케니는 회사의 비전에 대한 핵심적인 통찰력을 가지고 있었다. "사람들은 생활하는 지역 날씨를 확인하고 하루 일정을 계획합니다. 우리가 '하루 일정 계획'을 도와주는 아주 값진 정보를 제공한다면 어떨까 하는 생각이 퍼뜩 떠올랐어요." 단순히 일기 예보를 전달하는 데 그치지 않고, 날씨의 영향을 받는 활동을 계획하는 데 도움을 주는 서비스를 떠올렸다. 2012년 9월 케니는 새로운 비전을 실행에 옮기고자 사명 '더 웨더 채널 컴퍼니'에서 채널이라는 단어를 삭제할 것을 이사회에 제안해 현재의 더 웨더 컴퍼니가 탄생했다. 2012년 6억 달러였던 매출을 2016년 10억 달러 이상으로 키우겠다는 야심 찬 목표하에 '크게 생각하고, 작게 시작해서, 빠르게 키운다Think big, Start small, Scale fast'.'를 신조로 삼고 원대한 포부를 품었다. 생각은 크게 갖되 시작은 작게 하고 성공 가능성이 보이면 신속하게 규모를 늘려 가자는 취지였다.

TV에서 모바일 앱으로 이동하는 트렌드 변화는 도전이자 기회였다. 날씨 앱은 스마트폰 사용자의 40퍼센트가 아침에 처음으로 열어보는 앱이자 잠자리 들기 직전에 마지막으로 확인하는 서비스다. 하지만 대부분 사용자는 몇 초간 날씨를 확인하고 바로 앱을 꺼버리기 때문에 앱에 머무르는 시간은 상당히 짧았다. 더 웨더 컴퍼니는 사용자가 날씨 앱에 더욱 오래 머무르게 하는 방법을 고민해야 했다.

케니는 "고객이 더 웨더 컴퍼니 브랜드에 대해 높은 신뢰를 보이지만 독특한 개성을 느끼진 못했습니다."라고 말했다. 케니는 밀레니얼 세대를 끌어들이고자 더 웨더 컴퍼니 앱을 플랫폼과 콘텐츠 제공의 역할을 동시에 하는 '플래티셔platisher(platform과 publisher를 결합)'로 탈바꿈하기로 했다. 허핑턴 포스트Huffington Post에서 근무했던 닐 카츠Neil Katz를 웨더닷컴Weather.com 편집장으로 기용해 변화를 주도하는 임무를 맡겼다. 변화는 바로 나타났다. 예전에는 웹사이트에 콘텐츠 공급자CP로부터 구매한 콘텐츠만 게재했지만, 곧 날씨나 자연을 테마로 자체 제작한 스토리와 동영상을 올리기 시작했다. 〈바이러스 사냥꾼Virus Hunters(인류를 위협할 수 있는 슈퍼 바이러스에 관한 이야기)〉, 〈그리드 브레이커Grid Breakers(극한 날씨에서 고군분투하는 탐험가 이야기)〉, 〈화성에서는 어떤 냄새가 날까?What Does Mars Smell Like?〉처럼 짧은 비디오를 제작해 올렸다. 상당수의 신규 제작 콘텐츠를 모바일 앱에서도 노출했다.

모든 시도가 성공을 거두지는 못했지만(예를 들면, 비키니 몸매를 위한 운동법을 설명하는 콘텐츠) 다양한 시도를 통한 깨달음은 직원들에게 에너지와 주인 의식을 불어넣어 주었다. 신규 콘텐츠 덕분에 사용자의 사이트 체류 시간이 거의 두 배로 늘어남에 따라, 더 웨더 컴퍼니는 훨씬 유리한 조건으로 광고 파트너십을 구축하게 됐다.

케니는 사람들이 활동을 계획하기 전에 지역 날씨를 확인한다는 점에서 인사이트를 얻고, 과학을 빅데이터에 접목하여 소비자의 의사결정을 이해하는 데 활용하기로 했다. 2012년 5월 전직 동료였던 커트 헤트Curt Hecht를 광고회사 퍼블리시스Publicis에서 데려와 광고 판매 방식에 변화를 주었다.

헤트가 초기에 발견한 중요한 사실은 날씨가 제품 판매에 영향을 미친다는 점이었다. 웨더에프엑스WeatherFX라는 플랫폼을 구축하여 날씨와 위치에 기반을 둔 수요를 예측했다. 헤트와 직원들은 리테일러와 제조업체를 설득하여 지난 5년 동안 전 매장에서 판매한 모든 제품의 판매 데이터를 얻었다. 판매 데이터와 해당 시점의 지역 날씨와 날씨 예보 간의 상관관계를 분석하여, 날씨가 고객의 구매 결정에 미치는 영향을 예측하는 강력한 알고리즘을 만들었다.

상식적으로 예측할 수 있는 수준(예를 들면, 비가 내리면 우산 판매량이 늘어남)을 훨씬 뛰어넘는 놀라운 상관관계가 발견되었다. 설명하기 어려운 현상도 있었는데, 예를 들면 습도가 높을 때 딸기와 라즈베리가 훨씬 잘 팔린다는 사실이다. 생각해 보면 쉽게 이해가 가는 현상도 있었다. 예를 들어, 댈러스 지역 주민들은 특정한 이슬점에서 벌레 퇴치 스프레이를 서둘러 구매하는 것으로 나타났는데, 이는 곤충의 알이 이슬점에서 부화하기 때문이다.

흥미로운 발견도 많았다. 예를 들어, 궂은 날씨일 때 여성은 아이를 학교에서 데려오거나 슈퍼에서 식료품을 사 오는 일 등을 어떻게 처리하면 좋을지 고민한다. 반면에 남성은 스포츠 경기를 보거나 파티를 하거나 맥주를 사야겠다고 생각한다.

더 웨더 컴퍼니는 이러한 발견을 상업적인 용도로 활용하기 시작했다. 예를 들면, 리테일러가 어느 시점에 세일을 진행하면 좋을지 결정할 수 있도록 도와주었다. 그보다 더 중요한 점은 굳이 세일을 진행할 필요가 없는 시기도 파악할 수 있도록 해 주었다. 펜틴^{Pantene}과 같은 소비재 브랜드와 협업하여, 앞으로 3일간의 일기예보 내용에 따라 소비자가 구매하는 샴푸의 종류가 달라진다는 사실을 보여주기도 했다. 펜틴은 더 웨더 컴퍼니의 모바일 앱에 지역 맞춤 광고를 내보내고, '헤어캐스트^{Haircast}'라는 맞춤형 툴을 통해 특정한 날씨 조건에서 어떤 헤어 제품을 사용하면 좋을지 알려주는 서비스를 제공했다. 그 결과 펜틴 광고 상품의 매출이 28퍼센트나 성장했다.

앞서 말했듯이 더 웨더 채널 컴퍼니의 웨더 서비스 인터내셔널 부문은 이미 항공사, 리테일러, 보험회사 등의 업계에 기상 정보를 제공하고 있었다. 하지만 헤트가 발견한 비전은 새로운 가능성을 제시해 주었다. 조종사가 난기류를 피하고 비행경로를 변경하기 위해 기상 데이터가 필요하듯이, 자동차 운전자에게도 기상 정보는 굉장히 유용하다. 더 웨더 컴퍼니는 BMW와 계약을 맺고 신차에 기상 데이터를 제공했다. 그 대신 BMW는 특정 신모델의 앞 유리 와이퍼에 기상 센서를 장착해 와이퍼의 움직임에 따라 언제 어디서 비가 내리는지 더 웨더 컴퍼니에게 알려줌으로써 예측 정확도를 더욱 높일 수 있었다.

"날씨는 모든 것에 영향을 주기 때문에 우리에겐 엄청난 기회가 있습니다."라고 케니는 설명했다. 기상 조건이 테슬라 전기 자동차의 배터리 수명과 주행 거리에도 영향을 미치기 때문에, 테슬라 운전자 또한 기상 정보로부터 혜택을 얻을 수 있었다. 나이키와 파트너십을 맺어 기상 정보를 나이키 운동화와 나이키 런클럽NRC이라는 조깅 애플리케이션에 연동하기도 했다. 농부들은 기상 정보 수신 칩이 장착된 관개 시스템을 설치해 작물 관리 효율성을 높일 수 있었다.

케니는 글로벌 세력 확장에 도움이 될 만한 기업들과의 파트너십 방안도 모색했다. IBM 컨설팅 부서는 전 세계 정부 기관을 포함한 고객사를 대상으로 더 웨더 컴퍼니에게서 라이선스받은 기상 데이터를 상품으로 판매했다. 기상 데이터는 스마트 시티 등 IBM 컨설팅이 추진하는 여러 이니셔티브를 달성하기 위한 핵심 요소였다. 더 웨더 컴퍼니는 인도의 트랙터 제조업체인 마힌드라Mahindra에도 기상 데이터를 제공했다. 마힌드라 트랙터는 운전자 없이 농경지를 자율 주행하면서 토양을 분석하고 토양의 성질과 기상 예보에 따라 적정량의 비료를 살포한다.

2015년 7월 케니가 합류한 이후 채용한 직원이 회사의 절반 이상을 차지했다. 케니는 디지털 분야에서 명성이 자자한 스타들을 끌어들이고 고위 임원진을 개편했으며 이사진에 새로운 멤버를 앉혔다. 뉴욕과 샌프란시스코 지사의 규모를 키워 애틀랜타Atlanta 본사로는 끌어들일 수 없는 인재를 유치했다. 회사에는 긴장감과 긴박감이 돌았다. 그 당시 케니는 "저는 속도 강박증에 사로잡혀 있어요."라고 말했다. 더 웨더 컴퍼니는 명확한 방향성을 가지고 짧은 시간 안에 혁신 성과를 이루어냈다.

2016년 1월 IBM은 더 웨더 컴퍼니를 약 20억 달러에 인수했으며 데이비드 케니는 인공지능 서비스인 IBM 왓슨Watson의 수장으로 임명되어 그때까지 더 웨더 컴퍼니를 위해 추진해 온 일을 IBM에 이식하는 임무를 맡기도 했다.

베스트바이: 아마존 시대의 생존 비법

2012년 9월 베스트바이 CEO로 부임한 유베르 졸리Hubert Joly는 여러 문제에 직면했다. 첫째, 창립자가 베스트바이를 비공개 회사로 전환하려고 하여 주주의 반발이 심한 상황이었다. 둘째, 고객에게 최상의 경험을 제공하기 위한 운영 개선이 필요했다. 셋째, 전임 CEO가 불미스러운 일로 서둘러 교체되면서 경영 공백 상태에 빠져 있었다. 마지막으로 아마존과 맞대결해야 하는 전략적 도전이 남아 있었다. 베스트바이는 점점 아마존의 쇼룸(전시장)으로 전락하고 있었다. 소비자들이 오프라인 매장에서 영업사원으로부터 카메라에 관한 정보와 조언을 얻고 나서 온라인 아마존에서 저렴한 가격에 구매하는 형국이었다. 결과적으로 베스트바이의 매출과 이익은 급격히 감소해 생존 여부까지 불투명해졌다.

졸리는 '리뉴 블루Renew Blue' 전략을 내놓고 베스트바이가 당면한 최대 문제인 오프라인 판매 감소와 영업이익 감소를 해결하고자 했다. '리뉴 블루' 전략은 다양한 방안을 담고 있었다. 가격 매칭 서비스에 투자하고 온·오프라인 쇼핑 경험을 개선하는 방안과 운영상의 비효율성을 제거하여 10억 달러의 비용을 절감하는 방안 등이 포함되었다. 그중 핵심 과제는 베스트바이 오프라인 매장 활용을 극대화하고 제품 공급업체와의 관계를 강화하는 일이었다.

"베스트바이는 당시 미국에서 전국에 매장을 둔 유일한 전자 제품 유통점이었기 때문에 말하자면 '최후의 승자last man standing'였어요. 매년 매장 방문객이 6억 명에 달했어요. 혹자는 오프라인 매장은 부채라고 말했지만, 우리는 사람들이 베스트바이 매장을 방문하는 데는 분명한 이유가 있다고 믿었어요." 제품을 전시할 만한 전국 단위의 매장이 없는 삼성전자, LG전자, 소니, HP 등의 제조업체 입장에서는 소비자의 베스트바이 매장 방문이 상당히 중요했다. 졸리는 납품 업체가 베스트바이 매장에 제품을 진열해 방문객에게 최고의 고객 경험을 선사할 수 있는 윈-윈 기회가 있을 것으로 확신했다.

2012년 인터뷰에서 졸리는 제조업체와 파트너십을 강화할 방안을 모색 중이라고 말했다. 그리고 바로 직후 삼성전자 총괄 책임자는 졸리를 찾아가 양사 간 새로운 형태의 계약을 맺고, 베스트바이 매장 내에 별도의 대규모 '삼성 체험 매장' 1,400개를 열기로 합의했다. 삼성과 같은 제조업체가 자체 매장을 개설하는 일은 비용이나 전략적인 측면에서 좋은 선택이 아니었기 때문에, 이러한 형태의 '숍 인 숍Shop in Shop'은 특별한 이점을 제공했다. 삼성전자는 베스트바이 매장에 단독 체험공간을 운영하고 전담 영업사원을 고용해 단기간에 고객과의 접점을 늘릴 수 있었다. 대신에 소비재 회사가 슈퍼마켓 리테일러에게 물건 진열 대가로 비용을 지급하듯이, 베스트바이도 삼성으로부터 전자 제품 진열에 대한 수수료를 받았다.

베스트바이는 삼성 단독 체험공간의 성공적인 운영으로 아마존, 애플, AT&T, 캐논, 구글, LG, 마이크로소프트, 니콘, 소니, 스프린트, 버라이즌을 비롯한 세계의 뛰어난 IT기업과도 파트너십을 새롭게 맺거나 확장했다. 제품 공급업체는 베스트바이 매장 내 자체 매장 운영을 위한 자금을 투자했다.

투자 범위에는 매장 내 설비, 인건비, 마케팅, 교육에 들어가는 비용부터 베스트바이에 지급하는 수수료가 포함됐다. 이러한 파트너십을 통해 베스트바이는 자사의 강점과 공급업체의 니즈를 모두 수용하는 쪽으로 사업 모델을 발전시키고 보강했다.

제품 판매와 서비스가 베스트바이 매출에서 차지하는 비중은 여전히 가장 크지만, '숍 인 숍'은 베스트바이에 새로운 상승 잠재력을 제공했다. 그뿐만 아니라 베스트바이가 오랜 시간 소비자와 제품 공급업체에 제공해 온 가치를 수확하는 방법을 일깨워줬다.

'리뉴 블루' 전략으로 베스트바이의 매출과 영업이익이 개선되었으며 2012년부터 2017년까지의 총 주주 수익률은 642퍼센트에 달했다. 베스트바이는 해당 기간 S&P스탠더드앤드푸어스 500기업 중 상위 10퍼센트에 포함되었다. 미국의 모든 상위 리테일러가 엄청난 압박에 시달리고 있었으며 지금도 여전히 그렇다는 점을 고려하면 상당히 고무적인 결과였다. 미국 내 대형 전자 제품 유통매장인 서킷시티Circuit City, 라디오색RadioShack, HH그레그HH Gregg가 각각 2008년, 2015년, 2017년 파산보호를 신청하거나 아예 영업을 중단했으며, 세계 최대 장난감 유통업체인 토이저러스가 2018년 3월 파산을 발표한 것과 극명한 대조를 이루었다.

베스트바이가 이루어낸 '리뉴 블루' 전략의 성공은 오프라인 매장도 얼마든지 훌륭한 자산이 될 수 있으며 유통업계가 온라인과 오프라인 매장 간에 정해진 파이를 나눠 먹는 '제로섬' 게임이 아니라는 점을 시사한다. 이 사례는 기업이 고객에게 지속적으로 높은 가치를 제공하는 상황에 서조차 기술 발전과 소비자의 행동 변화에 따라 수입원에 큰 타격을 입고 혼란에 빠지게 되는 현상을 잘 보여준다. 기업이 기존 방식으로 가치를 창출하는 방식은 더는 효과가 없어서 새로운 가치의 원천을 찾아야 한다. 아마존의 공세에 몰린 베스트바이가 공급업체와의 파트너십을 적극적으로 활용해 상생 협력 관계를 이끌어 내어 소비자에게 훌륭한 매장 경험을 선사하는 한편 추가적인 매출원도 확보한 것처럼 말이다.

2018년을 넘어 2020년을 향해

허버트 졸리와 팀원들은 '리뉴 블루' 혁신 전략으로 성공을 거둔 후 '베스트바이 2020: 뉴블루 구축Best Buy 2020: Building the New Blue'이라는 새로운 성장 전략 수립에 착수했다. 이 신규 전략은 고객이 기술의 도움으로 꿈과 열정을 추구하고 삶을 영위할 수 있도록 지원하는 것을 목적으로 삼았다. 단순한 상품 판매를 넘어서 고객이 가진 원대한 아이디어의 실현을 돕는 것이다. 베스트바이는 이러한 전략 방향에 발맞춰 하드웨어 제품에서 서비스와 솔루션에 이르기까지 유효 시장^{addressable market}의 범위를 공격적으로 확장하고 있다. 새롭게 포함된 구독 서비스는 이 장의 뒷부분에서 자세히 다룰 주제로, 고객이 신문이나 잡지를 구독하듯이 일정 기간 구독료를 지급하면 베스트바이가 상품·서비스 등을 제공하는 사업 모델이다.

베스트바이의 전략은 몇 가지 중요한 관찰 결과에 기반을 둔다. 첫째, 베스트바이는 기회가 풍부한 환경에서 조직을 운영한다. 소비자는 기술 제품에 점점 더 많은 금액을 지출하고 있고, 그중 베스트바이는 밀레니얼 세대의 기술 제품 소비액 중 16퍼센트 이상을 차지하고 있어, 시장 내 유리한 포지션을 선점하고 있다. 둘째, 기술 제품을 사려면 복잡한 의사결정 과정을 거쳐야 한다. 다양한 제조업체가 만든 서로 다른 제품들을 고려해야 하기 때문이다. 따라서 졸리와 팀원들은 '판매 제품·서비스군의 확대'와 더불어 '판매 방식의 진화'를 '베스트바이 2020' 신규 전략을 떠받치는 두 개 기둥으로 삼았다.

'판매 제품·서비스군의 확대'라는 목적으로 베스트바이는 스마트 홈 관리[■], 고령화 세대를 위한 생활보조주택^{Assisted Living} 관리, 토탈 기술지원 서비스 등의 신규 분야에 진출하여 전문적 역량과 자산을 쏟고 있다. 토탈 기술지원 서비스의 파일럿으로 연간 199달러 또는 월 19.99달러에 전화, 온라인, 매장 방문 서비스를 무제한으로 이용하거나 전문가^{tech advisor}가 가

■ 가정 내 가전제품을 비롯한 모든 장치를 연결해 보안, 실내온도, 전원 등을 제어하는 기술이다.

정에 방문하는 구독 서비스를 검토 중이다.

2018년 3월 기준, 이 서비스는 캐나다의 모든 베스트바이 매장과 미국 내 약 200개 매장에서 제공되고 있다. 또한 '판매 방식의 진화'를 위해 온라인 채널을 만들고 있으며, 베스트바이의 전문가가 고객의 집으로 찾아가 니즈에 대응하는 맞춤형 제품과 서비스를 제공하는 무료 가정 방문 채널도 도입했다.

2020 전략은 베스트바이의 사업 모델이 단순 제품 판매에서 솔루션 판매로, 고객과의 단순 거래에서 더욱 돈독한 관계 형성으로 진화했음을 시사한다.

경험에 기반을 둔 가치를 창출하라

베스트바이만 아마존과 다른 전자 상거래 업체로부터 경쟁 압박을 받는 게 아니다. 유통업 전반의 미래는 불확실하며 리테일 업체들은 놀라운 속도로 줄줄이 파산을 선언했다.

2015년에만 바디 센트럴 코퍼레이션Body Central Corp(여성 의류 소매업체), 퀵실버Quicksilver(서핑용품 소매업체), 아메리칸 어패럴American Apparel(의류 소매업체), 웨트실Wet Seal(10대 의류 소매업체), 스포츠 오소리티Sports Authority(스포츠용품 소매업체)가 미국에서 파산을 선언했다. 메이시스Macy's와 같은 대형 백화점들도 재정 압박에 시달리고 있다. 대형 백화점들의 사업이 축소됨에 따라 리테일러들의 폐점은 쇼핑몰의 생존을 위협할 정도로 빠르게 진행 중이다. 앞으로 수년 내 미국 쇼핑몰 중에서 3분의 1은 폐점 위기에 놓인다

고 전망하는 리테일 애널리스트도 있다.[3]

슈퍼마켓도 유통업계의 위기를 피해갈 수 없었다. 약 100년 전 소규모 식료품 잡화점들을 줄줄이 파산으로 몰아넣으며 미국 내 최대 슈퍼마켓 체인으로 성장한 A&P조차도 2015년 파산을 선언했다. 영국을 대표하는 슈퍼마켓 체인 테스코Tesco 또한 위기의 징후를 보여주고 있다. 대형 서점 체인인 보더스Borders와 미국의 대표 비디오 렌탈 체인점인 블록버스터Blockbuster 또한 사라졌다.

디지털 시대에 리테일과 오프라인 매장Brick-and-Mortar Business의 미래는 어디에서 찾을 수 있을까? 이제는 사업 전략을 제품 판매에서 경험 판매로 바꿀 때가 왔는지도 모른다. 매장을 단순히 커피를 판매하는 장소가 아니라, 집과 사무실 이외의 '제3의 공간'■으로 정의하고 커피뿐 아니라 경험을 파는 스타벅스의 노하우를 배워야 한다. 차별화된 경험을 선사하는 체험형 비즈니스를 어떻게 개발할 수 있을까?

식품점의 재탄생

2007년 이탈리아 기업가인 오스카 파리네티Oscar Farinetti는 이탈리아 토리노Turin에 이탈리Eataly를 설립했다. 이탈리는 레스토랑과 슈퍼마켓, 요리학교가 공존하는 특별한 공간으로, 사람들이 한 공간에서 식사와 쇼핑을 하고 이탈리안 요리를 배울 수 있도록 했다.■ 식품점을 새로운 콘셉트의 공간

■ 가정(제 1공간), 직장(제 2공간) 이외의 또 다른 공간이라는 의미로 스타벅스는 단순히 커피를 파는 상점이 아니라 고객들이 찾는 문화 공간이라는 의미를 담고 있다.

으로 탈바꿈시킨 것이다. 토리노에서 시작한 이탈리는 2016년에 이르러 밀라노, 로마, 뉴욕, 시카고, 보스톤, 이스탄불, 두바이, 도쿄, 뮌헨, 서울 등 전 세계 31개 매장으로 확대했다. 그리고 코펜하겐, 모스크바, 런던까지 확장할 야심 찬 계획을 세우고 있었다. 이탈리는 고객 경험에 중점을 두고 전략적 선택을 했다.

- **이탈리 콘셉트와 매장 디자인:** 전통적인 슈퍼마켓은 소비자에게 편의성, 다양성, 저렴한 가격을 제공하는 방식에 의존해 왔다. 홀푸드 Whole Foods(2017년 아마존이 인수한 미국 최대 유기농 식료품 체인)는 신선한 유기농 식자재를 판매하고 고급 요리 바를 운영하여 차별화를 시도했다. 이탈리는 여기서 더 나아가 여러 테마의 레스토랑과 이탈리아 쿠킹 스쿨을 슈퍼마켓과 결합하여, 홀푸드의 콘셉트를 새로운 차원으로 끌어올렸다.

  이탈리가 레스토랑, 마켓플레이스, 요리학교를 한 장소에 모아 둔 이유는 무엇일까? 복합 매장 콘셉트에는 몇 가지 장점이 있기 때문이다. 첫째, 레스토랑의 활기 넘치는 분위기와 북적이는 사람들을 보면 지나가다가도 마켓에 방문하여 무언가를 사고 싶게 한다. 텅 빈 매장에서 쇼핑하고 싶어 하는 사람은 없다. 눈앞에서 신선한 치즈나 파스타를 만드는 장면은 생생한 경험을 선사한다.

  둘째, 레스토랑은 사람들이 슈퍼마켓 한가운데에서 서로 풍부한 교감을 나눌 수 있는 독특한 환경을 조성한다. 이러한 경험을 제공함으로써 상품을 더 높은 가격에 판매할 수 있게 된다.

셋째, 오스카 파리네티는 레스토랑 단독으로는 수익을 내기가 어렵다는 사실을 초창기의 실패를 통해 터득했다. 레스토랑 사업은 대도시에서 약 80퍼센트가 실패로 끝난다.

넷째, 레스토랑에는 공간 제약이 있다. 테이블 회전율이 어느 정도 정해져 있기 때문에 식당을 확장하지 않는 이상 사업을 키울 방법이 없다. 마지막으로 레스토랑에서 신선도가 떨어지는 식자재나 유효기간이 있는 재료를 소진할 수 있어 슈퍼마켓의 음식물 처분량을 줄일 수 있다. 일반적으로 슈퍼마켓에서 폐기처분하는 재료는 약 2퍼센트이며 부패하기 쉬운 제품은 6~7퍼센트나 된다. 업계 전문가들은 폐기처분하는 재료만 없으면 식당 수익성이 두 배로 뛸 수 있다고 본다.

- **매장 크기와 위치:** 여러 레스토랑과 음식 준비 과정을 보여주는 오픈디스플레이 공간을 결합하려면 넓은 공간이 필요하다. 이탈리가 매장을 널찍하게 꾸미는 이유이기도 하다. 이탈리는 맨해튼 한가운데에는 1,400평, 시카고 중심부에는 1,770평 규모의 매장을 운영하고 있다. 일반적인 식료품 매장이 이탈리 매장과 비교해 거의 3배에 달하는 재고를 보유하면서도 크기는 반 정도밖에 되지 않는 것과 대조적이다. 이탈리는 방문객을 늘리고자 대도심 한가운데에 매장을 둔다. 다시 말해 이탈리는 고객들이 단지 편리해서가 아니라 좋은 경험을 얻으려고 도시 곳곳에서 일부러 찾아오는 명소로 자리잡기를 기대한다.

- **마케팅과 프로모션:** 이탈리는 마케팅 비용을 거의 쓰지 않는다. 제품의 원산지와 스토리를 알려주는 매장 내 디스플레이가 전부다. 깔끔하고 단순한 디자인의 디스플레이로 일반적인 광고처럼 느껴지지 않으며 가격

정보도 없다. 매장에서 이루어지는 고객과의 커뮤니케이션이 주요 프로모션 방식이다. 대신 새로운 고객을 매장으로 이끌고 블로거들의 리뷰를 유도하는 이벤트를 주최한다. 다시 말해 소셜 미디어를 통해 저렴한 비용으로 홍보하고, 매장에 끊임없이 변화를 주어 고객의 재방문을 유도한다.

이탈리의 방식은 전통적인 슈퍼마켓과 비교해 어떤 차이가 있을까? 슈퍼마켓은 주로 가격 위주로 경쟁하고 주별로 다양한 제품의 할인 혜택을 제공해 고객을 끌어들인다. 제조업체와 공급업체는 리테일러에게 자사 브랜드를 홍보하도록 판촉 수당을 제공해 프로모션 자금을 지원한다. 슈퍼마켓이 판촉 수당에 크게 의존하게 됨에 따라 공급업체가 엄청난 협상력을 갖게 되었다.

- **측정 항목:** 유통 매장은 일반적으로 평당 판매량이나 매출을 기준으로 실적을 측정하지만, 이탈리는 그러한 측정 방식을 사용하지 않는다. 이에 대해 오스카 파리네티는 "우리는 완전히 다른 세일즈 포인트를 만들기 때문에, 평당 판매량을 계산하는 게 의미가 없습니다."라고 언급했다.[5] 이탈리 USA의 알렉스 사페르Alex Saper 사장은 다양한 세일즈 포인트 중에서 오픈 키친(개방형 부엌)에서 만드는 신선한 파스타를 예로 들어 설명했다.

사페르의 책임하에 이탈리는 잠재 수요가 많은 품목의 진열대를 없애고 대신 쇼핑객이 신선한 수제 파스타의 제조 과정을 곁에서 지켜볼 수 있는 공간을 만들었다. 과감한 도박이었지만 사페르가 언급한 대로 파스타 판매량은 그 후 15퍼센트에서 20퍼센트까지 증가했다. 사페르

는 그 이유에 대해 "이탈리만의 정서를 팔고 극적인 주방 경험을 제공했기 때문"이라고 말했다.[6]

스타벅스 CEO인 하워드 슐츠^{Howard Schultz}가 이탈리아의 커피 경험을 모든 이에게 전해 주었듯이 오스카 파리네티는 이탈리아의 음식과 경험을 세계에 알리고 싶어 한다. 2016년까지 이탈리는 5억 달러 규모의 매출과 탄탄한 수익성 그리고 공격적인 글로벌 사업 확장 계획으로 글로벌 브랜드를 구축해 왔다.

스타벅스와 이탈리는 많은 산업 분야에 인상적인 교훈을 남긴다. 소비자가 중요시하는 포인트가 제품에서 경험으로 옮겨 감에 따라, 가치 창출과 지속 가능한 경쟁 우위의 확보는 단순히 뛰어난 제품 기능을 제공한다고 담보되지 않는다. 블록버스터^{Blockbuster}(2010년 파산한 미국의 영상물 대여 업체)와 마찬가지로 영화관도 넷플릭스와 스트리밍 서비스 때문에 시장에서 완전히 자취를 감출 위기에 처했었다. 하지만 북미 지역 영화관에서는 입장료 가격을 인하하거나 팝콘 판매량을 늘리는 데 집중하지 않았다. 대신 비행기 비즈니스 클래스 좌석과 유사한 등받이 의자를 설치하고 음식과 와인 서비스를 제공하며 예전보다 두 배 이상의 요금을 부과했다. 결과적으로 미국과 캐나다의 영화관 매출은 2000년 75억 달러에서 2015년 111억 달러로 증가했으며 영화관 내 다양한 식음료 서비스 매출^{concession revenues}도 견고한 성장을 이어나가고 있다.

중심축이 제품 판매에서 경험 판매로 옮겨 감에 따라, 한때 모든 유형의 제품을 한군데 모아두었던 미국 쇼핑몰에도 눈에 띄는 변화가 일어나고 있다. 유통업계에 불어닥친 환경 변화로 사이먼 프로퍼티 그룹 Simon Property Group(미국의 거대 부동산 기업)은 종전과 전혀 다른 미래형 쇼핑 몰을 건설 중이다. 미국의 대형 쇼핑몰은 1960년대 창립자 멜빈 사이먼 Melvin Simon이 백화점들을 유인책으로 삼아 거대 쇼핑몰 제국을 만들겠다는 원대한 아이디어를 바탕으로 등장했다.

당시 백화점은 도심 중앙에 독립된 건물로 자리해 수많은 유동인구 를 불러 모으곤 했다. 멜빈 사이먼은 파격적인 입주 지원금을 내걸어 자신 의 대형 몰에 백화점을 들여놓으려 했다. 오늘날에도 인근 상권에 많은 유 동인구를 유발하는 매장은 연간 입점료가 제곱피트당 약 4달러인데 반해, 그렇지 않은 매장은 연간 42달러로 10배 이상 차이가 난다.[7] 하지만 온라 인 전자 상거래의 등장으로 백화점 사업이 위축되고 있기 때문에 데이비 드 사이먼David Simon(사이먼 프로퍼티 그룹의 현 CEO)은 쇼핑몰에 입점한 백화 점의 상당수를 레스토랑과 영화관으로 대체해 쇼핑몰을 고객 경험의 장 소로 탈바꿈하는 중이다.

자산 부담이 적은 자산 경량화 사업을 구축하라

약 100년 전의 자동차 제조업체들은 독립 딜러가 주로 한 회사의 차량 모 델을 판매하는 프랜차이즈 방식을 확립했다. 시간이 지나면서 이러한 파 트너 딜러십은 수십억 달러의 매출을 올리는 대형 사업으로 성장해 왔다. 최근까지도 딜러의 사업 모델은 크게 변하지 않았다. 자동차 대리점은 일 반적으로 수백 개의 자동차를 재고로 보유하며 부동산 비용을 줄이려고 도심에서 멀리 떨어진 곳에 자리 잡고 있다. 소비자는 수 마일 떨어진 차고로 찾아가 자동차를 직접 시험 운전해 보고 가격을 협상했다.

그러나 지난 10년간 소비자의 구매 행동이 크게 바뀌었다. 구글이 조사한 바로는 소비자 대부분은 자동차를 실제로 구매하기 2~3개월 전부터 온라인으로 검색을 시작한다. 딜러에게 찾아가는 시점에는 이미 구매를 원하는 차량과 다양한 옵션에 대한 모든 사항을 파악하고 있다. 설문조사에서 소비자는 딜러 방문이 지루하고 소모적이며 딜러와 벌이는 신경전에 상당한 피로감을 느낀다. 그리고 맥킨지 조사에서 10년 전 미국인은 평균 5명의 딜러를 찾아가 가격을 비교하고 협상했지만, 지금은 트루카TrueCar와 같은 온라인 서비스를 통해 자동차 목록과 가격표가 투명하게 공개되기 때문에 평균 1.6명의 딜러를 방문한다. 오늘날 소비자가 딜러를 방문하는 유일한 이유는 자동차를 시험 운전하기 위해서다.

그런데 만일 딜러가 시험 운전하고 싶은 차량 두 대를 원하는 시간에 맞춰 집으로 보내준다면 어떨까? 그리고 모든 기능을 원하는 대로 맞춤 제작한 차량을 4~6주 만에 받을 수 있다면 어떨까? 오토트레이더Autotrader 연구에 따르면 자동차 관련 기술이 점점 중요해짐에 따라, 소비자는 차량에 탑재되는 특별한 기능이 모두 갖춰질 때까지 인내심을 가지고 기다린다.

딜러는 더는 재고 자산 비중이 높은 사업 모델을 고수할 필요가 없다. 일부 차량 제조업체들은 이미 새로운 현실을 받아들이고 있다. 테슬라에는 전통적인 딜러가 없으며 대신 쇼핑몰에 쇼룸만을 두고 있다. 아우디는 지난 몇 년 동안 런던, 베이징, 베를린에 디지털 쇼룸을 열었는데 기존의 쇼룸보다 훨씬 작고 네 개의 모델만 전시한다. 소비자가 즉흥적으로 들러 차량을 구경할 수 있도록 쇼룸을 도시 중심부에 마련하였으며, 원하는 옵션을 넣어 차량을 구성해 볼 수 있는 대형 멀티미디어 스크린을 제공한다. 2012년 7월, 런던에 처음으로 문을 연 '아우디 시티'에 5만 명의 방문객이 몰렸다. 일주일에 평균 7대의 자동차를 판매했는데, 전체 판매 차량 중 75퍼센트는 아우디를 처음 구매하는 고객이 주문한 것이었다. 디지털 쇼룸은 방문객에게 기술 옵션을 많이 추가해 구성하도록 권유하기 때문에 고객은 평균적으로 차량 기본 가격의 120퍼센트를 냈다. 아마도 가장 흥미로운 부분은 2013년 상반기에 고객 중 50퍼센트는 자동차를 시험 운전하지 않고 구매했다는 사실이다.[8] 가상현실virtual reality 기술이 빠르게 확산하면서 딜러를 찾아가 자동차 시험 운전을 요청하는 일은 먼 과거의 이야기가 될 수도 있다. 그리고 딜러들은 보유 자산과 투자를 최소화하는 자산 경량화asset-light 사업 모델■의 혜택을 보게 될 것이다.

미래의 주유소

사고의 폭을 확장해 미래의 주유소를 그려 보자. 주유소는 거의 100년간 외관이나 기능에 거의 변화가 없었다. 굳이 따지자면 청결해지고 결제 방식이 편리해졌으며 편의점과 통합 운영되게 되었지만 주유소의 기본적인 모델은 변하지 않았다. 전기 자동차가 결국에는 이 분야를 완전히 바꿔놓을지 모르지만 가까운 미래에도 주유소는 여전히 주변 곳곳에 자리할 것

■ 고정 자산의 최소화로 운영 유지비용을 절감하는 사업방식으로, '쏘카'는 차량을 직접 소유하는 에셋 헤비(asset heavy)모델인 반면, '우버'는 운전자와 탑승객만 연결해 주는 에셋 라이트(asset light)모델

이다.

어떤 사업 모델이든지 처음에는 고객의 페인 포인트pain point(불편한 점) 해결에서 출발해 기업이 돈을 벌 방법을 생각해야 한다. 우선 고객의 페인 포인트를 생각해 보자. 차량에 기름을 넣으려고 주유소에 들르는 일을 좋아하는 사람이 있을까? 말할 것도 없이 '아니오'다. 차량 주유는 어쩔 수 없이 해야 하는 일로 여겨진다.

만약 주유소가 직접 찾아온다면 어떨까? 소비자가 있는 곳으로 직접 주유 배달을 하러 가게 되면 주유소 입장에서 비용이 많이 들고, 비효율적이다. 그럼에도 불구하고 회사나 쇼핑몰 주차장에 차를 세워둔 동안 주유 트럭이 찾아온다면 어떨까? 이미 이 서비스를 제공하는 부스터 퓨얼스Booster Fuels, 퍼플Purple, 필드Filld, 위퓨얼WeFuel 등과 같은 스타트업들이 있다. 앱을 통해 주유 서비스를 받을 시간과 장소를 지정한다. 앞으로는 차량에 센서가 장착되어 연료가 필요할 때 운전자와 주유 앱에 자동으로 알리게 될 수도 있다. 향후 이러한 서비스를 받으려고 추가 서비스 요금을 낼 필요도 없게 될 것이다.

이 사업 모델로 어떻게 돈을 벌 수 있을까? 연료를 직접 배달하면 주유소의 높은 고정 비용이 줄어든다. 주유소는 대개 접근성을 높이고자 주요 도시의 입지 좋은 곳에 있기 때문에 높은 임대료를 감당해야 한다. 따라서 새로운 사업자들은 고정 비용을 획기적으로 낮춤으로써 기존 주유소와 같은 가격에 소비자에게 더 높은 편의성을 제공하면서도 여전히 수익을 올릴 수 있다.

서비스형 제품으로 전환

2015년 4월 유럽에서 4번째로 붐비는 공항인 암스테르담 스키폴^{Schiphol}공항은 필립스^{Philips}(글로벌 조명 산업의 선두 업체), 코플리^{Cofely}(에너지공급 전문업체)[■]와 '서비스형 조명^{lighting as a service}' 모델로 정산하는 계약을 맺었다. 소위 럭스^{lux}(조명의 밝기 단위) 기반 과금^{pay-per-lux} 계약으로 스키폴 공항은 사용한 만큼의 조명에 대해서만 비용을 내고, 필립스는 모든 조명 설비의 소유권을 유지한 채 유지 보수와 업그레이드를 담당한다.

새로운 사업 모델 체결로 필립스는 더는 전구의 수량(투입 시점)이 아닌 조명 사용량(결과 시점)을 기준으로 비용을 청구한다. 이에 따라 필립스는 기존 조명기구보다 사용 기간이 75퍼센트 더 연장된 특수 조명 장치를 개발 중이며, 에너지 효율이 높은 LED 전구를 사용해 에너지 소비량을 50퍼센트 절감할 계획이다.[9]

필립스 고객 중에서 스키폴 공항만 서비스형 조명 과금 모델을 채택한 것은 아니다. 2013년 필립스는 워싱턴 대중교통 공사^{Washington Metropolitan Area Transit Authority}와 25개의 주차장 시설에 대해 10년 계약을 체결했다. 워싱턴 대중교통 공사는 사용료를 선지급하지 않아도 되며, 신규 계약을 통해 절감할 것으로 예상하는 연간 200만 달러 상당의 에너지 사용량과 유지 관리 비용으로 사용 요금을 충당할 예정이다.[10]

필립스만 새로운 사업 모델을 채택한 것은 아니다. 제록스^{Xerox} 또한 복사량 기반의 과금 모델^{pay-per-copy}을 도입했다. 제록스가 장비의 소유권을

■ 프랑스의 에너지 분야 다국적기업 엔지(ENGIE)의 계열사

보유하고 고객은 제록스 장비로 출력한 만큼만 결제한다.[11] 압축기와 공기 처리 시스템을 생산하는 아틀라스 콥코Atlas Copco는 '공기 계약contract-air'을 제공하여 압축된 공기의 세제곱미터 단위로 결제할 수 있게 했다.[12] 롤스로이스Rolls-Royce는 항공사를 대상으로 '시간당 전력power-by-the-hour' 과금 방식을 도입하여, 엔진이 사용된 시간에 한하여 엔진 수리와 서비스 비용을 청구한다. 미쉐린Michelin은 타이어 사용에 대해 위의 사례와 비슷한 '마일당 과금pay-per-mile' 프로그램을 제공한다. 리히텐슈타인의 공구 제조업체인 힐티Hilti는 고객이 장비를 구매하는 대신에 월정액 요금을 지급하고 필요할 때마다 장비를 빌려 쓰는 장비 관리 시스템fleet-management system을 도입했다. 힐티는 RFID무선 인식 기술 칩을 사용해 장비 사용을 추적함으로써 문제 발생을 예측하고 미리 유지 보수를 수행하여 유휴시간downtime을 크게 줄일 수 있었다. 또한 RFID 칩 덕분에 건설 현장에서의 공구 절도 사건도 크게 줄었다.

이 프로그램을 통해 힐티 고객은 최신 장비를 사용할 수 있고, 다운타임을 줄여 현장을 더욱 안정적으로 운영할 수 있게 되었다. 또한 장비를 사지 않아도 되어서 현금 흐름을 개선할 수 있었다. 2008-2009년 세계 경제 위기 상황에서 힐티의 장비 관리 시스템은 매출 26퍼센트, 영업이익 12퍼센트 상승에 중요한 역할을 했다.[13] GE오일앤가스OIL&GAS 또한 고객사인 다이아몬드Diamond Offshore Drilling와 새로운 파트너십을 맺어 GE는 장비를 소유하고 유지 보수의 책임을 지며 다이아몬드는 장비를 사용하는 날에만 GE오일앤가스에 비용을 지급하게 되었다.[14]

럭셔리 제품과 차량을 위한 서비스형 제품

서비스형 제품Product-as-a-Service의 과금 모델은 산업재 제품에만 국한된 것이 아니다. 어느 기업이나 유사한 사업 모델을 생각해 볼 수 있다. 최상급 제품을 특별한 고객들에게 매우 높은 가격으로 판매하는 데 자부심을 느끼는 루이비통 모에 헤네시LVMH 그룹을 예로 들어보자. 일반적으로 루이비통 핸드백 가격은 수천 달러를 호가한다. LV 시그니처가 각인된 자물쇠와 네임 태그가 달린 악어가죽의 시티 스티머City Streamer 새첼백satchel bag(책가방처럼 사각의 모양에 어깨끈이 있는 가방)은 5만 5천 달러에 팔린다. 마찬가지로 BMW와 같은 자동차 제조업체는 자사의 생산품에 완벽한 기술을 적용해왔고, 그들의 중형 럭셔리카 구매 계약서에 사인하는 순간 구매자의 계좌에서 6만 달러 이상이 한번에 빠져나갈 것이다.

항상 제품에만 초점을 맞춰온 이 기업들이 필립스나 미쉐린이 전구, 타이어 이용량만큼 과금한 것과 유사한 방식의 사업 모델을 도입한다면 이익을 확대할 수 있을까? 만일 루이비통이 월별 추천 목록에 있는 핸드백을 매월 저렴한 비용으로 대여하는 서비스를 제공한다면 어떨까? 루이비통의 고가 핸드백 십여 개는커녕 한 개도 살 형편이 못 되는 소비자는 매월 상황에 맞게 여러 명품백을 들고 다닐 수 있게 된다. 그러한 서비스는 루이비통에 넓은 신규 고객 기반을 줄 것이다.

미국의 명품 대여 업체인 백 바로우 오어 스틸Bag Borrow or Steal과 같은 스타트업은 '소유'보다 '실속'에 무게를 둔 소비 트렌드에 따라 이미 이러한 서비스를 제공하고 있다. 하버드대 경영대학원 제자였던 제니퍼 하이만Jennifer Hyman과 제니퍼 플라이스Jennifer Fleiss는 젊은 여성들이 비싼 드레스를 사기보다는 대여해서 입을 수 있도록 유명 디자이너 브랜드 옷들을 빌려 주는 렌트 더 런웨이Rent the Runway를 시작했다.

자동차 회사도 비슷한 사업 모델로 이점을 누릴 수 있다. 왜 차량 구매에 6만 달러나 쓰고 같은 차를 5년이나 몰아야 할까? 만일 BMW가 월 구독 서비스를 출시하여 고객이 맞춤 리스트에 있는 어떤 차량이나 선택할 수 있게 한다면 어떨까? 주중에는 세단, 주말에는 컨버터블 차량으로 바꿔가며 운전할 수 있다.

다시 말하면 BMW는 이 구독 서비스를 통해 BMW 차량 구매 여력이 없는 사람들을 대상으로 영업 기회를 얻게 된다. 흥미롭게도 2017년 캐딜락이 구독형 요금제를 시작했다. 매월 1,500달러를 내면 캐딜락 10개 모델 중에서 1년에 최대 열여덟 번까지 차량을 교환해 바꿔 탈 수 있다. 캐딜락에 이어 포르쉐 또한 월 2천 달러의 구독형 서비스 포르쉐 패스포트Porsche Passport를 출시하여, 고객이 상황과 니즈에 따라 포르쉐 카이맨, 박스터, 마칸, 카이엔 중에서 자유로이 선택할 수 있게 했다. 애틀랜타의 스타트업인 클러치Clutch도 매일 자동차를 바꿔 탈 수 있는 월 구독형 서비스를 제공한다.▪

새로운 사업 모델

제조업체 간 글로벌 경쟁이 치열해지고 제품만으로 차별화가 어려워지면서, 기업이 서비스에 대한 의존도를 높여 성장을 도모하고 수익성을 개선

▪ BMW는 2018년 4월부터 '엑세스 바이 BMW(Access by BMW)', 메르세데스-벤츠는 2018년 6월부터 '메르세데스-벤츠 컬렉션(Mercedes Benz Collection)'이란 이름의 구독형 서비스를 각각 시작했다(편집자주).

하려는 것은 당연하다. 서비스 계약, 부품 교체, 유지 보수는 언제나 기업의 중요한 수익원이었지만, 서비스형 제품은 다음과 같은 이유로 근본적으로 다른 사업 모델이다.

- **성과 기반의 모델**: 위에서 소개한 사례에서 알 수 있듯이 이 모델의 초점은 고객 관점에서의 결과이지 제조업체가 판매하는 제품이 아니다. 왜 이 점이 중요할까? 항공사에 제트엔진을 판매하는 롤스로이스를 예로 들어보자. 전통적인 서비스 모델에서는 엔진 문제나 유지 보수 이슈가 생기면 고객사에는 유휴시간이 발생하여 수백만 달러의 손실이 생기지만 롤스로이스에는 매출을 올리는 기회로 작용했다. 다시 말해 롤스로이스와 항공사 고객 간의 동기유발 요인이 달랐다. 하지만 성과 기반의 과금 모델에서는 고객사의 비행시간이 롤스로이스의 매출과 직결되기 때문에 양측의 인센티브가 일치한다.
- **신뢰성 향상과 비용 절감**: 제조업체가 자사 제품의 소유권을 보유하고 유지와 보수를 책임지게 되면 제품의 수명을 연장하고 운영 비용을 최소화하려는 노력을 기울이게 된다. 기업과 고객의 인센티브가 일치하는 것이다.

롤스로이스는 시간당 전력 과금 방식power-by-the-hour 도입으로 엔진의 신뢰성을 획기적으로 개선하고 고객의 예상치 못한 다운 타임을 줄였다. 필립스가 스키폴 공항의 조명 설비를 내구성이 75퍼센트 향상되도록 설계한 일도 롤스로이스와 같은 동기가 작용한 것이다. 제록스는 복사량을 기준으로 과금하는 모델pay-per-copy을 도입하여 원료를 절약하고 낭비를 줄이는 재제조^{remanufacturing} ■ 프로그램을 폭넓게 개발하게 됐다. 필립스도 유사한 프로그램을 통해 비용 절감 효과는 물론 지속 가능성 추구라는 목표를 향해 나아갈 수 있었다.[15]

- **확대된 고객 기반:** 많은 B2B 환경에서 제품 구매에 드는 자본 비용은 굉장한 부담일 수 있다. 특히 소규모 사업자의 경우 더욱더 그렇다. 판매사는 소유권을 보유하고 유지 보수까지 책임짐으로써 제품 구매 여력이 안 되는 이들까지 고객층으로 흡수할 수 있다. 워싱턴 교통공사가 운영비 절감을 위해 모든 조명기구를 교체하긴 어려웠을 것이다. 사용한 조명에 대해서만 요금을 내는 과금 체계^{pay-per-lux} 덕택에 선행 자본 투자 없이 에너지 비용 절감의 혜택을 누릴 수 있었다. 집카^{ZipCar}는 한 시간 단위로 차량 렌탈을 가능하게 하여 학생층과 차량 사용 빈도가 적은 이용자를 대상으로 시장을 확대했다.

- **고객 중심의 혁신:** 결과를 기준으로 과금하는 사업 모델은 기업을 고객 중심적인 방향으로 유도하여 기업의 혁신 프로세스를 변화시킨다. 하버드대 경영대학원 교수인 테드 레빗^{Ted Levitt}은 사람들은 드릴 자체가 아니라 드릴로 뚫는 구멍을 원한다고 말했다. 제품 중심의 회사는 업그레이드된 드릴을 내놓으려고 집중하는 반면, 고객 중심의 회사는 구멍을 뚫는 작업에 도구가 되는 레이저와 같은 신기술을 생각해 낼 수 있다. 미쉐린은 마일당 과금 방식^{pay-per-mile} 프로그램을 통해 타이어를 더 혁신적으로 활용하는 방법을 찾게 됐다.

■ 사용한 제품을 회수해 분해·세척·검사·부품 교체와 조정·재조립 등을 거쳐 신제품과 거의 동일한 수준으로 재상품화하는 산업

연구 결과에 따르면 고장의 3분의 1은 타이어와 관련이 있으며, 그중에서도 90퍼센트는 잘못된 타이어 압력 때문에 일어난다. 미쉐린은 타이어 압력 모니터링 시스템과 함께 커넥티드 소프트웨어 솔루션을 출시하여, 미쉐린 타이어를 장착한 차량 관리자가 트럭의 성능을 최적화할 수 있도록 했다.

고객 중심의 사고를 통해 미쉐린은 40톤 트랙터 트레일러의 킬로미터당 운영 비용에서 연료가 차지하는 비율이 29퍼센트나 된다는 사실을 발견하고, 트럭 운송 관리자가 연료 소비량을 줄일 수 있는 새로운 서비스를 시작했다. 이 서비스 출시 후 트럭 운송 고객은 100킬로미터당 평균 1.5 리터의 연료 절감 효과를 보았다. 유럽 전체의 트럭 운송 업계에는 30억 리터의 연료 절감, 900만 톤의 이산화탄소 배출량 감소, 30억 유로의 운영 비용 절감 효과가 나타났다.[16]

- **조직 운영상의 변화:** 서비스형 제품의 사업 모델은 조직 내외에 커다란 변화를 몰고 온다. 영업 인력은 기계제품 대신에 결과output를 판매하게 된다. 제품을 사는 것에 익숙한 고객들이 이러한 변화에 대해 이해하고 공감하는 과정 또한 필요하다. GE디지털GE Digital의 CEO인 빌 루Bill Ruh는 성과 기반의 서비스 상품을 판매할 때의 어려움을 강조하면서 말했다. "전통적인 '박스 셀러(제품 판매업자)'마인드를 버리고 고객의 애로사항을 해결하는 솔루션 제공자가 되어야 해요. 예전에는 품목별 목표를 세일즈 목표로 삼았다면, 이제는 지속적인 비용 절감을 약속해야 하는 상황이라 예전과 같은 기준은 의미가 없어져요. 박스 셀러한테는 위기인 거죠."[17]

GE의 최고정보책임자^{CIO, Chief Information Officer}인 짐 파울러^{Jim Fowler}는
"성과 기반의 서비스 판매 모델로의 전환은 자신이 하는 모든 일에 대
해 아무것도 모르는 상황으로 걸어 들어가겠다고 선언하는 일이나 마
찬가지입니다. 리스크 회피 성향이 높은 사람한테는 감당하기 어려운
환경이죠."[18] 회사는 고객과의 관계를 오랜 기간에 걸쳐 관리할 수 있
는 역량 또한 쌓아야 한다. BMW는 시간당 렌탈 서비스인 드라이브 나
우를 론칭하면서 분석 기술뿐 아니라 고객 관계 관리 역량을 함께 개발
해야 했다. 렌탈 서비스 사업 모델의 도입은 기업의 현금 흐름에도 영
향을 준다. 매출이 차량 판매 시점에 한꺼번에 발생하는 것이 아니라
여러 해에 걸쳐 조금씩 흘러들어오는 구조로 바뀌게 된다. 따라서 꾸준
한 고객 유지가 매우 중요하다.

글로벌 시장 조사 기관인 IDC에 따르면, 2018년까지 상위 100개 제
조업체(자동차와 같은 완제품 생산 기업)의 40퍼센트와 상위 가공업자(화학과
식품 기업)의 20퍼센트는 서비스형 제품을 제공할 전망이다.[19] 소비자 사
이에서도 서비스형 제품과 사용량 기반 과금 형태에 대한 수용도가 대단
히 높아졌다. 2012년 액센츄어^{Accenture}가 미국과 유럽의 2,200명 이상 소비
자를 대상으로 한 조사 따르면, 70퍼센트나 되는 응답자가 제품 구매 대
금을 선금으로 완납하기보다는 사용량에 비례한 과금^{pay-per-use}이나 사용
시간에 비례한 유지 보수 비용 과금^{power-by-the hour} 방식을 선호한다고 답
했다.[20]

수요 기반의 경제^{demand-based economy}가 도래하면서 이제는 제품에 대한

소유권이 아닌 접근성을 높이는 것이 사업의 성공을 이끌 전망이다. 그리고 이러한 변화 때문에 앞으로 서비스형 제품의 중요성이 크게 주목받을 것이다.

　다음 장에서 새로운 사업 모델과 고객과의 관계 형성 방식을 계속 살펴볼 것이다. 디지털 기술이 기존 사업자에게 언제나 위협이 되는 것은 아니다. 기업이 사업 모델을 다른 관점에서 바라보려는 수용적인 자세만 취한다면, 완전히 새로운 기회와 도전의 장이 열릴 수 있다.

플랫폼 혁명과
생태계 변화

1440년경 요하네스 구텐베르크^{Johannes Gutenberg}의 금속활자 발명은 인류의 지식 보급을 혁명적으로 증대시켰다. 오늘날 전 세계 인쇄 시장은 약 8천억 달러 이상의 규모로 음악 시장의 50배 이상이다. 디지털 인쇄가 옵셋 인쇄를[■] 대체하고 전체 인쇄량은 감소하고 있지만, 고부가 가치 제품으로 전환하면서 인쇄 매출은 2020년까지는 계속 증가할 전망이다.[1]

인쇄 기술은 지난 6세기 동안 발전해 왔지만 인쇄 산업은 여전히 지나치게 파편화돼 있다. 전 세계 수천 개 중소형 업체가 각 지역 고객의 니즈에 대응하기 위해 수백만 달러나 되는 인쇄 기계를 개별적으로 구입한다. 고객의 수요가 제각각이어서 상당수의 인쇄 기계가 충분히 활용되지

■ 일반적으로 가장 많이 이용하는 평판 인쇄 방식으로 주로 전단지, 카탈로그, 소책자, 봉투, 패키지 등을 제작하며 수량이 많을 경우(200부 이상) 옵셋 인쇄가 디지털 인쇄보다 경제적이다.

못하고 있다. 전 세계적으로 인쇄의 공급능력은 수요를 6:1 비율로 초과한다. 공급 초과 현상에도 인쇄 과정은 여전히 비효율적이고 비용이 많이든다. 다국적 대형 리테일러는 카탈로그 물량 전체를 한 곳에서 인쇄해 전세계 매장으로 배송하곤 한다. 하지만 운송비가 매우 많이 들고, 지역 특화된 콘텐츠(예를 들어, 현지 언어로 된 카탈로그)를 제작할 수 없으며, 인쇄물의 공급 과잉으로 시의적절한 정보를 전달할 수 없어 현지 매장에서 폐기되곤 한다.

노르웨이에 본사를 둔 스타트업인 젤라토^{Gelato}는 인쇄 서비스의 공급자와 수요자를 연결하는 플랫폼을 구축하여 인쇄 업계에 변화를 시도했다. 고객이 젤라토의 클라우드에 인쇄 디자인을 업로드한 후 출력을 요청하면, 젤라토가 배송 주소에서 가장 가까운 곳에 있는 인쇄업자의 유휴 기계를 빌려 주문을 처리한다. 2007년 처음 등장한 젤라토는 현재 40여 개국에서 영업 중이며, 급속한 성장을 거둬 양(+)의 현금흐름을 창출하고 있다. CEO이자 공동 창립자인 헨릭 밀러-핸슨$^{Henrik\ Müller-Hansen}$은 젤라토를 수십억 달러 규모의 회사로 키우겠다는 야망을 품고 있으며, 그 과정에서 수 세기나 된 인쇄 업계를 혁신하겠다는 비전을 세웠다.

플랫폼 혁명

젤라토는 플랫폼 기반 사업을 구축해 기존 산업을 혁신하려는 수많은 회사 중 하나다. 최근 구매자와 판매자를 연결하는 이베이나, 소비자와 개발자를 이어주는 애플의 앱 스토어처럼 여러 이해관계자를 연결하는 플랫폼 비즈니스가 폭발적으로 증가하고 있다. 알리바바, 아마존 마켓플레이스, 이베이 모두 전자 상거래 플랫폼이다. 우버는 탑승객과 운전자를 연결해 주는 플랫폼으로 이동수단의 혁명을 일으켰다. 에어비앤비는 머물 장소가 필요한 여행객과 집주인을 연결하는 플랫폼을 구축했다. 업워크 Upwork는 다양한 작업을 수행할 수 있는 프리랜서와 비즈니스를 연결한다.

플랫폼의 갑작스러운 성장을 이끈 동력은 무엇일까? 이 현상을 설명하기 위해 1776년 애덤 스미스Adam Smith가 ≪국부론≫을 집필했을 당시를 생각해 보자. 스미스 경제 이론의 주된 논제는 사람들이 자기 이익에 따라 행동한다는 것과 자유시장에서는 보이지 않는 손이 자원을 효율적으로 할당한다는 것이다. 자유시장에서 노동자와 일이 효율적으로 매칭된다면 기업이 존재하는 이유는 무얼까? 회사에서 일하는 대신 시장에서 개인 역량을 거래하지 않는 이유는 무얼까? 1937년 경제학자인 로널드 코즈Ronald Coase는 〈기업의 본질The Nature of the Firm〉이라는 논문에서 이 문제를 다루어 1991년 노벨 경제학상을 받았다. 코즈의 주장에 따르면 기업은 거래 비용transaction cost 때문에 존재한다.▪ 간단히 말해, 매일 아침 일어나 자신이 가진 기술에 맞는 하루 일거리를 찾기가 어렵고 비용도 많이 든다는 것이다.

오늘날 디지털 기술은 상품과 서비스를 찾고 거래하는 비용을 획기적으로 줄였다. 20년 전만 해도 벼룩시장을 제외하고는 중고 자전거를 팔기 위한 마땅한 방법을 찾기 어려웠다. 지금은 이베이와 같은 온라인 플랫폼을 통해 전 세계 구매자와 판매자가 서로 연결되어 있어, 가까이 살고 있

▪ 시장 거래에는 필연적으로 다양한 거래 비용이 존재하며, 기업이라는 위계적인 체제를 사용하는 것이 시장에서 거래하는 것보다 더 경제적일 수 있기 때문에 기업이 존재한다는 이론이다.

지 않더라도 적은 거래 비용으로 물건을 사고팔 수 있다. 마찬가지로 업워크와 같은 플랫폼은 프리랜서와 회사를 서로 연결해 주어 낮은 비용으로 구직이나 구인 활동을 가능하게 해준다.

플랫폼의 장점과 도전 과제

플랫폼 비즈니스는 전통적인 사업 모델과 비교하여 아래와 같은 차별점을 갖는다.

- **판매자에 대한 접근성이 대폭 확대:** 플랫폼 모델은 분산된 공급과 수요를 한 지점에 모음으로써 파편화된 시장에서 커다란 영향력을 발휘한다. 공급자는 예전이라면 상상도 할 수 없었던 규모의 접근성을 갖게 된다. 알리바바Alibaba의 설립자인 잭 마Jack Ma(마윈의 영어 이름) 회장은 "중국에는 4천만 개 이상의 소기업이 있다. 대부분 파편화된 시장에서 운영되고 있어 커뮤니케이션 채널과 정보 접근성이 낮다."[2]이러한 통찰력을 기반으로 수백만 개의 외부 판매업자의 제품을 판매하는 플랫폼인 알리바바가 탄생했다.

- **소비자에게 보다 나은 가치 전달:** 플랫폼에서는 수많은 업체가 구매자를 둘러싸고 경쟁을 벌이고 있어 소비자가 편리하게 다양한 제품군을 경쟁력 있는 가격에 구매할 수 있게 된다. 2015년 유럽 소비자 조사에 의하면 거의 모든 소비자(인터넷 사용자의 97퍼센트)는 온라인 플랫폼을 통해 상당한 가치를 얻는다.[3] 젤라토의 고객은 젤라토 플랫폼을 통해 운송 비용 90퍼센트와 종이 폐기물 50퍼센트를 줄일 수 있다.[4]

- **시장 성장:** 플랫폼은 거래 비용을 낮춤으로써 수요와 공급의 새로운 장을 열어준다. 우버는 탑승객을 찾는 데 드는 거래 비용을 낮춰 차량과 운전자 사이에 완전히 새로운 공급 구조를 만들어 냈다. 차량에 대한 수요 파악이 쉬워지다 보니 차량 공급도 자연히 늘어 탑승객의 수요 또한 증가했다. 플랫폼은 지리적 장벽을 허물고 구매자와 공급자 사이의 물리적인 도달 범위를 크게 확대한다.

- **보유 자산을 최소화한 자산 경량화:** 플랫폼 사업은 자산을 직접 소유하지 않으면서 참여자 간 거래를 활성화한다. 앞서서 말했듯이 자산 경량화 모델은 직접 보유하는 자산을 최소화하기 때문에 자본 요구 조건 capital requirement을 낮추고 사업이 빠르게 확장되도록 한다. 젤라토는 인쇄 기계를 단 한 대도 소유하지 않으면서 총 3억 달러 가치의 인쇄 자산을 연결하고 있다.

- **확장성:** 플랫폼 비즈니스는 자본 요구 조건이 낮을 뿐 아니라 네트워크 효과 덕분에 사업 규모가 빠르게 확대된다. 네트워크 효과란 플랫폼 내 구매자가 늘어날수록 판매자도 함께 늘어나며 늘어난 판매자는 더욱더 많은 구매자를 끌어들이는 현상을 의미한다. 이러한 선순환 구조는 플랫폼을 먼저 지배하는 자가 모든 것을 지배하는 승자 독식 구조를 형성한다. 페이스북, 우버, 알리바바, 에어비앤비와 같은 회사가 시장을 장악해 사실상 업계 표준으로 자리하게 된 점은 그리 놀랄 일이 아니다.

- **혁신:** 플랫폼은 많은 판매자와 개발자를 한 곳에 끌어들임으로써, 그들이 경쟁력을 유지하기 위해 제품과 서비스를 끊임없이 개선하고 혁신하

게끔 명확한 인센티브를 준다. 크라우드소싱crowdsourcing ■ 과 오픈 이노베이션open innovation ■■ 관련 연구에 따르면, 혁신은 수천 명, 심지어 수백만 명의 판매자나 소프트웨어 개발자가 플랫폼에서 새로운 제품과 서비스를 만들어 내는 과정에서 촉진될 가능성이 크다. 또한 플랫폼은 판매자들에게 새로운 아이디어와 서비스를 테스트할 수 있는 자연적인 실험의 장natural lab을 마련해 준다.

위와 같은 이점에도 기업은 플랫폼 모델로의 전환에 따른 몇 가지 도전 과제를 신중하게 검토해야 한다. 150억 달러 이상의 기업가치를 보유하는 인도 최대 전자 상거래 업체인 플립카트의 사례가 그러한 도전 과제를 잘 보여준다.

2015년 플립카트는 재고 부담을 직접 떠안는 재고 기반의 모델에서 외부 판매업체가 고객에게 직접 판매하는 오픈 마켓플레이스 모델로의 전환을 추진하기로 했다. 플립카트의 공동 창업자인 사친 반살Sachin Bansal과 비니 반살Binny Bansal은 자산 경량화 모델의 효율성을 입증한 알리바바, 우버, 에어비앤비로부터 영감을 얻었다.[5] 우버는 운전사와 차량 없이도 세계 최대 이동 서비스가 되었고, 에어비앤비는 소유한 호텔 방 한 칸 없이 세계 최대 숙박업체가 됐으며, 알리바바는 아무런 제품도 보유하지 않은 채로 쇼핑몰을 시작했다. 자산 경량화 모델을 도입한 기업들의 고정 비용

■ '대중'(crowd)과 '외부자원 활용'(outsourcing)의 합성어로, 기업이 제품이나 서비스 개발과정에 외부 전문가나 일반 대중을 참여시키고 참여자 기여로 혁신을 달성하면 수익을 참여자와 공유하는 방법

■■ 기업이 필요한 기술 아이디어를 외부에서 조달하는 한편 내부 자원을 외부와 공유하며 신제품 서비스를 만들어 내는 것으로, 버클리대 헨리 체스브로(Henry Chesbrough) 교수가 2003년에 제시한 개념

과 자본 투자는 낮아지고 총자산순이익률$^{Return On Asset}$(총자산을 이용하여 얼마만큼의 수익을 냈는지를 보여주는 수익성 지표)은 향상되었으며 더 나아가 자기자본 이익률$^{Return On Equity}$(투입한 자기 자본이 얼마만큼의 수익을 냈는지를 나타내는 지표)이 개선됐다. 결과적으로 자본 요구 조건이 낮아짐에 따라 기업은 규모를 빠르게 확장할 수 있게 된다.

하지만 모든 회사가 비슷한 사업 모델을 추구하지는 않는다. 아마존이 인수한 온라인 신발 쇼핑몰인 자포스^{Zappos}는 1999년 오픈 마켓플레이스로 시작했지만 2000년대 중반에 이르러서는 재고를 직접 보유하고 거래에 대한 완전한 통제권을 가진 리셀러(재판매업자)로 변신했다. 하이브리드 모델을 택한 아마존 매출의 절반은 외부 판매업자가 차지하며 나머지 절반은 아마존 자체적으로 관리, 비축하는 재고 물량의 판매에서 발생한다.

플랫폼 비즈니스를 통해 제한된 자본 투자로 규모 확장과 성장을 이뤄낼 수 있는데도 자포스와 아마존이 재고를 보유하려는 이유는 무얼까? 재고 기반의 모델을 도입하면 제품의 품질, 배송, 재고관리, 고객 서비스에 대한 통제력이 훨씬 강해지며 이는 고객 경험 향상과 고객 충성도 강화로 연결된다. 외부 판매업자에 대한 평가 시스템을 통해 불성실한 판매자를 어느 정도 걸러낼 수 있지만, 절대로 완벽하지는 않다. 알리바바는 창고를 보유하지 않고 물류 공급업체에 의존하는 플랫폼으로 운영됐으나 2013년에 물류를 담당하는 자회사 차이냐오$^{Cainiao, 菜鸟}$를 론칭하고 앞으로 5년에서 8년까지 총 160억 달러의 투자 계획을 세웠다.[6]

이 투자를 통해 알리바바는 물류 관리를 개선해 제품 배송 기간을 단축하고, 모조품 거래 문제를 해결하고자 했다.

요약하면, 플랫폼은 적은 자본 투자만으로도 규모를 키울 수 있다. 하지만 제한된 통제력이 고객 경험 저하로 이어질 수 있다. 따라서 플랫폼 의존도가 높은 기업들은 고객 경험 관리에 엄청난 시간과 노력을 투자한다.

제품에서 플랫폼으로

플랫폼이라고 하면 일반적으로 구매자와 판매자를 연결하는 이베이나 우버와 같은 마켓플레이스나 서비스를 떠올린다. 제품을 제조, 판매하는 회사도 플랫폼이 될 수 있을까? 2014년 1월 구글은 네스트^{Nest}를 32억 달러에 인수했다. 네스트는 사용자의 선호 실내 온도를 파악해 집안 온도를 자동으로 조절하고 에너지를 절약하는 지능형 온도 조절기를 만든다. 하지만 구글이 자동 온도 조절 장치를 사들이려는 것은 아니었다. 구글은 네스트를 커넥티드 홈(사물 인터넷을 이용해 집안의 여러 기기를 하나로 연결) 분야의 중심 플랫폼으로 삼고, 그 위에서 수많은 관련 애플리케이션이 개발되는 청사진을 그렸다. 네스트는 '웍스 위드 네스트$^{Works\ with\ Nest}$'라는 생태계 확장 프로그램을 운영해 1년 만에 1만 명이 넘는 신규 애플리케이션 개발자를 유치했다. 네스트는 또한 커넥티드 홈과 연동한 서비스를 개발해 생태계 일부로 참여하기를 원하는 대기업들을 유치했다. 네스트 플랫폼과 연동이 되는 제품과 서비스 중에는 필립스의 스마트 LED 전구, 월풀^{Whirlpool} 세탁기, 엑스피니티의 가정 보안 시스템$^{Xfinity\ Home\ Security\ System}$을 대표적으로 꼽을 수 있다. 스마트 홈[■] 시장을 둘러싼 경쟁에서 아마존은 음성비서 기능인 알렉사[Alexa]를 내장한 스마트 스피커 에코[Echo]를 자체적으로 내놓았으며, 구글도 음성인식 스마트 스피커인 구글 홈[Google Home]을 론칭해 아마존과의 경쟁에 본격적으로 돌입했다. 바퀴 달린 소프트웨어나 다름없는 테슬라 차량은 엔터테인먼트, 결제는 물론 그 이상의 기능을 제공하는 플랫폼이 될 수 있다.

단말 장치에 센서가 내장되면서 하드웨어 자체의 가치보다는 하드웨어를 중심으로 한 상호 연결성에 대한 가치가 더욱 주목받고 있다. 모든 것이 연결된 세상에서 경쟁은 더는 제품 대 제품 사이에서 벌어지지 않는다. 플랫폼을 구축해 주변에 생태계가 형성되면 자연히 경쟁 우위가 생겨난다. 제품에서 플랫폼으로 옮겨 가는 여정이 언제나 쉽거나 빠르진 않다. 시간이 지남에 따라 사업 모델이 점차 진화하여 플랫폼의 단계에 이르곤 한다. GE의 디지털 여정이 이러한 변화를 잘 보여준다.

GE의 디지털 여정 그리고 산업 인터넷 플랫폼 프레딕스의 탄생

뉴욕주 스키넥터디[Schenectady]에서 1892년 설립된 GE는 산업계의 거인으로 180개국에 30만 명 이상의 직원을 두고 연간 1,300억 달러 이상의 매출을 올린다. GE는 풍력발전기, 제트엔진 부품, 기관차처럼 높은 기술력이 필요한 산업 제품을 제조하며 100년 이상 기술력과 탁월한 제품 디자인, 제조력에서 강점과 경쟁 우위를 누려왔다.

■ 가정 내 가전제품을 물리적으로 연결하고 관리하는 홈 네트워크 단계를 넘어 소비자의 니즈와 새로운 사용자 경험을 제공할 수 있는 혁신적이고 개인화된 서비스

2010년 당시 GE의 CEO였던 제프 이멜트Jeff Immelt는 다음 두 가지를 확신했다. 첫째, 지난 10년 동안 4퍼센트를 유지한 산업 생산성은 10년 안에 1퍼센트 미만으로 하락할 것이다.

둘째, 미래의 생산성 향상은 제품의 물리적 개선이 아니라 소프트웨어와 분석 기술이 견인할 것이다. GE디지털의 CEO인 빌 루Bill Ruh는 "우버와 에어비앤비는 자산 하나 소유하지 않고도 자동차 제조업체나 호텔보다 기업 가치가 높아요. 그 이야기는 미래에는 자산을 누가 소유하느냐가 아니라 누가 자산을 효율적, 생산적으로 운영하느냐가 관건이라는 게 입증된 거죠."라고 강조했다.[7]

현실에 비추어 볼 때 GE는 새로운 경쟁이 펼쳐질까 염려스러웠다. 만약 IBM, 구글 또는 아마존이 자체적인 소프트웨어와 분석 역량을 활용해 GE 고객들 대상으로 직접 GE 자산의 가치를 증대하는 역할을 하면 어떻게 될까? 그들이 산업계의 우버와 같은 존재가 되어 모든 가치를 속속들이 빼가지는 않을까? GE는 제트엔진과 풍력 터빈에 센서를 탑재해 데이터를 수집할 수 있지만 과연 소프트웨어와 분석 역량에서 IBM이나 구글보다 경쟁력이 있을까?

많은 고민 끝에 GE 경영진은 현실 세계와 똑같은 쌍둥이를 사이버 세계에 만들어 다양한 시뮬레이션을 해 보는 '디지털 트윈Digital Twin'이라는 아이디어를 내놓았다. 예를 들면 GE 엔지니어들이 시간이 지남에 따라 제트엔진의 다양한 부품이 고장 날 확률을 예측할 수 있도록 해 주는 디지털 모델을 실제의 물리적인 제품과 결합하는 콘셉트다. 현재 작동 중인 엔진에 탑재한 센서에서 실시간으로 운영 데이터를 수집하여 이론적인 모델을 보완하면 엔지니어가 오류의 예측 정확도를 높이고 예측 정비를 제공할 수 있었다. 데이터와 분석뿐 아니라 물리학과 공학에 대한 깊은 지식이 필요한 영역이었기 때문에 IBM이나 구글은 따라올 수 없는 GE만의 독보적인 역량을 발휘할 수 있었다.

다음은 디지털 트윈과 향상된 소프트웨어 기능으로 GE의 비즈니스 모델이 앞으로 어떻게 변화해야 하는지에 대한 질문이었다. GE는 소프트웨어를 개발해 생산 설비를 판매할 때 무료로 배포할 수도 있었다. 이러한 방식은 하드웨어와 제품에 중점을 둔 GE의 전통적인 사업의 연장선에 있기 때문에 기존 비즈니스 모델을 바꿀 필요가 거의 없었다. 또는 소프트웨어의 라이선스를 별도로 판매해 추가적인 매출을 올릴 수도 있었다. 마지막 옵션은 GE의 소프트웨어와 분석 역량을 고객 데이터와 통합해 새로운 성과 기반 서비스outcome-based service를 제공하는 일이었다. 이 마지막 선택지는 결국 플랫폼 구축으로 이어질 수도 있지만 상당한 투자와 새로운 역량이 필요했다.

제프 이멜트는 GE를 산업계의 디지털 기업으로 바꾸겠다고 결정하고, 2011년 캘리포니아주 샌 라몬San Ramon에 GE소프트웨어GE Software를 설립하고 빌 루를 수장으로 앉혔다. 대부분의 디지털 전환과 마찬가지로 GE의 혁신도 오랜 기간에 걸쳐 이루어졌다. 디지털 전환은 세 단계로 나눠 진행됐으며 GE소프트웨어는 전문가 조직CoE, Center of Excellence ▪ 에서 3만 명 직원을 거느린 GE디지털이라는 별도 사업 부문으로 독립했다.

▪ 조직 내 새로운 역량을 구축하고 확산하기 위해 전문가들을 선별해 구성한 조직으로, 관련 분야의 리더십 교육, 모범 사례, 연구 조사 등을 지원한다.

1단계: GE를 위한 GE

GE는 자체적으로 보유한 자산의 생산성을 높이고자 디지털 여정을 시작했다. 100년 이상 사업을 영위해 온 GE로서는 기존에 설치한 설비 기반이 매우 넓다 보니 이니셔티브를 추진할 당시 GE만의 독특한 경쟁 우위를 보유하고 있었다. 목표는 단순히 데이터를 위한 데이터 수집이 아니라 자산의 생산성 향상이었다. GE 분석에 따르면 효율이 1퍼센트 향상하면 고객에게는 수십억 달러의 추가 매출이 일어날 수 있었다. 디지털 트윈과 자산 성능 관리 소프트웨어로 예측 정비를 수행하고 다운 타임을 최소화하며 자산을 최적화할 수 있어 고객에게 궁극적으로 수십억 달러의 비용 절감 효과를 제공했다.

2단계: 고객을 위한 GE

GE 자산의 생산성 향상을 위해 사내용 소프트웨어를 개발하고 분석 역량을 발굴했다. 이어 외부 개발자를 영입하고 클라우드 기반의 시스템인 프레딕스Predix용 애플리케이션을 개발해 GE의 고객들과 공유하기로 했다. 곧 고객과의 영업 방식을 제품 판매에서 성과 기반 서비스 판매로 전환했다. 전 세계 풍력발전기의 3분의 1에 해당하는 3만 3천 대의 풍력발전기를 설치한 GE재생에너지GE Renewable Energy를 예로 들어보자. GE 풍력발전기의 구매 고객 대상으로 GE는 '파워업PowerUp'이라는 성과 기반 서비스를 시작했다. GE가 풍력발전기에 부착한 센서들이 온도나 풍향 등의 정보를 전송하면 발전소 운영자는 실시간으로 상황을 모니터링해서 추운 날씨에 풍력기 날개가 얼게 되면 각도를 실시간으로 변경할 수 있었다. 이러한 변화로 GE 일부 고객은 연간 에너지 생산량을 최대 5퍼센트까지 높여 이익이 20퍼센트 상승시킬 수 있었다. 생산성 향상은 각 풍력발전기의 개별적인 최적화에 국한하지 않는다. 풍력발전기의 위치와 탁월풍 방향 prevailing wind direction ■은 각각의 풍력발전기 성능에는 최적이 아닐 수도 있으나 풍력발전소를 전체적으로 이롭게 하는 발전소 차원의 최적화를 보장할 수도 있다.

또한 고객과의 긴밀한 관계는 GE가 새로운 서비스를 개발하는 데 도움을 주고 있다. 예를 들면 GE의 고객인 풍력발전 단지가 특정 일자나 특정 주에 생성할 수 있는 에너지양은 순전히 자연에 달렸다. 하지만 풍력발전 단지의 고객인 정부, 공익기업들은 일정량의 에너지 생산을 요구한다. 풍력발전 단지의 공급량이 부족하면 현물 시장spot market에서 에너지를 비싼 가격에 사와야 할 수도 있다. GE 재생에너지는 기상 예보와 풍력발전기에서 나오는 과거 기록 데이터를 이용해 전력 생산량을 7일 먼저 예측하여 발전 사업을 보다 효율적으로 관리한다.

3단계: 세계로 가는 GE

더 나아가 GE의 고객으로 분류되지 않던 기업에도 프레딕스 플랫폼을 개방하기로 했다. 빌 루는 산업용 제품 플랫폼이 되기로 한 GE의 결정을 설명했다. "소비자가 쓰는 인터넷 애플리케이션이나 제품에 최적화된 플랫폼은 많습니다. 엔터프라이즈(기업용) 시장을 타깃으로 IT 환경을 최적화하는 플랫폼이 일부 있기는 하지만 산업용 플랫폼은 없습니다."[8] 피트니

■ 1년 정도의 오랜 기간 바람의 방향을 측정한 뒤 가장 많이 부는 방향을 '주풍'으로 간주한다.

보우스Pitney Bowes(우편·택배 물류 자동화 기업)나 쉰들러Schindler(엘리베이터와 에스컬레이터 공급업체)와 같은 고객사는 자사 고객을 위해 프레딕스와 예측 분석 역량을 활용하기 시작했다. 피트니 보우스의 부사장이자 최고혁신책임자CIO, Chief Innovation Officer인 로저 필크Roger Pilc는 프레딕스 플랫폼을 사용하기로 한 결정을 다음과 같이 설명했다.

> 66 데이터와 분석 플랫폼을 구축했을 뿐 아니라 지난 몇 년간 거쳐온 디지털 여정 때문에 GE한테 큰 점수를 주고 싶습니다. GE는 자체 기계에서 수집한 데이터를 사용해 분석을 수행한 다음 궁극적으로는 서비스 조직을 우리(피트니 보우스)와 똑같은 방식으로 발전시켜 나가고 있습니다. 바로 그것이 우리에게 중요한 요소였습니다. 기술과 애플리케이션뿐 아니라 디지털로 말미암은 산업계의 변화에 대해서도 GE와 주기적으로 이야기를 나누곤 합니다.[9]

2015년 주주에게 보낸 편지에서 제프 이멜트는 GE가 추진하는 디지털 여정의 영향력을 강조했다. "올해 GE 내부적으로 데이터와 분석 기술을 적용해 5억 달러의 생산성을 창출할 계획입니다. GE의 분석용 애플리케이션과 소프트웨어의 매출은 50억 달러로 연간 20퍼센트씩 증가해 왔습니다. GE는 민첩한 실행력과 새로운 사업 모델을 기반으로 GE 내부에 150억 달러 규모의 소프트웨어와 디지털 회사를 만들어 낸 셈입니다."[10]

은행도 플랫폼이 될 수 있을까?

2016년 골드만 삭스는 구조화채권 마켓플레이스를 경쟁 업체에 개방해 금융 서비스 산업에 큰 충격을 주었다.[11] 구조화채권은 채권이 지닌 위험과 수익 등의 프로파일을 투자자 요구사항에 맞게 고도로 맞춤화한 상품으로 유럽에서는 인기를 끌었지만, 미국은 브로커-딜러 간에 시장이 상당히 파편화되어 있고 상품이 제대로 알려지지 않아 시장 확대가 제한적이었다. 골드만 삭스는 내부에서만 사용했던 소프트웨어 플랫폼인 '마퀴Marquee'를 기반으로 사이먼SIMON이란 플랫폼을 만들어 구조화채권 시장에 진출했다.

골드만 삭스의 디지털 여정은 GE와 매우 흡사한 패턴을 보였다. 당시 골드만 삭스의 최고정보책임자CIO였고 지금은 최고재무책임자CFO인 마틴 차베즈Martin Chavez가 프로세스를 진두지휘했는데, 처음에는 사업 부문별로 내부적인 업무의 효율화 작업에 착수했다. 다음에는 자산운용사와 헤지펀드 등 주요 고객들이 골드만 삭스의 내부 데이터베이스와 분석 툴을 사용해 위험을 분석하거나 포트폴리오를 구성할 수 있도록 마퀴 플랫폼을 개방했다. 고객이 응용 프로그래밍 인터페이스API, Application Program Interface와 통합해 처음으로 이용할 수 있었던 도구 중에는 리스크 분석 기술인 SecDBSecurities DB라는 시스템이 있었는데, 매일 5만 건의 시장 시나리오를 바탕으로 280만 개의 포지션(매도, 매수)에 따라 총 230억 달러나 되는 금액을 계산하는 강력한 데이터베이스였다. 오랜 기간 베일에 가려졌던 골드만 삭스의 '비밀 소스'와도 같은 비법을 고객들에게 공개하자 금융권은 어리둥절해 했다. 하지만 골드만 삭스는 시장 분석과 리스크 관리 도구를 고객에게 개방하고 내부 시스템을 고객사 시스템과 밀접하게 통합함으로써 고객과 끈끈한 관계를 유지하고 독보적인 경쟁 우위를 확보할 수 있기를 희망했다.

사이먼SIMON은 데이터 분석 시스템인 마퀴를 기반으로 개발한 애플리케이션으로 시작했다. 처음에는 사이먼SIMON에서 골드만의 금융 상품만을 취급했으나 경쟁사에 플랫폼을 개방함으로써 얻는 이점이 더 크다는 것을 깨달았다. 에퀴티 프랜차이즈equities franchise의 글로벌 공동 최고운영책임자COO, Chief Operating Officer인 폴 루소Paul Russo는 다음과 같이 설명했다.

> 66 트레이딩 사업 모델만으로는 성장이 한계에 부딪혔다는 점을 깨달았습니다. 골드만이 계속 성장해 나가려면 증권을 발행하고 공모하는 발행인issuer을 더 많이 보유해야 해요. 고객들 또한 당연히 경쟁을 좋아하죠. 발행인이 여럿 있다 보면 고객들이 투자 수익 대비 신용 리스크를 다양하고 효과적으로 혼합 적용mix and match해 볼 수 있습니다.

경쟁사에 데이터 분석 플랫폼을 개방하자 시장의 파이가 실질적으로 커졌으며 골드만 삭스는 마퀴 플랫폼에서 경쟁사 금융 상품 판매로 수익을 올렸다. 2016년 골드만 삭스의 구조화채권 사업은 미국에서 두 번째로 큰 규모로 성장했다.

전통적으로 은행은 상품에만 치중하는 경향이 상당히 강한데 사업 모델을 다시 한번 검토해 볼 필요가 있다. 스페인 최대 은행인 방코 빌바오 비스까야 아르헨따리아BBVA, Bilbao Vizcaya Argentaria의 회장인 프란치스코 곤잘레스Francisco González는 은행들의 취급 상품 차별화가 점점 어려워지면서 상품 경쟁만으로는 곤란을 겪게 된다고 주장했다. 대신 기득권을 누리는 은행들은 대규모 고객이 자체 상품과 경쟁사 상품에 접속해 다양한 선택권을 갖도록 하는 플랫폼의 이점을 고려해 볼 수 있다. 디지털 시대에는 고객이 어떤 식으로든 제품을 비교해 합리적인 결정을 내릴 확률이 높다. 그래서 차라리 경쟁사 제품도 함께 판매하는 공개적인 장을 만들어 주면 경쟁업체 제품의 판매 수수료까지 플랫폼에서 챙길 수 있어 그편이 합리적인 선택일 수도 있다.

플랫폼 사업 전개

GE와 골드만 삭스의 사례는 제품 중심의 회사를 플랫폼 중심의 회사로 전환할 때 일어나는 몇 가지 이슈를 보여준다. 제품 중심의 회사는 독점적으로 보유한 지식을 철저히 통제해 경쟁 우위를 누리는 한편, 최고의 제품을 개발하고 매출과 이익 극대화를 목표로 삼는다. 반면에 플랫폼 사업은 단순히 제품이나 서비스를 판매하는 게 아니라 거래를 활성화하고 전체 생태계를 만들어 가치를 창출한다. 따라서 플랫폼 기반 사업은 보완재 성격의 서비스를 개발할 수 있는 외부 판매업자들과의 네트워크 구축에 역점을 둔다. 그리고 응용 프로그래밍 인터페이스API를 통해 시스템을 디자인하고 거래를 활성화하는 툴을 개발한다. 폐쇄적인 사유 시스템proprietary system 대신에 개방적인 공유 시스템을 지원하며 이해관계가 충돌될 수 있는 파트너들 간의 관계 조율 방법을 마련해 낸다. 다음 단락부터는 기업이 플랫폼 기반의 사업을 구축할 때 맞닥뜨리는 중대한 도전 과제 중에서 몇 가지를 깊게 다뤄보기로 한다.

성공적인 플랫폼 구축하기

플랫폼은 여러 참여자(예를 들면, 구매자와 판매자) 간 거래를 지원하는 역할을 하며 기업은 플랫폼의 수요 측면인 구매자와 공급 측면인 판매자 둘 중에서 어느 쪽에 역점을 두고 프로세스를 처음 시작할지 고심하곤 한다. 다음의 몇 가지 가이드라인을 살펴보자.

- **강력한 활용 사례나 서비스를 자체적으로 개발하라:** 프로세스 초기에 힘을 실어주려면 훌륭한 상품과 서비스를 우선 공급해야 한다. 결국 팔 만한 물건이 없으면 잠재 구매자를 플랫폼으로 끌어들이기 어렵게 된다. 외부 판매업자가 플랫폼 참여를 꺼릴 수도 있는 초기 단계에서 기업은 자체적으로 플랫폼 활용 사례를 만들거나 공급망을 형성해야 한다. 엑스박스와 플레이스테이션 콘솔 게임(TV에 연결하는 비디오게임)을 각각 만든 마이크로소프트와 소니 등은 외부 개발자에게 개발 환경을 개방해 게임의 다양성을 확보하고 규모를 넓힌다. 하지만 외부 개발자를 게임 플랫폼으로 끌어들이도록 처음에는 사용자의 관심을 끌 만한 게임 몇 가지를 직접 개발했다. 그게 핵심 동인으로 작용해 외부 개발자들의 참여가 자연히 일어났다. GE는 외부 개발자와 GE의 '비고객'에게 프레딕스 플랫폼을 개방하기 전에 자체적으로 고객용 애플리케이션을 개발했다. 애플은 온라인 콘텐츠 마켓인 아이튠즈를 만들어 플랫폼의 막대한

위력을 입증해 보였다. 구글은 자동 온도 조절 장치 개발업체인 네스트 인수 직후, 네스트에 연결할 수 있는 와이파이 기반의 가정용 CCTV 제조 스타트업인 드롭캠Dropcam을 사들였다. 구글의 이러한 행보는 플랫폼의 위력을 보여줘 잠재적인 개발자의 유인책으로 작용했다. 우버는 운전자들이 자신의 차량으로 영업하는 우버 엑스UberX(일반적인 차량 공유 서비스)와 우버 풀UberPOOL(카풀 서비스)이 아닌, 전문 드라이버가 운전하는 검은색 우버 전용 차량으로 시작했다. 에어비앤비는 초기 성장세를 견인하기 위해 전문 사진가를 고용해 멋진 화보처럼 꾸민 아파트 사진을 올렸고 나중에 다른 호스트들도 따라 하게 됐다.[12]

- **초점을 맞추고 시작하라:** 플랫폼은 일반적으로 승자 독식 시장으로 이끄는 강력한 네트워크 효과를 발휘하기 때문에 처음부터 여러 분야에 진출해 빠르게 규모를 확장하려는 유혹에 빠지기에 쉽다. 그러나 초기 단계에서는 타깃 시장을 좁혀 개념 증명proof of concept을 마치고 파급력이 큰 활용 사례와 강력한 고객 경험을 만들어 내는 것이 중요하다. 2010년 1월 뉴욕시에서 테스트를 시작한 우버는 2010년 5월 샌프란시스코에서 서비스를 시작했다. 처음에는 전문 드라이버가 운전하는 검은색 고급 리무진으로 출발했다. 확장 가능한 방식과는 확실히 거리가 멀었지만 초기에 충분한 사용자를 빨리 끌어모아 프로세스를 구동하고 훌륭한 고객 경험을 보장해 마침내 강력한 입소문 효과를 낼 수 있도록 설계했다. 우버의 창업자인 트래비스 칼라닉Travis Kalanick은 회사 초기의 성장 단계에서 사용자 입소문 마케팅에 의존했다.

"저는 전형적인 구식 스타일의 입소문을 말하는 겁니다. 예를 들면, 동료 여럿이서 물을 마시려고 정수기 주변에 모여 가십거리를 나누던 와중이나 식당에서 계산서를 결제하거나 동창회에서 친구를 만났을 때 '우버 타고 집으로 갈 사람?'이라는 소리가 자연스럽게 흘러나오는 상황 말입니다. 우버 탑승고객 중 95퍼센트는 다른 우버 탑승 고객한테 추천을 받았다고 하더군요."[13]

우버는 약 일 년간 샌프란시스코에서 서비스를 테스트하고 개선한 후 캘리포니아의 팔로알토Palo Alto 지역으로 진출했다. 페이스북은 소셜 미디어의 영역에서 이미 마이스페이스MySpace라는 막강한 경쟁사가 버티고 있었지만 처음에는 하버드대 대학생에게만 초점을 맞추었다가 사용자층을 미국 대학생과 외국인 유학생으로 점차 넓혀나갔고 결국에는 이메일 주소만 있으면 누구나 가입할 수 있도록 플랫폼을 완전히 개방했다. 인도의 플립카트는 아마존처럼 도서 판매로 시작해 인도 최대 전자 상거래 업체로 성장했는데 공동 설립자인 사친 반살은 플립카트의 초창기 성장 단계를 회상하며 다음과 같이 말했다.

"처음 시작할 때부터 카테고리를 확대해 나가리라 굳게 마음먹었어요. 처음에는 카테고리를 일 년에 한 개씩 추가할 수 있으리라 생각했는데 막상 3년이 지나서야 도서에서 다른 제품으로 확대하게 되더군요."[14]

- **양면 플랫폼에서 한쪽 면을 보조하라:** 회사는 제품을 판매할 때 모든 구매자로부터 대가를 받는다. 반면에 플랫폼은 제공자 측 시장과 사용자 측 시장을 연결해 주는 역할을 한다. 이때 한쪽에는 보조금을 제공

하여 수요를 자극하고 다른 한쪽으로부터 수익을 올리는 방안을 생각해 볼 수 있다. 조사에 따르면 가장 좋은 방법은 플랫폼의 다른 한편에 더 많은 수요를 일으키는 쪽에 보조금을 지급하는 일이다.15 어도비가 PDF^{Portable Document Format} 문서 편집 소프트웨어인 애크로뱃^{Acrobat} 소프트웨어를 출시했을 때 PDF 문서를 읽을 수 있는 소프트웨어인 애크로뱃 리더^{Acrobat Reader}는 35달러에서 50달러 사이 금액을 부과하고 PDF 문서를 만드는 소프트웨어는 195달러를 부과해 요금을 차등화했다. 그리고 나중에는 소프트웨어를 확산하려는 쪽으로 전략을 변경해 애크로뱃 리더를 무료로 배포했다.[16]

• **프리미엄 모델을 구축하라:** 플랫폼 사업은 선순환 사이클을 만들어 내는 강력한 네트워크 효과가 있다: 많은 회사가 자사 제품을 확산시켜 네트워크 효과를 창출하기 위해 고객에게 기본 버전을 무료로 제공하는 프리미엄^{Freemium} 모델을 도입하기 시작했다. 드롭박스^{Dropbox}, 스포티파이^{Spotify}, 판도라^{Pandora}, 뉴욕 타임스는 프리미엄 전략을 구사하는 대표적인 기업들이다. 프리미엄 모델은 많은 이점이 있다. 디지털 제품의 경우 고객이 한 명 더 늘어나도 추가로 들어가는 비용이 거의 없다. 즉, 한계 비용^{marginal cost}(재화나 서비스를 한 단위 더 생산하는 데 들어가는 추가 비용)이 '영(0)'으로 수렴하게 된다. 기본적인 기능만 갖춘 무료 제품은 대중에게 빠르게 확산하여 강력한 네트워크 효과를 일으키는 대규모 사용자 기반을 갖게 된다. 기본적인 기능만 사용하던 고객은 시간이 지나면서 유료 프리미엄 제품으로 업그레이드하라고 권유 받는다. 하지만 프리미엄 제품의 설계와 가격 책정에는 복잡한 문제가 얽혀 있어 신중하게 채택해야 한다.[17]

플랫폼에 대한 접근성을 높이고 거래 활성화하기

플랫폼의 기본적인 기능은 거래를 가능하게 하고 활성화하는 것이다. 플랫폼 사업은 뿔뿔이 파편화된 시장으로부터 수요를 한 곳으로 모으고 거래 비용을 낮춰 운영한다. 따라서 플랫폼 사업자는 외부 판매업자가 해당 플랫폼에 쉽게 접근하도록 툴과 서비스를 제공한다. 다면 플랫폼을 구성하는 다양한 플레이어와 매칭되도록 알고리즘을 사용하기도 한다. 또한 플레이어에게 사업하기 좋은 환경을 만들어 주기 위해 추가적인 서비스를 제공한다. 예를 들어, 소프트웨어 플랫폼은 개발자의 애플리케이션 구축에 도움이 되는 응용 프로그래밍 인터페이스[API]를 개발해 제공한다. 페이스북은 사용자의 친구 찾기 기능을 지원해 사용자 사이에 페이스북 가치를 높였다. 아마존은 제3의 판매자와 소비자를 연결하는 마켓플레이스에서 판매자들에게 창고와 운송 서비스를 제공해 사업상의 편의를 돕는다.

개방형과 폐쇄형 중 선택하기

플랫폼 비즈니스를 구축하는 회사는 개방형 또는 공유형 시스템과 폐쇄형 또는 사유형 시스템 중 선택해야 한다. 일반적으로 개방형 시스템은 더욱 많은 독립 사업자를 플랫폼으로 끌어들이기 때문에 파격적인 혁신과 다양성이 촉진된다. 기존의 단점을 보완하는 제품이 많이 출시되고 사업자 간에 경쟁이 치열해져 가격은 낮아지고 규모가 큰 시장이 형성된다. 이와는 반대로 폐쇄형 시스템을 운영하는 기업은 플랫폼에 대한 통제권을 가질 수 있기 때문에 플랫폼에서 제공하는 다양한 제품과 서비스를 훨씬 유연하게 통합하고 조정할 수 있어 결과적으로 뛰어난 고객 경험을 전달하게 된다. 플랫폼 사업자는 폐쇄형 시스템으로 시장에서 더 '큰 파이'를 차지할 수 있기도 하다.

구글의 안드로이드는 개방형 시스템이지만 애플은 iOS(애플 운영체제) 를 철저히 통제해 애플리케이션에 대해 사전 검수를 진행하고 심사 승인 을 한다. 양사의 서로 다른 운영 정책에 따라 안드로이드는 큰 시장 점유 율을 차지하는 반면 애플은 뛰어난 고객 경험을 제공한다. 2017년 2분기 안드로이드의 글로벌 시장 점유율은 87.7퍼센트였는 데 비해 iOS는 12.1 퍼센트였다.[18] 신용카드와 체크카드 시장에서 마스터카드와 비자는 개방 형 시스템을 채택해 최종적으로 고객에게 카드를 발급하고 가맹점 편입 활동을 벌이는 은행과 제휴를 맺는다. 반대로 아메리칸 익스프레스는 폐 쇄형 시스템을 운영해 카드 승인, 매입 등 프로세싱 업무뿐 아니라 카드 발급과 은행 제휴까지 도맡아 한다. 2015년 모든 글로벌 카드 거래에서 차지하는 비중이 비자는 56퍼센트, 마스터카드는 26퍼센트였으며 아메리 칸 익스프레스는 3.2퍼센트에 불과했다.[19]

BMW는 차량 내 소프트웨어 개발을 위해 개방형 시스템을 구축하기 로 했다. BMW의 소프트웨어 개발 자회사 BMW Car IT의 대표 미하엘 뷔어텐베어거Michael Wüertenberger 박사는 다음과 같이 설명했다.

66 당연히 개방형 시스템을 도입해야 합니다. 차 안에 탑재하는 운영 시스템 이 애플이냐 구글이냐는 그렇게 단순한 선택이 아닙니다. BMW는 양쪽 모두를 파트너로 삼아야 합니다. 2년 전 애플이나 구글 소프트웨어와 모두 통합할 수 있는 최초의 오픈 소스형 '인포테인먼트infotainment' 시스템

을 리눅스 기반으로 출시했었어요. 이 시스템을 다른 자동차 제조업체와
도 공유해 다양한 차량에 탑재됐으면 좋겠어요. 개방이야말로 경쟁력이죠.[20]

플랫폼에는 개방할 수도 있고 혹은 사유화할 수도 있는 다양한 부분
이 존재하기 때문에 개방형과 폐쇄형 시스템 둘 중에 어떤 것을 채택하느
냐 하는 것은 단순히 흰색이냐 검은색이냐의 문제가 아니다.[21] 하지만 일
반적으로 개방형 시스템은 훨씬 규모가 큰 시장을 창출하는 반면 폐쇄형
시스템은 월등히 뛰어난 고객 경험을 전달한다. 따라서 개방형 시스템과

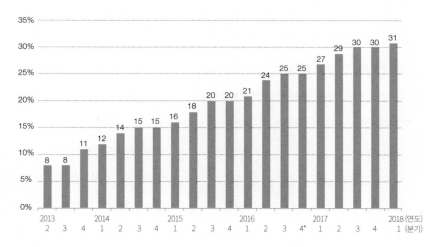

*분기는 회계 연도(FY) 기준
출처: 기업 보고서와 비즈니스 인사이더 인텔리전스(BI Intelligence)
참고: 2016.4분기 FY에서 53주는 제외. 스타벅스 회계 연도는 9월 30일에 가장 가까운 일요일로 끝남

[그림 3-3] 2013-2018년 스타벅스 총 거래에서 모바일이 차지하는 비중

■ 차량 내에서 즐길 수 있는 엔터테인먼트(entertainment)와 정보(information)시스템의 총칭 용어

폐쇄형 시스템 둘 중에 어떤 것을 선택하느냐는 기업의 목표와 전략에 달렸다. 예를 들어 구글, 애플, 삼성은 어느 가맹점에서나 쓸 수 있는 개방형 모바일 결제 시스템을 만들어 시장 수용성을 넓혔다. 반면에 스타벅스는 오직 스타벅스 매장에서만 결제할 수 있는 폐쇄형 모바일 결제 시스템을 구축해 성공적으로 운영해 왔다. 그 성공 요인 중에는 스타벅스만의 차별화되고 뛰어난 고객 가치 전달을 꼽을 수 있는데, 단골이 매장으로 들어서기 전에 미리 커피의 주문과 결제를 마치고 픽업만 하면 되는 훌륭한 고객 경험을 만든 것이 대표적인 예이다.(그림 3-3은 스타벅스 모바일 결제 플랫폼에서의 거래 증가 추세를 보여준다.)

생태계를 구성하는 파트너사 관리하기

플랫폼은 상호 보완적인 제품과 서비스를 제공하는 파트너 간에 생태계를 만들어 준다. 생태계ecosystem라는 단어는 영국 식물학자 로이 클램햄Roy Clapham이 1930년 처음 만들었으며 나중에 식물생태학자 아서 조지 탠슬리Arthur George Tansley가 유기체organism는 함께 생존·번식·진화하며 하나의 시스템을 이룬다는 개념을 설명하면서 널리 알려졌다.[22] 이러한 유기체들은 자원을 공유하고 경쟁, 협력하는 가운데 서로 진화해 나간다. 작가 제임스 무어James Moore는 1993년 하버드 비즈니스 리뷰에 기고한 〈포식자와 먹이 관계: 경쟁의 새로운 생태학Predators and Prey: A New Ecology of Competition〉에서 이러한 아이디어를 다음과 같이 발전시켰다.

66 회사가 전략을 체계적으로 확대해 나가려면 특정 산업의 일부가 아닌 다양한 산업계를 가로지르는 비즈니스 생태계의 일부로 자리잡아야 한다고 생각합니다. 비즈니스 생태계에서 기업들은 새로운 혁신을 추구하고자 역량을 결집하면서 같이 발전해 나갑니다. 새로운 제품과 서비스를 만들고 고객 니즈를 충족시키며 궁극적으로는 차세대 혁신을 도입하기 위해 때로는 협력하고 때로는 경쟁하면서 함께 성장해 갑니다.[23]

오늘날 융복합 혁신기술로 많은 분야에서 산업 간의 경계가 점점 허물어짐에 따라 비즈니스 생태계의 중요성은 더욱 두드러진다. "역동적인 생태계가 구축되면 기업의 활동, 자산, 역량을 훨씬 유연하게 활용할 수 있으며 예상치 못한 상황에서도 기존의 인적, 물적 자원을 재구성해서 대응력을 높일 수 있습니다." 케임브리지대 저지 경영대학원의 피터 제임스 윌리엄슨Peter James Williamson 교수와 아누 드 메이어Arnoud De Meyer 교수는 주장한다. "소비자의 요구사항이나 그 요구사항을 해결해 줄 수 있는 기술이 크게 달라졌습니다. 오늘날에는 전 세계 다양한 조직에 분산된 전문적인 기술과 기능을 결집해 복합적인 솔루션을 개발함으로써 고객의 요구를 수용할 수 있는 역량이 필요합니다."[24] 19세기와 20세기가 효율성과 규모의 경제에 초점을 맞추었다면 지금 시대에는 서로 다른 분야의 기업이 시너지를 발휘해 고객의 상황에 맞는 솔루션을 제공하는 조정 역량 coordination capability이 새로운 경쟁력으로 자리잡았다.

딜로이트Deloitte 컨설팅 회사는 비즈니스 생태계를 '다양한 참여자들이 협력과 경쟁을 통해 새로운 가치를 창조하고 기회를 이끌어 내는 역동적이고도 상호 진화하는 커뮤니티'로 정의한다.[25] 생태계가 독특한 특성을 띠며 운영 관리가 복잡한 점은 바로 참여 기업 간에 협력과 경쟁이 공존하는 특이한 측면이 있기 때문이다.

기업은 저마다 속한 환경에서 다양한 정도의 통제력을 보유한다. 예를 들어 애플은 iOS를 통제하여 외부 개발자의 권한을 상당히 제한한다. 하지만 은행, 가맹점과 파트너십을 맺고 애플 페이Apple Pay를 도입했을 때 애플의 통제력은 현저히 낮았고 파트너사와 관계를 신중하게 관리해야 했다. 기업이 이러한 복잡한 환경에서 생태계를 효과적으로 운영 관리하려면 파트너들을 둘러싼 동기의 원천을 제대로 이해해야 한다. 애플 페이 출시에서 이러한 복잡성이 잘 나타난다.

2014년 9월 애플 CEO 팀 쿡Tim Cook은 애플 페이의 출시를 발표하며 "애플의 비전은 지갑을 대체하는 일이며 결제부터 시작할 것입니다."[26]라고 말했지만 기존의 결제 시스템 주변에 형성된 생태계를 무너뜨리지 않았다. 대신 현재 결제 생태계의 테두리 내에서 추진하기로 했다. 애플 페이 부사장인 제니퍼 베일리Jennifer Bailey는 이런 결정을 다음과 같이 설명했다.

66 우리는 사람들이 오랫동안 사용해서 익숙한 방식을 지원하려 합니다. 소비자는 가맹점과 은행에서 쓰이는 신용카드와 직불카드를 익숙하게 사용합니다. 은행은 고객 신용 대출, 브랜딩, 고객 서비스, 계좌 결제 서비스 등을 충실히 수행합니다. 애플의 역할은 단지 하드웨어와 소프트웨어, 서비스를 결합한 고객 경험을 애플의 기기를 통해 전달하는 일이었습니다.[27]

이러한 전략적 선택으로 애플은 은행, 가맹점, 결제 네트워크(마스터 카드, 비자, 아메리칸 익스프레스)와의 협력을 이끌어 냈다. 각 파트너는 애플과 협력하면서도 한편으론 자체적인 모바일 결제 시스템의 출시 또한 고려하고 있었다. 애플 페이 출시 직후, 월마트 등 대형 업체가 가맹점으로 등록한 미국 대형 유통업체 컨소시엄 MCX^{Merchant Customer Exchange ■}는 애플 페이에 대항해 자체 개발한 모바일 결제 서비스 커런트C^{Current C}를 내놓았다. 또한 JP모건체이스는 체이스 페이^{Chase Pay}, 마스터카드는 마스터패스^{Masterpass}라는 모바일 결제 시스템을 자체적으로 구축했으며 비자^{Visa}는 온라인과 모바일 결제에 간편결제 서비스인 비자 체크아웃^{Visa Checkout}을 도입했다. 이러한 협력 관계에서 고객 통제의 주도권을 누가 갖느냐가 문제의 핵심이 된다. 은행 입장에서는 애플이 사용자 인터페이스를 지배하고 결제 과정에서 필수적으로 사용되는 유틸리티로 자리잡기를 원하지 않지만, 애플에 대한 소비자 호감도가 워낙 높아서 애플의 존재를 무시할 수 없는 상황이다.

고객과의 접점을 놓치지 않으려는 주도권 다툼은 자동차 생태계로도 번져 경쟁이 끓어 오르고 있다. GM, 포드, BMW 등의 기존 자동차 제조 업체에 테슬라와 같은 전기차 사업자가 새로이 가세하고 애플이나 구글 등의 플랫폼 사업자들은 카플레이^{CarPlay}(운전 중에 다양한 앱을 사용할 수 있는 자동차와 스마트폰의 연결 솔루션) 자동차 기술을 개발하고 있다. 통신회사인 버라이즌^{Verizon}, 보다폰^{Vodaphone}, 텔레포니카^{Telefónica} 등 역시 커넥티드 카

■ 월마트, 시어즈, 던킨도너츠, 세븐일레븐, K마트, 배스킨라빈스, CVS 등 40여 개 대형 유통사가 모바일 결제를 전담하기 위해 2012년 8월 세운 공동 회사로 MCX가 개발한 기술은 2017년 3월 JP모건체이스가 체이스 페이(Chase Pay) 시스템을 위해 사들였다.

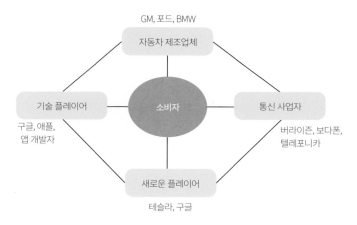

[그림 3-4] 자동차 업계의 새로운 생태계

Connected Car(정보 통신 기술과 자동차를 연결해 양방향 소통이 가능한 차량) 시대를 맞아 주도권 다툼을 치열하게 벌이는 중이다(그림3-4 참고).

메르세데스-벤츠가 속한 다임러 그룹에서 그룹 전략과 제품 전략과 제품 기획을 맡은 윌코 스타크Wilko Stark 부사장은 메르세데스-벤츠의 전략을 다음과 같이 말했다.

66 고객 인터페이스에 접근할 수 있는 회사에는 수집된 데이터를 기반으로 개개인의 고객에 대한 일대일 마케팅과 개인화된 서비스를 제공할 수 있는 최적의 기회가 찾아옵니다. 우리는 이미 고객이 어디에 있으며 어디를 향해 가고 있는지 등 많은 정보를 파악하고 있습니다. 앞으로 개인화된 맞춤 서비스 또한 제공하고자 합니다.[28]

이해관계가 복잡하게 얽힌 파트너십을 손쉽게 관리할 마땅한 방법은 없다. 사업자는 파트너사들의 참여 동기를 이해해야 하고 사업자의 동기와 전반적인 생태계의 목적이 조화를 이룰 수 있도록 신중을 기해야 한다. 예를 들어 애플과 구글은 모바일 결제 시스템을 경쟁적으로 출시했지만, 양쪽의 동기는 매우 다르다. 애플은 하드웨어가 주도하는 사업이기 때문에 주로 아이폰을 중심으로 보완 서비스가 이루어지지만, 구글의 사업은 광고와 데이터에 의해 이루어진다. 이 때문에 애플은 애플 페이 고객 데이터의 소유 주체를 애플이 아닌 은행과 가맹점으로 결정했다. 반대로 구글은 타깃 광고의 효과성을 높이려고 검색부터 구매까지 이어지는 일련의 고객 데이터를 직접 가진다.

거버넌스

2016년 페이스북은 사이트 내 가짜 뉴스 확산을 막지 못해 당시 미국 대통령 선거에 영향을 미쳤다는 비난을 받았다. 마크 저커버그^{Mark Zuckerberg} 페이스북 CEO는 이에 대해 터무니없는 주장이라며 반박했다. 페이스북은 굳이 페이스북이 어느 쪽으로 대화를 이끌어 가려고 개입하지 않아도 사람들이 의견을 얼마든지 자유롭게 표현할 수 있는 개방된 소셜 플랫폼이다. 2016년 11월 12일 저커버그는 페이스북에 다음과 같은 글을 올렸다.

> 페이스북으로 유통되는 정보의 99퍼센트는 진짜입니다. 가짜 뉴스와 거짓말은 아주 극소수에 불과합니다. 현재 올라와 있는 거짓 콘텐츠는 특정한 정당의 견해나 정치에 국한하지 않습니다. 전반적으로 가짜 뉴스가 선

거 결과를 한쪽으로 몰아갔을 가능성은 상당히 낮습니다.[29]

그러나 비평가들은 페이스북이 사람들의 대화에 크게 영향을 미치므로 언론처럼 진실과 거짓을 구분할 책임이 분명히 있다고 주장했다. 이에 페이스북은 기술과 사용자 의견을 바탕으로 가짜 뉴스에 대응하는 해결책을 찾고 있다. 하지만 2년이 지난 2018년 초 정치 컨설팅 회사인 케임브리지 애널리티카Cambridge Analytica가 이용자의 동의 없이 이름·성향과 흥미, 정치 성향 등의 개인 정보를 수집하도록 방조하여 2016년 미국 대통령 선거에 영향을 미쳤다는 소식이 나왔을 때 페이스북은 또다시 고객 데이터 보호에 실패했다는 강한 비난을 받았다.

플랫폼 소유자는 시장에서 실패하지 않으려면 생태계 내에서 활동하는 다양한 플레이어들이 준수해야 하는 규칙을 만들어 거버넌스 시스템을 확립해야 한다. 페이스북에서 자유로운 대화를 장려하는 한편 가짜 뉴스와 음란물 유통을 제한한다든지 또는 아마존 마켓플레이스에 입점하는 판매자를 늘리기 위한 노력을 하면서도 한편으론 고객 서비스 평판이 나쁜 판매자는 탈퇴시키는 조치 등을 예로 들 수 있다. 재무와 회계 분야에서 기업 지배 구조, 국가 간에 상호 작용을 규제하는 법률, 신장(장기) 교환의 적절한 기능에 대한 연구 등 사회의 다양한 분야에서 얻은 통찰력은 플랫폼 사업의 경영과 관리 방법에 가이드를 제공할 수 있다.

2012년 노벨 경제학 수상자인 앨빈 로스Alvin Roth는 의료 노동시장과 신장 교환에 대한 연구를 바탕으로 "전통적인 경제학은 시장을 단순히 수요와 공급의 연결점으로만 본다. 하지만 '시장 설계market design'라는 새로운 경제학 분야에 따르면 시장의 정상 운영은 세부 규칙에 달렸다."라고 말했다.[30] 앨빈 로스는 시장이 제대로 된 기능을 발휘하는 데 필요한 세 가지를 설명했다. 첫째, 구매자와 판매자를 많이 끌어들여 시장을 두텁게 thickness 만들어야 한다. 둘째, 시장 참여자들의 정보를 공개하고 그 정보대로 거래가 이루어지는 믿을 수 있고 안전한 환경을 마련해야 한다. 셋째, 시장이 두터워질 때 야기되는 혼잡을 극복하고 원활하게 운영될 수 있도록 한다.

결국, 플랫폼은 기업 바깥에 있는 고객의 관점outside-in에서[■] 시장 수요를 발굴하고 시장 환경에 적응하는 새로운 사업 방식을 제공한다. 플랫폼 사업자는 수많은 플레이어와 상호협력하고 파트너 관계를 맺게 되는데 그중에는 경쟁자가 포함돼 있을 수도 있다. 이러한 플랫폼을 관리하고 경영하려면 새로운 기술과 역량이 필요하다.

■ 기업 내부의 관점이 아닌 고객(아웃사이더)의 관점에서 시장 변화를 예측하고 빠르게 준비하는 전략으로, 아마존 CEO의 제프 베조스가 설파했으며 인사이드-아웃(inside-out)의 반대 개념이다.

가치사슬 재평가하기

NASA의 오픈 이노베이션

다시 생각하는
연구개발과 혁신

당신이 누구이든 간에 가장 똑똑한 사람들은

대부분 다른 사람을 위해 일한다.■

썬 마이크로시스템즈Sun Microsystems Inc의 공동 창업자 빌 조이Bill Joy

세계 최고의 과학자들을 고용하는 미 항공우주국NASA, The National Aeronautics and Space Administration이 2013년 국제우주정거장ISS, International Space Station을 둘러싼 문제 해결을 위해 공개 경진대회를 발표했을 때 사람들은 의아하게 여겼을 수 있다. 다음은 NASA가 경진대회에 공모한 내용이다.

■ 조이의 법칙(Joy's law)이라고 불리며 똑똑한 직원들은 항상 다른 곳에 근무하므로 전 세계에서 똑똑한 사람이 모여들어 당신의 목적을 위해 일하는 생태계를 구축하라는 뜻이다.

국제우주정거장은 태양 에너지를 전력으로 활용한다. 이 태양 에너지는 정거장에 설치된 전지 패널을 통해 흡수된다. 정거장의 패널이 최대한 많은 에너지를 거둬들이도록 하는 과정은 굉장히 복잡하다. 태양 전지 패널을 정거장에 고정하는 길고 가느다란 기둥 막대기를 런저런Longeron이라고 부르는데, 문제는 패널을 지탱하는 런저런 중에서 홀수 개만 태양에 노출되고 나머지가 그림자에 가려지면 런저런은 휘어져 결국 부러지게 된다.▪ 따라서 국제우주정거장 프로그램의 엔지니어들은 그림자 효과가 최소화되는 궤도에 정거장을 배치한다. 하지만 이러한 배치는 수집 가능한 전체 전력량을 줄인다. 전력이 많을수록 궤도에서 더 활발한 과학 실험을 수행해 국제우주정거장의 운영 효율을 높일 수 있다. 따라서 런저런 챌린지Longeron challenge의 목표는 정거장이 궤도상에서 가장 어려운 곳(그림자가 드리워지는 지역)에 위치하는 동안에도 전력 생산량이 최대치가 되도록 태양 집열기를 배치하는 알고리즘을 개발하는 일이다.[1]

하버드대와 공동 진행한 이 경진대회는 전 세계 누구나 참여할 수 있으며 초기 상금은 3만 달러였다.[2] NASA는 정말로 일반인들이 그들의 우주 과학자들보다 더 나은 해결책을 제시할 수 있다고 믿었을까? NASA의 과학자들 사이에서는 이를 두고 '건초더미에서 바늘 찾기 a needle in a haystack(공연한 헛수고)'라며 회의적인 시각을 보냈다.

2013년 2월 6일 경진대회가 종료됐을 때 다양한 배경을 가진 총 459

▪ 런저런(Longeron)은 안테나 기둥처럼 생긴 총 4개의 막대로 이루어지며 햇빛을 받으면 팽창하고 그림자에 가리면 수축하는데, 팽창 수축하는 막대기가 홀수 개일 경우 균형을 잃어 결국 부러진다.

명의 응모자가 2,185개의 답안을 제출했다. 한 응모자는 자신의 블로그에 다음과 같은 글을 올렸다.

> 66 2주 전 파리 공항에서 샌프란시스코행 비행기를 기다리는 동안 NASA가 출제한 국제우주정거장의 태양 집열기 최적화 배치에 대한 문제를 보게 되었다. 곧 오픈 예정인 스타트업 사업과 관련해 최적화에 상당히 관심이 많았던 터라 10시간의 비행시간 동안 흥미진진하게 프로그램 코딩을 할 수 있도록 필요한 모든 자료를 즉시 내려받았다:-)[3]

경진대회 참가자들이 제출한 프로그램 코드(답안) 수준은 NASA 과학자들과 비교하면 어땠을까? 이 대회는 고작 몇 달 동안 NASA의 일반적인 프로젝트에 비해 훨씬 소규모 예산으로 운영했지만 총 2,185개의 응모 건수 중 절반은 나사에서 자체적으로 개발한 솔루션보다 월등히 우수한 성과를 냈다. 상위 10위권 출품자 중 5명은 중국, 나머지 5명은 각각 러시아, 폴란드, 루마니아, 캐나다, 이탈리아 출신이었다. (나사는 2016년 10월 '우주 똥 챌린지Space Poop Challenge'라는 새로운 아이디어 공모전 개최를 발표했는데, 이는 이륙 시 착용하는 우주복 안에서 최대 144시간까지 쌓이는 배설물을 처리하는 문제를 해결하기 위함이었다.)[4]

상식적이지 않다고 생각하는가? 이번에는 유전체학 분야에서 다른 예를 들어 보자. 나사와 마찬가지로 하버드 의대HMS, Harvard Medical School 또한 전 세계에서 최고의 과학자를 고용한다. 몇 년 전 하버드 의대는 복

■ 화장실에 가기 어려운 우주 비행사의 엉덩이를 뽀송뽀송하게 유지할 수 있는 아이디어를 모았다.

잡한 전산유전체학computational genomics 문제를 해결하기 위해 일반인을 대
상으로 경진대회를 개최하기로 했다. 하버드 의대와 미국 국립보건원
NIH, National Institutes of Health 과학자들은 수년 동안 이 문제를 해결하기 위해 수
백만 달러의 연구비를 지출했다. 이 경진대회는 단 2주만 진행했으며 상
금은 6천 달러로 NASA에서 진행한 경진대회보다 기간이 짧고 상금도 적
었지만 89개국에서 122명이 650개의 답변을 제출했다. 이 중 30개는 미
국 국립보건원과 하버드대의 내부 평가 기준을 넘었으며 그중 최고의 답
변은 당시 기술 수준을 천 배 더 향상시켰다.[5]

앞에 나온 사례들은 특별한 경우가 아니다. 오픈 이노베이션open innovation
또는 크라우드소싱crowdsourcing이라고 하여 기업의 외부 사용자와 전문가
의 전문성과 통찰력을 활용하는 트렌드가 최근 몇 년 동안 확산되고 있
다. 기업들은 광범위한 분야에 걸쳐 혁신 사례를 만들고자 이 방법을 사용
해 왔다. 도리토스Doritos■는 10년 동안 소비자가 광고 제작에 직접 참여하
는 〈크래쉬 더 슈퍼볼Crash the Super Bowl〉■■ 광고 경연 대회를 운영하여 40만
달러에서 100만 달러에 이르는 상금을 수여했으며 슈퍼볼 경기 중계방송
에서 선정된 광고를 방송했다. P&G는 감자칩마다 그림과 단어가 인쇄
된 새로운 프링글스Pringles를 선보이려고 오픈 이노베이션 방식을 사용했
다. 이탈리아 볼로냐의 쿠키와 케이크에 이미지를 인쇄하는 잉크젯 방
식을 발명한 한 대학교수가 운영하던 작은 제과점에서 해결책을 얻었
다. P&G의 임원 두 명은 새로운 프링글스 제품의 탄생을 알리면서 세

■　옥수수 칩 겉면에 치즈와 칠리소스 가루가 뿌려져 있는 미국인의 국민 과자

■■　펩시콜라를 만드는 미국 식품제조업체 펩시코(PepsiCo)의 자회사인 프리토레이(Frito-Lay)는 광고 제작
을 소비자에게 일임하는 '크래시 더 슈퍼볼' 이벤트를 2006년부터 10년간 개최한다.

상은 이미 연구개발R&D, Research and Development에서 연계개발C&D, Connect and Develop
로 옮겨 갔다는 결론을 내렸다. 당시 P&G에서 이루어진 혁신의 35퍼센
트 이상, 수십억 달러의 매출은 오픈 이노베이션을 통해 일어났다.[6] 글로
벌 식음료 기업인 제네럴 밀스General Mills는 제네럴 밀스 월드와이드 이노베
이션 네트워크G-Win, General Mills Worldwide Innovation Network를 론칭한 이래 신제품 개
발을 위해 외부의 다양한 파트너와 폭넓은 유대 관계를 맺어왔다. 그중 성
공을 거둔 제품으로 네이처밸리 프로틴 바Nature Valley Protein bars, 넛 클러스터
Nut Clusters, 파이버원 90칼로리 브라우니Fiber-One 90 Calorie Brownies, 첵스 칩스를
꼽는다. 이제는 GE, 삼성, 코카콜라, 일라이 릴리Eli Lilly(미국 제약사)와 같은
기업도 내부 네트워크의 자체적인 지식뿐 아니라 외부 전문가, 공급업체,
시장 트렌드 선도자의 지식까지 흡수하기 위해 오픈 이노베이션을 채택
하고 있다.

오픈 이노베이션의 부상

기업은 지속 가능한 경쟁 우위를 확보하기 위해 혁신적인 제품을 개발하
겠다는 희망을 품고 R&D에 수십억 달러를 투자한다. 대부분의 비즈니스
관리자는 이러한 생산자 주도형 혹은 기업 주도형 모델이 혁신을 이끄는
최고의 방식이라 여긴다. 하지만 애덤 스미스가 거의 300년 전 ≪국부론≫
에서 언급한 내용을 보면 생각이 조금 달라질 것이다.

66 노동이 가장 세분화되어 있는 제조업에서 사용하던 기계 대부분은 평범한 직공들이 발명한 제품이다. 아주 단순한 업무를 맡고 있던 직공들이 더욱 수월하게 임무를 처리할 방법을 고민하다 만든 결과물이다.

1970년대 사용자 주도형 혁신user-led innovation ■의 제창자 중 한 명인 에릭 폰 히펠Eric Von Hippel은 제품의 개발과 개선에서 사용자의 역할을 강조하는 애덤 스미스의 사상을 뒷받침하는 증거를 제시했다.[7] 다른 학자들이 이후 40년 동안 발표한 수백 건의 연구 결과에서도 사용자 주도형 혁신의 힘을 입증했다. 미국, 영국, 캐나다, 핀란드, 한국, 일본 6개국이 실시한 조사에 따르면 이 국가들의 18세 이상 소비자 중 1.5퍼센트에서 6.1퍼센트는 제품 개발에 참여하고 있음을 확인할 수 있다. 이들은 스포츠, 원예, 의약, 식품, 의류, 자동차, 가정, 아동 관련 제품을 포함해 광범위한 분야에 걸쳐 개발에 직접 관여했다.[8] 또한 석유 정제, 화학 생산 공정, 과학 장비, 소프트웨어와 같은 B2B 산업의 혁신에서도 사용자와 커뮤니티는 중요한 역할을 담당하고 있음이 드러났다.[9]

초기 연구에 따르면 대부분 사용자는 자신이 요구하는 특별한 용도 때문에 기존 제품을 수정하고 개량하는 과정에서 제품 개발에 참여하게 된다고 나타났다. 사용자의 능동적인 참여를 인식한 기업들은 제품 혁신을 목적으로 사용자 커뮤니티를 공개적으로 활용하기 위해 경진대회를 후원하기 시작했다. 시간이 지나면서 경진대회에는 완전히 다른 분야에

■ 미국 MIT 에릭 폰 히펠 교수가 주창한 개념으로 제조업체에 혁신을 의존하지 않고 스스로 혁신을 창출해나가는 사용자들의 활동을 가리킨다.

종사하며 전혀 관련 없는 기술을 보유한 사람, 순전히 경쟁적인 요소에 끌려 도전하게 된 사람 등까지 참가함으로써 참여자가 사용자 이상으로 확대됐다. 또한 경진대회는 역사적으로 큰 획을 그을 만한 기술 혁신에 대단히 중요한 역할을 담당해 왔다. 예를 들어 잘 알려진 피렌체 대성당의 돔 건축 설계, 바다에서 정확하게 경도를 측정하는 방법의 개발, 통조림통 발명, 농업과 항공 분야의 혁신 등이 있다.[10]

제품의 라이프 사이클이 짧아지고 R&D연구개발 비용은 계속 늘어나고 있어 내부 혁신만으로는 기업의 성장에 대한 기대치를 충족할 수 없다. 기업이 한정된 자원을 효과적으로 활용하여 경쟁력을 유지하고 성장 목표를 달성하며 혁신의 영역을 넓히려면 오픈 이노베이션을 필수적으로 도입해야 한다.

기술에 힘입어 디자인과 개발, 협업 작업 도구를 저렴하고 쉽게 이용할 수 있게 되면서, 중소기업과 커뮤니티, 개인도 혁신의 주체가 될 수 있다. 앞서 말한 바와 같이 거래 비용 감소에 따라■ 조직 간 경계가 흐릿해지면서, 내부 직원이 아닌 외부 플레이어가 기업에 아이디어를 제안하는 경로가 개방되고 있다. 디지털 기술에 힘입어 생각이 잘 맞는 사람끼리 정보를 공유하고 아이디어를 브레인스토밍하는 대규모 온라인 커뮤니티 또한 활발해지고 있다. 이제는 분야를 막론하고 모든 관심사에 관련된 커뮤니티를 찾아볼 수 있다. P&G의 보컬포인트Vocalpoint■■는 제품 개선에 대한 피

■ 1990년대 이후의 새로운 웹 기반 경제에서는 디지털 기술의 발전과 온라인 커뮤니티의 발전 등을 통해 거래 비용에서 혁신을 이룬 새로운 형태의 기업과 움직임이 나타나고 있다.

■■ P&G가 소비자와 연결고리 역할을 하는 주부를 뽑아 진행한 구전 마케팅 프로그램으로, 보컬 포인트가 활동한 지역의 매출은 그렇지 않은 지역에 비해 두 배의 매출을 달성했다.

드백을 제공하는 수십만 명의 엄마가 활동하는 커뮤니티다. 탑코더^{Topcoder}는 경진대회에 적극적으로 참가하는 소프트웨어 코더들[■] 간의 최대 커뮤니티다. 실내 태닝^{sunless tanning}과 관련한 주제를 다루는 커뮤니티만 수백 개가 있고, 전기톱 관련 포럼도 수십 개가 있으며 수천 명의 회원을 보유하고 있다.

오픈 이노베이션은 투자금액이 적게 들어가면서 해결 방안을 빨리 도출할 수 있다는 장점 때문에 재무적인 관점에서도 매력적이다. 유럽의 대형 제조업체들이 추진했던 489개 프로젝트에 대한 2014년 연구 결과에 따르면 오픈 이노베이션 파트너십으로 운영하는 프로젝트는 전통적인 방식에 비해 재무적인 성과가 뛰어났다.[11] 제너럴 밀스도 오픈 이노베이션 이야말로 자사 제품의 재무적 성과를 견인하는 핵심요인이라고 강조했다. 그들이 1년 동안 출시한 60개의 신제품 중에서 오픈 이노베이션 방식을 수용해 제품 개발에 반영한 품목은 그렇지 않은 품목보다 100퍼센트 더 뛰어난 성과를 냈다.[12]

오픈 이노베이션이 성공적인 이유

어떻게 일반 사용자와 경진대회 참가자가 기업 내부의 뛰어난 과학자들보다 복잡한 문제를 더 잘 풀 수 있는 것일까? 연구에 따르면 다음과 같은 이유가 있다고 한다.

■ 소프트웨어 개발 분야에는 코더와 소프트웨어 개발자 두 가지 유형이 있으며 코더는 프로그래밍, 즉 실질적인 코드를 작성하고 소프트웨어 개발자는 프로그램을 기획·구성·관리한다.

다양한 접근 방식

기업의 내부 구성원들은 대체로 단편적이고 편협한 시각으로 문제를 바라보며 한정된 방법으로만 답을 알아내려는 경향이 있다. 반면에 오픈 이노베이션은 문제 해결을 위해 다양한 분야의 수많은 전문가를 끌어들여 여러 관점으로 접근한다. 예를 들어 하버드 의대 경진대회의 복잡한 전산 유전체학 문제를 풀려고 참가자들은 총 89개의 접근법을 사용했다고 한다.[13]

다양한 접근 방식을 적용하는 것이 왜 중요할까? 두 명의 경제학자인 베이츠Bates와 그래인저Granger는 1969년 발표한 세미널 페이퍼seminal paper ■에서 하나의 모형보다는 다양한 특성이 있는 여러 모형을 조합해 전망을 산출할 때 예측 오차가 줄어든다는 '예측 조합The Combination of Forecasts' 이론을 주장했다.[14] 이 이론은 여러 학자의 후기 연구를 통해 입증되었는데, 다양한 예측 모형들로부터 단지 평균값을 취하기만 해도 하나의 모형으로 예측할 때에 비해 훨씬 우세한 결과를 낳는다고 한다.[15]

2006년 넷플릭스는 영화 추천 시스템인 '시네매치Cine Match'의 정확도와 품질을 개선하는 사람에게 100만 달러를 주는 '넷플릭스 프라이즈Netflix Prize' 경진대회를 개최했는데, 다양한 방법의 시도가 중요한 이유를 가장 잘 나타내는 사례라고 할 수 있다. 2009년 시상식에서 넷플릭스의 최고제품책임자CPO, Chief Product Officer는 이 대회를 통해 얻은 중요한 교훈을 다음과 같이 설명했다.

■ 기존의 지식체계를 무너뜨리거나 완전히 새로운 지식의 토대가 되는 연구 보고서로 엄청난 피인용 건수를 보유하고 있다.

> 초반부터 대단히 많은 팀이 참가했어요. 개선율이 6퍼센트, 7퍼센트, 8퍼센트로 쭉쭉 높아지더니 어느덧 개선 정도가 둔화하기 시작했어요. 그러던 와중에 몇몇 참가 팀이 대단한 통찰력을 얻었던 모양이에요. 다른 참가자들의 알고리즘을 결합하면 결과가 훨씬 좋아진다는 것을 깨달은 거죠.[16]

일반적으로 오픈 이노베이션 참여하는 사람들은 소프트웨어 코더들이 모이는 탑코더 같은 대규모 커뮤니티에서 활동한다. 경진대회 기간에는 대단히 경쟁적인 양상을 띠지만, 우승자가 회원들에게 자신의 소스 코드 등을 공유하기 때문에 참가자들의 실력 향상에도 큰 도움이 되는 막강한 학습 플랫폼으로 작용한다.

예외적으로 뛰어난 아이디어

기업은 최고의 인재 채용을 목표로 삼기 때문에 보통은 기업이 채용한 과학자와 엔지니어는 외부인보다 똑똑하고 따라서 월등히 훌륭한 아이디어를 내놓을 확률이 높다. 그러나 우리는 평균적인 아이디어에는 별로 관심이 없고 성공적인 혁신으로 이어질 수 있는 한두 개의 뛰어난 아이디어에만 관심을 보인다. 경진대회 참가자들은 평균적으로는 기업의 내부 전문가들 수준에는 미치지 못하지만 오로지 다양성만 놓고 본다면 독창적이고도 가치 있는 아이디어를 창출할 가능성이 크다. 이를 종 모양을 이루는 확률 분포probability distribution ■에 빗대어 생각했을 때 기업은 가운데 볼록하게

■ 확률변수 x가 특정한 값을 가질 확률을 표나 그래프로 나타낸 것으로, 예를 들면 주사위 두 개를 던졌을 때 나오는 눈의 합이 x가 될 확률을 정의한다(2가 될 확률 2퍼센트, 3이 될 확률 4퍼센트 등).

산 모양으로 솟은 평균값에는 별로 관심이 없으며 가장 바깥쪽 꼬리 부분에 해당하는, 발생 확률이 희박한 극단값extreme value에 주목한다.

고객에 대한 깊은 통찰력

초창기 연구에서 에릭 폰 히펠은 40년이 넘는 과학 기자재 역사를 통틀어 가장 획기적인 발명품 중 77퍼센트는 과학 기자재 회사가 아니라 이 장비를 가지고 실험하는 과학자들에게서 나왔다고 밝혔다.[17] 디트마르 하르호프Dietmar Harhoff는 20개국 이상에서 고안한 다양한 발명품 데이터를 근거로 모든 산업 분야에서 사용자야말로 주요 기술 혁신을 주도하는 주체이자 가장 중요한 지식의 원천이라는 폰 히펠의 주장을 입증했다.[18] 혁신의 주체로서의 사용자user innovator는 본질적으로 자신의 필요에 의해 끊임없이 혁신을 추구하기 때문에 당연히 시장 지향적일 수밖에 없다. 그래서 고객 조사의 필요성과 비용을 줄이고 시판하기에 앞서 신속하고 저렴하게 테스트를 진행할 수 있다. 또한 기업이 고객의 진정한 니즈를 파악하는 과정에서 저지르는 잠재적인 실수도 방지할 수 있다. 그들은 기업이 시장성 기회를 포착하기도 전에 순전히 자신의 필요를 충족하려고 개발에 매진한다. 그러다 보니 혁신 타이밍만 놓고 보면 기업보다 한발 앞설 수밖에 없다.

자발적인 선택

기업이 혁신 프로젝트에 착수할 때 직원들은 자신의 신념이나 열정과는 상관없이 맡겨진 미션을 수행할 수밖에 없다. 반대로 오픈 이노베이션에 참가하는 이들은 자발적인 선택에 따라 자기 주도적으로 열정과 패기를 갖고 문제 해결에 나선다. 자발적인 선택은 업무와 혁신 사이에서 이상적인 조합을 이끌어 낸다. 자발적으로 참여하는 것이기 때문에 동기 부여 문제까지도 해소된다.

사람들은 왜 오픈 이노베이션에 참여할까?

오픈 이노베이션 경진대회 참가에는 내재적 동기와 외재적 동기가 작용한다. 월스트리트 저널Wall Street Journal 기사는 사용자 주도형 혁신의 이면에 존재하는 내재적 동기를 다음의 예를 들어 설명한다.

사업개발 담당 임원이자 분자 생물학을 공부하는 제이슨 애덤스 Jason Adams는 자신을 해커라고 생각한 적은 한 번도 없었다. 그러나 그의 여덟 살짜리 딸의 혈당 수치를 원격으로 모니터링할 수 있는 오프라벨 off-label■ 방법을 알아냈을 때 그 생각이 바뀌었다.

그의 딸 엘라는 췌장에서 인슐린이 분비되지 않아 발생하는 1형 당뇨병을 앓고 있어 포도당을 모니터링하는 덱스콤사Dexcom, Inc.의 패치를 피부에 부착한다. 이 장치는 5분마다 혈당을 측정하여 그 결과를 가까운 전용 수신기로 보내는 모니터링 기능을 수행하는데, 혈당이 갑자기 높아지거나 떨어져서 발생하는 치명적인 사태를 막는 데 큰 도움이 된다. 하지만 이 기기는 인터넷으로 혈당 데이터를 전송할 수 없어, 애덤스는 딸이 밤중에

■ 적합한 약이 없거나 촌각을 다투는 환자 치료를 위해 꼭 필요할 때 의료기관이 식약처가 허가한 의약품 용도(적응증) 외 목적으로 약을 처방하는 행위

혼수상태에 빠질 수 있다는 두려움 때문에 외박을 허락하지 않았다.

어느 날 애덤스는 혈당 체크 기술의 한계에 불만을 느낀 소프트웨어 엔지니어들이 함께 만든 나이트 스카우트NightScout라는 시스템을 알게 되었다. 개발에 참여한 엔지니어들 중 대부분은 당뇨병을 앓는 자녀를 두고 있었다. 그들이 개발한 오픈 소스로 덱스콤 장치를 해킹하여 혈당 데이터를 인터넷에 업로드할 수 있었다. 애덤스는 비로소 딸이 어디에 있건 간에 페블 스마트워치Pebble Smartwatch■로 딸의 혈당 수준을 체크해 볼 수 있게 되었다. 물론 완벽하지는 않다. 휴대폰 배터리 소모량이 많고 갑자기 멈추는 경우도 가끔 있으며 미국 식약청FDA, Food and Drug Administration의 승인도 받지 못했다. 그러나 많은 이들의 불편함을 해소할 수 있었다.[19]

본 히펠von Hippel과 동료들은 핀란드에서 사용자 주도형 혁신에 초점을 맞춘 연구를 진행하여, 오픈 이노베이션에 참여하는 네 가지 동기를 알아냈다. 그것은 바로 개인적인 필요성, 재미와 배움의 추구, 타인을 돕고자 하는 욕구, 금전적 보상이었다. 거의 80퍼센트의 참가자가 개인적인 필요성이나 재미와 배움에 대한 열망 때문에 참여하는 것으로 나타났다. 금전적인 보상을 위해 참여한 사람은 소수에 지나지 않았다.[20] 제품 사용자가 아닌 순수한 경진대회 참가자의 경우, 기술을 개발하고 입증하여 구직에 도움을 받거나 동료 사이에서 위상을 높이려는 추가적인 동기가 작용했다.

■ 페블 테크놀로지(Pebble Technology)가 2013년 세계 최초로 내놓은 스마트워치로, 스마트폰 데이터 연동 기능을 비롯해 '스마트워치'의 개념을 대중적으로 알린 시계형 웨어러블 컴퓨터

기업 내 오픈 이노베이션 추진 방법

오픈 이노베이션의 막강한 힘을 성공적으로 활용하려면 기업은 다음과 같은 문제를 고려해야 한다.

문제점 정의

오픈 이노베이션은 문제점이 명확하게 정의된 경우에 가장 활용도가 높다. "은행의 미래는 무엇이라고 생각합니까?"와 같은 광범위하고 모호한 질문을 둘러싸고 경진대회를 개최한들 그다지 유용한 통찰력을 얻지 못한다. 오픈 이노베이션과 관련하여 폭넓게 연구를 진행해 온 노스이스턴 대Northeastern University의 케빈 부드로Kevin Boudreau 교수와 하버드대 경영대학원의 카림 라카니Karim Lakhani 교수는 문제점을 관리 가능한 단위로 잘게 분해하고 다양한 업계와 여러 분야에서 전문성을 갖춘 혁신가들이 이해할 수 있는 수준으로 일반화할 때 비로소 문제점 해결에 실질적으로 도움이 될 만한 방안이 나온다는 점을 알아냈다.

오픈 이노베이션 프로젝트를 운영하는 기업을 지원하는 이노센티브InnoCentive ■의 부회장이자 최고혁신책임자CIO 존 프레드릭슨Jon Fredrickson은 문제점 정의가 얼마나 중요한지 설명했다.

■ 전 세계의 우수한 과학자 집단과 주요 기업을 연결해 각종 연구 개발 과제를 해결해 주는 회사로, 본사는 미국 매사추세츠주 월섬(Waltham)에 있다.

66 고객을 상대할 때 가장 어려운 부분은 문제를 명확하게 정의하는 것입니다. 고객이 무엇을 원하는지 말해 주면, 그것을 달성하는 데 있어 걸림돌이 되는 요소를 파악해 내려고 기본 원칙으로 돌아가야 하는 경우가 발생합니다.[21]

프레드릭슨은 이노센티브에게 문제 해결을 의뢰했던 국제기름유출연구소[OSRI, Oil Spill Recovery Institute] 사례를 들어 고객과 의뢰기업 간에 빚어지는 관점의 차이를 강조했다. OSRI는 1989년 엑손모빌 소속 유조선 발데즈[Valdez]호가 알래스카에 좌초해 발생했던 기름 유출 사건에 대응하려고 미국 의회가 설립한 기관이었다.

66 해양 정화 과정에서 기름과 물의 혼합물을 추출하여 바지선[barge]■에 실어 놓으면, 혼합물은 차디찬 날씨 속에서 얼어붙어 아주 두껍고 끈끈한 물질로 변해요. 혼합물을 해안가로 싣고 간 뒤 하적하는 과정이 대단히 어렵고 도저히 속도가 나지 않아요. 엔지니어 중 한 명이 말했듯이, "기름을 펌프로 빨아들일 수 있어서 펌프질을 할 수 있었습니다. 그런데 기름은 배 안에서 금세 굳어 버렸죠." 결국, 고객이 해결하고자 하는 과제를 간단히 표현하자면 배 위에 쌓여 있는 기름 덩어리 혼합물의 하적 과정을 단축하는 것이었어요. 고객과의 열띤 토론 끝에 우리는 다음과 같이 질문을 바꿨어요. "끈적이는 상태의 유동액을 어떻게 분리하나요?"

■ 항만 내부나 짧은 거리에서 화물을 운송하는 동력 장치가 없는 배

시멘트 회사에서 근무하던 존 데이비스^{John Davids}가 자신의 경험을 바탕으로 다음과 같은 해법을 제시했다.

> 시멘트를 쏟아붓는 작업을 해본 적이 있습니다. 시멘트를 쏟을 땐 진동기계를 사용해요. 진동기는 시멘트를 계속 휘저으면서 자극을 주기 때문에 시멘트가 굳지 않고 액체 상태로 유지될 수 있도록 해줘요. 이 문제도 같은 원리를 적용하면 될 것으로 생각했어요. 압축공기 방식의 시멘트 진동 기계를 사용해 기름과 물이 뒤범벅돼 얼어붙어 있는 상태를 액체로 유지하는 겁니다.[22]

"너무나도 간단하고 직관적인 해결책이어서 알래스카 사람들은 자신들이 그런 생각을 하지 못했다는 것을 믿지 못했어요."라고 프레드릭슨은 덧붙였다. 그 해결책을 찾아낸 비결은 바로 문제를 정확하고 간결한 용어로 정의하고, 석유업계라는 제한적인 환경을 벗어나 다른 분야에 종사한 일반인들까지 참여시켜 다양한 접근론을 동원한 데 있었다. 시멘트를 굳지 않게 하려고 레미콘 트럭이 계속 기계로 시멘트를 젓는 것처럼 기름도 진동기계로 자극을 주면 얼지 않을 것이라는 해법을 제시했다.

명확한 평가지표 설정

오픈 이노베이션 경진대회 참가자의 최우선 관심사는 우승이기 때문에 주최 기업은 명확한 심사 기준을 갖고 있어야 한다. 하버드-나사 토너먼트 랩^{Harvard-NASA Tournament Lab}을 이끌며 나사의 국제우주정거장 런저런 챌린지ISS Longeron Challenge를 총괄한 하버드대 경영대학원의 카림 라카니 교수는 문제와 평가 기준을 명확하게 정의하는 일이 중요하다고 강조했다.

> 미 항공우주국이 국제우주정거장 런저런 챌린지를 기획하려고 찾아왔고 우주정거장을 최적의 위치에 배치하여 최대 전력을 생산하고자 했습니다. 우리의 첫 번째 과제는 NASA가 원하는 바를 명확한 문제로 정의하는 일이었습니다. NASA 과학자들과 여러 차례의 미팅을 거쳐 국제우주정거장의 전력 생산에 방해되는 요소를 이해하려고 했습니다. 무수한 토론 끝에 홀수 개의 런저런이 햇빛에 노출돼 있으면 런저런이 팽창하여 압력을 못 견디고 결국 부러져서 전력 감소가 발생한다는 결론에 도달했습니다. 경진대회를 개최하기 전 NASA 과학자들과 또 다른 미팅을 통해 참가자들이 응모한 답변을 어떻게 평가할 것인지 토론했습니다. 국제우주정거장의 위치에 따른 전력 생산량을 예측하는 모델을 만들어야 했습니다. 이 모델들은 이전에는 존재하지 않는 것이었습니다. 이 방식을 통해 참가자의 응모 답안을 올바르게 평가할 수 있다는 확신이 들고서야 대회를 시작했습니다.[23]

손에 잡힐 듯 구체적이고 분명한 문제는 명확한 평가 기준을 작성하는 데 도움이 된다. 반면에 문제가 광범위하고 막연하면 오픈 이노베이션은 문제 해결보다는 브레인스토밍brainstorming 차원에 그친다. 크라우드소싱을 통한 아이디어 창출 자체에는 아무런 문제가 없고 실제로 많은 기업이 그렇게 하고 있지만, 기업 임원진과 참가자에게 목적과 기대치를 명확히 전달해야 한다.

경진대회의 설계

경진대회를 설계할 때는 상금, 경진대회 기간, 지적 재산권의 소유 주체, 스폰서 기업의 비밀 데이터 보호, 수상자 선정 기준과 절차 등 여러 가지 사항을 고려해야 한다. 어떤 선택을 하건 간에 트레이드 오프$^{trade\ off}$(하나를 얻기 위해 다른 하나를 포기하는 것)는 존재한다. 예를 들어, 상금 액수가 크면 뛰어난 역량의 참가자들이 응모하겠지만, 대다수는 우승 확률이 낮을 거라고 예상해 지레 포기하기 때문에 아이디어의 다양성이 제한될 수 있다.

경진대회는 여러 단계로 나눠 단계마다 다른 분야의 전문가 참여를 유도하는 방식으로 설계할 수 있다. 그러면 아이디어 수집을 '발산^{diverge}-수렴^{converge}-발산-수렴'하는 과정을 따르게 된다. 첫 번째 단계에서는 많은 아이디어를 수집해 그중에서 일부를 선택하고, 두 번째 단계에서는 첫 번째 단계에서 추려낸 아이디어를 바탕으로 문제 해법에 대한 새로운 실행 방안을 수립한다.

광고주를 위한 창의적인 콘텐츠와 동영상을 제작하는 통걸^{Tongal}■의 3단계 프로세스에 따라 오픈 이노베이션 플랫폼을 운영한다. 첫 번째 단계에서는 광고주의 요구사항을 게시하고 광고주의 브랜드 목표를 참고삼아 광고 아이디어를 제안하게끔 창작자를 유도한다. 아이디어는 일반적으로 트위터 게시물처럼 140~400자의 짧은 형식으로 제출하도록 한다. 통걸

■ 할리우드 영화 제작자였던 제임스 드훌리오(James DeJulio)가 2009년 설립했다. 재능 있는 개인들이 아이디어를 교환하고 세계적인 동영상 제작을 위해 협력하며 30초짜리 광고, 장편영화 등으로 돈을 벌 수 있는 장을 마련했다.

내부 팀과 광고주가 응모작을 검토해 후보군을 서너 개로 좁힌다. 두 번째 단계에서는 1차전을 통과한 아이디어에 생명력을 불어넣고자 감독과 제작 회사 커뮤니티에 연락해 피치pitch(프레젠테이션) 형태로 제안해 달라고 요청한다. 내부 팀과 광고주는 다시 피치를 심사해 최고의 제작물을 선정한다. 마지막 단계에서 최종 후보자로 낙점된 제작자와 감독에게 최종 동영상이나 광고 제작에 필요한 자금과 자원을 제공한다.

통걸의 경우 내부 팀이 참가작을 심사하는데, 어떤 경우에는 일반인 투표를 통해 수상작을 가릴 수도 있다. 미국의 티셔츠 쇼핑몰 스레드리스Threadless는 소비자들에게 티셔츠 아이디어를 제출하도록 한 뒤 수상자를 선정하도록 한다. 소비자가 직접 아이디어 선정 과정에 참여하기 때문에, 효과적인 시장 조사를 수행한 셈이 되고 최종 생산되는 제품의 사업적 성공 또한 보장된다. 리얼리티 TV 오디션 프로그램 아메리칸 아이돌American Idol도 시청자 투표 방식을 도입해 우승자 데뷔 앨범의 성공을 보장하는 대규모 팬층을 사전에 확보한다.

조직적 차원의 과제

오픈 이노베이션의 막대한 잠재력에도 불구하고 기업은 여전히 제한적으로만 도입한다. 이 방식을 활용하고 있는 기업들조차 전체 예산과 시간의 아주 일부만 배정하고 있다. 이노센티브의 존 프레드릭슨은 기업이 급진적인 혁신 방식을 채택하는 데 있어 해결해야 하는 조직적 차원의 두 가지 과제를 설명했다.

첫 번째 과제는 타 기업의 기술을 인정하지 않는 배타적 조직 문화인 'NIH 증후군Not Invented Here Syndrome' ■입니다. 기업들은 전통적인 방식으로 R&D 기능을 수행하도록 설계되고 조직됩니다. 최고 경영진들은 오픈 이노베이션을 대환영하며 다양한 실험을 기업 내부에서 시도하지만, 나중에는 누가 솔루션을 보유하는지 불분명해집니다. 두 번째 과제는 오픈 이노베이션에 개인적인 이해관계가 얽혀 있다는 점입니다. 기존에 채용된 과학자들의 일자리와 역할이 위협을 받게 된다는 점입니다. 내부 직원의 상당수가 패배감을 느낀다는 점 또한 오픈 이노베이션 도입에 커다란 걸림돌로 작용합니다.

기업은 오픈 이노베이션을 도입함으로써 통제력을 내려놓고 시야를 넓히게 된다. 다른 분야에서 제안된 아이디어를 별생각 없이 바로 거절하기 쉽다. 대다수의 아이디어는 기업이 연구개발 부서나 광고 대행사로부터 받는 내용만큼 세련되거나 정제되지 않은 상태일 수도 있기 때문이다. 그리고 오픈 이노베이션은 지적 재산권과 기업의 경쟁 정보 Competitive Intelligence 노출에 대한 우려를 일으키기도 한다.

오픈 이노베이션의 한계

오픈 이노베이션이 모든 상황에 적합하진 않다. 앞서 말했듯이 "은행의 미래는 무엇이라고 생각합니까?"와 같이 대단히 광범위하고 개념적인 질

■ 자신이 최고라는 생각으로 타인이 개발한 기술이나 연구 성과는 인정하지 않는 배타적인 조직문화나 태도

문에 대한 답을 구할 때는 그다지 효과적이지 않다. 이러한 질문에는 많은 의견이 쏟아져 나오곤 하여 옥석을 가리기도 어렵다. 많은 회의론자는 크라우드소싱으로는 획기적인 혁신을 만들 수 없다고 주장한다. 예를 들어 아이폰이나 무인 자동차를 과연 크라우드소싱으로 발명할 수 있었을까?

　이러한 비판 중 일부는 맞지만, 여기에는 세 가지 문제가 서로 연관돼 있다. 첫째, 오픈 이노베이션을 적절하게 적용하기 위해 문제(예를 들면, 무인 자동차를 어떻게 개발할 것인가?)를 세분화해야 한다. 가령 '보행자를 탐지하기 위해 센서를 어떻게 사용할 것인가?'처럼 최대한 잘게 쪼개진 문제를 놓고 고민해야 한다. 둘째, 문제를 아무리 제대로 정의하고 모듈화했다고 해도 많은 경우 문제 해결을 위해 막대한 하드웨어 또는 인프라 투자가 필요하다. 따라서 개인이나 소수의 문제 해결자는 한계에 부딪힌다. 셋째, 해결 방안의 잠재적인 상업적 가치가 수십억 달러에 이르는 경우가 있는데, 이때 문제 해결자에게 지적 재산권을 양도하는 대가로 적은 대가를 제공한다면 충분한 참여 인센티브가 되지 못한다. 예를 들어, 누군가 스마트폰의 무선 충전 방식을 발명할 수 있다고 해도 고작 수천 달러에 불과한 상금을 내건 크라우드소싱을 통해 자신의 아이디어를 팔려고 하지는 않을 듯하다.

　조직의 리더들은 혁신을 위해 외부인의 재능에 의존하기 시작한다면 경쟁 우위를 과연 어떻게 확보할 수 있을지 우려한다. 그러나 앞으로의 경쟁 우위는 문제를 정의하고 그 문제를 잘게 쪼개어 분석해 해결책을 찾고, 각 해결책을 모듈화하는 역량에 달렸다. 다른 기업이 같은 관점에서 시장 트렌드와 고객 니즈를 볼 수는 없으며, 기업이 미래 방향에 대한 큰 틀을 어떻게 잡았는지에 따라 운명이 갈린다. 다시 말해 크라우드소싱 시대에 기업의 성공을 결정짓는 요소는 해결 방안 자체가 아니다. 기업들이 자사의 앞날에 대해 어떤 질문을 던지느냐가 중요하다.

운영 효율성을
높이는 디지털 기술

2016년 8월 2일 삼성전자는 그해 가을 출시를 앞둔 아이폰 신형 모델보다 한 달 먼저 갤럭시 노트7을 공개했다. 삼성전자는 글로벌 스마트폰 시장 패권을 놓고 애플과 각축전을 벌이고 있었기 때문에 노트7의 도입은 전략적으로 중요한 이벤트였다.

2주 후 한국과 미국을 포함한 총 열 개 시장에서 판매를 시작됐다. 리뷰어와 소비자의 호평 덕에 초기 주문이 폭주하다 보니 한국에서는 사전 주문 수량이 자체 최고 수치를 기록했으며 일부 시장에서는 물량 공급이 부족하기도 했다. 하지만 일주일도 지나지 않아 노트7 스마트폰의 폭발과 발화 사건이 십여 차례 보도됐다.

삼성은 수백명의 개발자를 동원해 빠르게 문제를 진단하기 위해 노력했으나 그들 중 아무도 노트 7의 폭발을 직접 목격할 수 없었다. 삼성의 개발자들이 일사불란하게 발화 사태 원인을 파악한 끝에 공급업체가 제공한 배터리 결함으로 말미암은 사고였을 확률이 높다는 공식적인 결론을 내렸다. 삼성 관계자가 말한 바로는 '문제가 되는 배터리'가 탑재된 스마트폰은 전체 판매량 중에서 0.1퍼센트 미만이었다.[1]

스마트폰 발화 사건이 계속해 수면 위로 올라오자 삼성은 2016년 9월 2일 노트7 판매를 전면 중단하고 약 250만 개를 전량 회수하겠다고 선언했다. 2주 내에 대규모 리콜을 진행하여 다른 공급업체의 배터리가 탑재된 신제품으로 교환해 주었다.

하지만 교체가 이뤄진 이후에도 대부분의 항공사가 노트7 스마트폰을 소지한 승객의 탑승을 거부했다. 삼성은 사태의 심각성과 브랜드 이미지 훼손 위험성을 인지하고 2016년 10월 11일 노트7을 단종하기로 했다. 이 소식으로 삼성의 주가는 8퍼센트 하락해 약 170억 달러 규모의 시장 가치가 사라졌다.[2]

삼성의 리콜 사태는 모든 기업에 큰 경종을 울렸다. 하지만 독일 암베르크Amberg에 있는 지멘스라면 이러한 문제를 겪지 않았을 것이다. 지멘스는 최첨단 기술을 바탕으로 인더스트리 4.0Industry 4.0 ■과 스마트 제조smart manufacturing ■■의 시대를 열어가고 있다.

■　독일 정부가 제시한 정책의 하나로, 사물 인터넷(IoT)을 통해 생산 기기와 생산품 간 상호 소통 체계를 구축하고 전체 생산 과정을 최적화하는 '4차 산업혁명'을 의미한다.

■■　제조업에 정보통신기술(ICT)을 결합해 개별 공장의 공정·설비·장비 등이 생산 네트워크로 연결되고 현장의 모든 데이터가 실시간 공유되어 최적화된 제조 환경이 마련된다.

인더스트리 4.0

2011년 독일 정부가 인더스트리 4.0 또는 4차 산업혁명이라는 개념을 제시한 이래 그 개념과 관련 아이디어는 전 세계 많은 기업의 관심을 끌어왔다. 18세기의 1차 산업혁명은 증기의 힘을 이용해 산업 장비를 기계화했고 운송에서부터 직물에 이르는 다양한 산업에 혁명을 일으켰다. 19세기 후반의 전기에너지 발전과 송전, 그리고 20세기 초 공장 조립라인 프로세스에 도입한 전기 동력이 2차 산업혁명을 이끌며 자동차에서부터 가전제품에 이르기까지 대량생산 체제가 갖추어지고 제품들이 적정한 가격 수준으로 계속 조정됐다. 20세기 중반에는 전자와 컴퓨터 기술이 3차 산업혁명을 주도해 컴퓨터 이용 설계CAD, Computer Aided Design, 컴퓨터 이용 생산CAM, Computer Aided Manufacturing, 로봇 자동화가 제조 기술에 큰 영향을 미쳤다. 오늘날 디지털 기술이 이끄는 4차 산업혁명 시대에는 디지털과 물리적 제품의 융합convergence이 일어나고 있다.

독일 정부 소속 경제개발기구인 독일 무역투자기관Germany Trade & Invest에 따르면, 인더스트리 4.0은 생산 방식이 중앙 집중형에서 분산형으로 변화하는 패러다임 전환을 의미한다. 기계가 더는 제품을 단순히 처리하는 역할에 머물지 않고 제품과 소통하면서 이에 맞춰 작업하게 된다.[3] 기계 간 통신Machine to Machine을 통해 문제를 진단하고 사람의 개입 없이도 자율적으로 결정을 내릴 수 있다. 독일의 지멘스는 세계적으로 몇 안 되는 거대 기업conglomerate■으로 인더스트리 4.0의 잠재력을 구현하는 공장을 설립해 스

■ 자사의 업종과 관계가 없는 이종의 기업을 매수 합병하여 경영을 다각화한 기업

마트 제조의 전형적인 모델을 보여주었다.

스마트 공장

지멘스는 독일 남부 지역 바바리아^{Bavaria}의 작은 도시인 암베르크에 산업용 장비와 공정 자동화에 사용하는 장치인 프로그래머블 로직 컨트롤러 PLC, Programmable Logic Controllers를 생산하는 미래형 공장을 세웠다. 공장에 있는 운영 설비의 75퍼센트가 디지털화, 자동화되었다. 모든 부품에는 바코드나 칩이 장착돼 기계와 소통하며 이러한 상호작용을 통해 기계가 수행해야 하는 정확한 작업을 결정한다. 부품과 기계 간에 데이터를 실시간으로 공유하고 부품, 공급업체, 장비, 조립 과정에 변경 사항이 필요하면 생산 과정에 최적화되게끔 빠르게 프로그래밍될 수 있다. 생산이 끝나면 지멘스는 조립 전 과정에 걸쳐 모든 부품과 각 단계에 대한 완벽한 정보를 수집하게 된다.

디지털화의 중요성을 이해하려면 자동화와 어떻게 구분되는지 또는 다른지 알아야 한다. 지멘스 산업 자동화 사업 부문의 CEO인 에카르트 에베를레^{Eckard Eberle}는 자동화 프로세스의 전형적인 예를 설명한다.

> 66 제조와 공정 산업계에서는 공장이 결정론적 성능^{deterministic performance}(임의의 요소가 개입할 수 없는 성능)을 발휘한다는 생각으로 운영합니다. 즉 운영자들이 모든 과정을 완벽하게 이해한다는 것을 의미합니다. 시스템이 완벽하게 구축됐다는 가정하에 모든 게 작동합니다. 상당히 정적이지만 한편으로는 안정적이고 매우 견고하다는 강점이 있습니다."4

자동차 회사에서 사용하는 안정적이고 강력한 자동화 시스템은 결함을 제거하고 작업 속도를 높이지만 유연성을 제한한다. 바로 이 점 때문에 자동차 제조업체가 새로운 자동차 모델을 도입하는 데 일반적으로 수년이 걸리게 된다.

그에 비해 디지털 공장은 속도와 효율성 측면에서 자동화의 모든 이점을 갖추면서도 유연성과 추적 기능까지 함께 제공한다. 지멘스의 PLC나 삼성 스마트폰과 같은 대다수 제품의 경우, 전자 부품과 제품 설계에서 빈번한 혁신이 이루어지고 있어 전통적인 공장 자동화 방식이 알맞지 않다.

지멘스 공장에서는 연간 총 1,200만 대의 기기를 초당 거의 한 대꼴로 생산하지만 99.99885퍼센트의 무결점 비율을 자랑한다. 운영 디지털화를 통해 기업은 모든 부품과 기계, 프로세스를 신속하게 변경할 수 있다. 유연성이 높다고 속도와 생산성이 저하되지 않는다. 지멘스는 디지털화를 통해 공간이나 인력을 추가하지 않고도 생산량을 8.5배나 늘려왔다.

수많은 공급업체가 전 세계 수십 개 공장에서 조립하는 제품의 수백 개 부품을 조달하면서 제조 공정이 복잡해지고 있다. 부품의 변경 사항과 잠재적인 결함을 추적하는 작업의 중요성은 날로 높아지고 있다. 지멘스는 암베르크의 스마트 팩토리*와 인더스트리 4.0의 미래를 다음과 같이 묘사한다.

■ 설계·개발·제조·유통·물류 등 생산 과정에 디지털 자동화 솔루션을 결합한 정보통신기술(ICT)이 적용되어 생산성과 품질, 고객 만족도를 향상시키는 지능형 생산 공장

" 이곳에서는 제품이 제조 공정을 자체적으로 제어합니다. 즉, 제품 코드가 생산 기계에 어떤 요구사항이 있는지, 그리고 다음 단계에서 수행할 생산 활동은 무엇인지 알려줍니다. 이 시스템은 인더스트리 4.0을 구현하는 첫 단계입니다. 4차 산업혁명이라는 비전 하에 실제와 가상의 제조 세계는 통합될 것입니다. 생산 공정 최적화를 위해 제품 간 그리고 제품과 생산 시스템 간 통신을 하기 때문에 공장 자체적으로 제어하고 최적화할 수 있게 됩니다. 제품과 기계는 납품 기한을 맞추려면 어떤 생산라인에서 어떤 품목을 우선 생산해야 하는지 자체적으로 결정합니다. 소프트웨어 에이전트라고 불리고 독립적으로 운영되는 컴퓨터 프로그램이 각 단계를 모니터링하고 생산 규정을 준수하고 있는지 확인합니다. 또한 인더스트리 4.0은 규모의 경제를 벗어나 세상에 단 하나밖에 없는 제품이라도 수지타산이 맞도록 빠르고 저렴하게 최상의 품질로 제조할 수 있는 공장의 미래를 그립니다.[5]

지멘스의 디지털 공장은 다양한 산업 분야에서 생산성을 향상하며 새로운 시대가 여는 제조 산업의 미래 모습을 어렴풋하게나마 보여준다.

산업 인터넷과 예측 정비

도입 초기의 인터넷은 통신과 전자 상거래에 힘입어 폭발적으로 성장했다. 인터넷 연결이 가능한 커넥티드 디바이스connected device는 2020년까지 500억여 개로 증가할 것으로 예상한다. 이젠 기계 간에 데이터를 주고받을 수 있게 될 것이다. 머신 데이터$^{machine\ data}$■를 연결하고 저장, 처리하는 데 드는 비용이 저렴해지면서 산업 인터넷$^{industrial\ internet}$■■이 가파르게 성장하고 있다.

GE는 제트엔진부터 풍력발전기에 이르기까지 기계에 센서를 장착해 자산 성능에 관한 데이터를 수집한다. 데이터를 기반으로 예측 정비를 시행하여 유휴시간을 줄인다. 장비의 효율성이 개선됨에 따라 고객사에 막대한 비용 절감 효과를 제공하게 된다. GE의 추정치를 보면 예측 정비 덕분에 다운 타임이 단축되고 자산 활용이 증가해 고객사의 작업 능률이 1퍼센트라도 올라가면 석유와 가스 업계에서는 15년간 9백억 달러를 절약할 수 있다. 다른 분야에서 내는 절감 효과는 이 정도까지는 아니지만 여전히 막대하다(그림 5-1 참조).

GE는 이러한 잠재력을 발휘하기 위해 클라우드 기반의 산업용 애플리케이션 운영 시스템인 프레딕스를 개발했다. 산업 인터넷은 일반 고객이 쓰는 인터넷과 비교하여 몇 가지 중요한 측면에서 다르다는 점에 착안했다. 첫째, 산업계에서는 실수의 대가가 너무나도 크다. 아마존이 도서 추천을 잘못한다고 한들 고객이나 아마존에 별다른 여파는 없다. 하지만 산업계에서 소프트웨어 알고리즘에 오류가 발생하면 풍력발전기에 고장을 일으킬 수 있고 결과적으로 수백만 달러의 손실이 발생한다. 둘째, 발전소와 같은 산업용 장비의 보안은 훨씬 중요하다. 셋째, 일반 인터넷을

■ 기계 내부에서 생성되는 정보로 사용자, 고객, 트랜잭션, 애플리케이션, 서버, 네트워크, 공장 기계 등의 모든 작업과 행동에 대한 기록을 포함한다.

■■ GE에서 처음 만든 용어로, 제조 공장, 의료, 철도, 전력 등 산업 현장 전반에서 빅데이터 분석과 첨단 기계의 결합으로 기계의 사고와 고장을 사전에 예측해 낭비되는 자원을 최소화하는 기술을 의미한다.

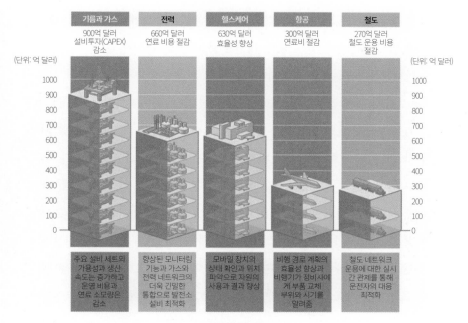

기름과 가스	전력	헬스케어	항공	철도
900억 달러 설비투자(CAPEX) 감소	660억 달러 연료 비용 절감	630억 달러 효율성 향상	300억 달러 연료비 절감	270억 달러 철도 운용 비용 절감

| 주요 설비 세트의 가용성과 생산 속도는 증가하고 운영 비용과 연료 소모량은 감소 | 향상된 모니터링 기능과 가스와 전력 네트워크의 더욱 긴밀한 통합으로 발전소 설비 최적화 | 모바일 장치의 상태 확인과 위치 파악으로 자원의 사용과 결과 향상 | 비행 경로 계획의 효율성 향상과 비행기가 정비사에게 부품 교체 부위와 시기를 알려줌 | 철도 네트워크 운용에 대한 실시간 관제를 통해 운전자의 대응 최적화 |

산업 인터넷의 이점

출처: 카림 R.라카니(Karim R. Lakhani), 마르코 이안시티(Marco Iansiti), 케리 허먼(Kerry Herman), 'GE와 산업 인터넷(GE and the Industrial Internet)', 하버드대 경영대학원 케이스 614-032(2014년)

[그림 5-1] 1퍼센트의 파워

통해서는 멀리 있는 기계로부터(예를 들면, 멕시코만에 있는 석유 굴착 장치) 데이터를 수집할 수 없다.

다음으로 GE는 프레딕스 플랫폼 위에 애플리케이션을 구축했다. 애플리케이션 중의 하나인 설비 자산 성과 관리[APM, Asset-Performance Management] 소프트웨어는 유지 비용은 낮추면서 자산의 안전성과 가용성을 높이도록 설계됐다. GE는 자산성과관리 소프트웨어로 세 가지 중요한 질문에 대한 답을 내놓을 수 있게 됐다. 기기가 고장 날 것인가? 언제 고장 날 것인가? 이를 방지하기 위해 GE는 어떤 대책을 마련할 수 있는가?

자산성과관리 소프트웨어는 GE의 고객사에 굉장히 큰 영향을 미쳤다. 브라질 대형 철강사인 게르다우Gerdau는 중국 라이벌사와의 경쟁에서 우위를 차지하려고 비용 절감 방안을 모색하고 있었다. 게르다우는 GE에 연간 3억 달러에 이르는 유지 비용을 40퍼센트 낮춰 달라고 요청했다. GE는 자산성과관리 소프트웨어를 이용해 철강 공장의 50개 자산을 테스트하고 성능을 모니터링하여 일 년 내에 게르다우의 유지 비용을 큰 폭으로 줄일 수 있었다. 성공적인 테스트 결과를 확인한 게르다우는 열한 개 공장과 총 600개 자산에 소프트웨어를 확대 도입했다. 게르다우 사례를 본 다른 유명 철강 제조업체들도 예측 정비 건으로 GE를 찾게 되었다.[6]

자산 대부분이 북극, 연안 또는 심해처럼 외진 곳에 있는 석유나 가스 산업에서는 원격 감시와 예측 정비 자동화의 중요성이 훨씬 높아진다. 이러한 산업에서는 생산성이 떨어지는 노후화된 설비를 보유하는 경우가 많다. 고장이 발생하면 비용이 많이 들 뿐 아니라 직원의 안전에 심각한 영향을 미친다. 맥킨지 글로벌 연구소McKinsey Global Institute는 사물 인터넷IoT을 통해 공장의 운영 효율성이 높아져 2025년까지 세계 경제에 연간 1.2조 달러에서 3.7조 달러의 추가적인 가치가 창출될 것으로 예상한다.[7]

적층 제조 방식 (3D 프린팅)

2015년 3D 로봇 프린팅 기술 전문회사인 MX3D는 3D 프린팅 기술을 활용해 암스테르담에 스테인리스 스틸 소재로 정교한 다리를 건설하기 시작했다.[8] 2017년 2월 3D 프린터 개발 스타트업인 아피스 코어Apis Cor는 모바일 3D 프린터를 사용해 러시아 건설 현장에 둥근 형태의 11평 남짓한 집을 지었다.[9] 2017년 4월 MIT 연구진은 14시간 만에 지름 14.6m, 높이 3.7m 돔 구조물을 제작할 수 있었다.[10]

미국 자동차 회사인 로컬 모터스Local Motors는 3D 프린터를 활용해 스트라티Strati라는 전기 자동차의 디자인부터 프로토타입▪까지 2개월 만에 완성했다.[11] 웨이크 포레스트 재생의학연구소Wake Forest Institute for Regenerative Medicine의 앤서니 아탈라Anthony Atala 박사는 3D 프린터 잉크 대신에 인간 세포를 사용한다. "통합 조직과 장기 프린팅 시스템ITOP, Integrated Tissue and Organ Printing이라 불리는 360킬로그램의 강철 기계로 세포와 뼈, 내장 기관을 찍어내고 있습니다."[12]

지난 몇 년 동안 3D 프린팅은 공돌이들techies의 단순한 호기심 대상에서 시제품을 제작하거나 보청기와 치과용 임플란트를 대량생산하는 기계로 탈바꿈해 왔다. 이제는 기업의 주요한 생산 방식으로 자리잡아 저변을 확대해 가고 있다.

GE 항공 그룹은 이미 여러 해 전부터 제트엔진에 들어가는 연료 노즐fuel nozzle(연료를 기류에 보내기 위한 튜브)을 3D 프린터로 제조하는 방안을 고민하기 시작했다. 제트엔진의 연료 소비와 배출량을 줄이고자 GE가 개발한 연료 노즐의 내부 설계는 복잡했는데, 무려 20가지 부품을 함께 용접하고 납땜해야 했다. 연료 노즐 부품들은 높은 정밀도를 요구할 뿐 아니

▪ 본격적인 상품화에 앞서 성능의 검증과 개선을 위해 핵심 기능만 넣어 제작한 기본 모델

라 엔진 작동 중에 엔진 내부의 고열과 극한의 기상 조건에도 견딜 수 있어야 했는데, 전통적인 제조 방식으로 여러 번 개발에 실패하여 3D 기술을 시도하게 됐다.

GE는 적층 제조 선도 기업인 모리스 테크놀로지Morris Technologies와 파트너십을 맺었다. 모리스 테크놀로지는 금속 분말 파우더를 얇게 반복적으로 까는 방식으로 GE의 엄격한 품질 테스트를 통과했을 뿐 아니라 생산 비용이 절감되고 무게는 25퍼센트 줄었으며 기존 노즐보다 내구성이 다섯 배나 높은 연료 노즐을 성공적으로 제작할 수 있었다.

GE 항공에서 엔지니어링 대표를 역임하고 현재는 GE애디티브GE Additive 사업부 대표를 맡은 모하마드 에테샤미Mohammad Ehteshami는 이 실험에 대한 경험을 떠올리며 말했다. "믿을 수 없을 정도로 놀라운 기술이었어요. 제트엔진을 설계할 때 공정 과정이 워낙 복잡하다 보니 비용이 많이 들곤 했죠. 그런데 적층 제조 방식으로는 절감된 비용으로 세밀한 작업을 할 수 있어요. 엔지니어에게는 꿈만 같은 일이죠. 전에는 가능할 거라 생각지도 못한 일이었어요."[13]

GE는 성공적인 시도에 힘입어 3D 프린터를 활용한 노즐의 대량생산에 집중하여 베스트셀러 제트엔진인 리프LEAP에 1만 2,200개의 해당 노즐을 탑재했다. GE는 대량생산 목표를 달성하기 위해 10억 달러 이상을 지출하여 산업용 3D 프린터 분야에서 유명한 제조업체 두 군데의 지분을 매입했다.[14]

2016년 주주에게 보내는 연례 편지에서 당시 GE의 CEO였던 제프 이멜트는 "적층 제조 기술의 장기적인 시장 잠재력은 약 750억 달러로 엄청납니다. 현재 매출 3억 달러에 불과한 적층 제조 장비와 서비스 분야를 육성하여 2020년까지 10억 달러로 키울 계획입니다."라고 언급했다.[15]

3D 프린팅의 의미

적층 제조 방식은 아래와 같이 많은 이점을 제공하며 제조 이외의 분야에서도 영향력을 발휘한다.

- **더욱 복잡하고 향상된 생산 능력:** GE 사례에서 알 수 있듯이 전통적인 제조 과정으로는 여러 구성 요소를 결합하거나 융합해야 하는 복합적인 제품을 생산하기가 어렵다. 또한 적층 제조 기술은 훨씬 좋은 품질의 제품을 저렴하게 생산해 낼 수 있다. 에어버스Airbus는 3D 프린팅으로 여객기 버팀대를 제작해 재료 낭비를 25퍼센트, 탄소 배출량을 40퍼센트, 비행기 중량을 10킬로그램 줄일 수 있었다.[16]

- **맞춤 생산:** 미국의 유명한 바비 인형 제조업체 마텔Mattel은 2017년 가을, 장난감 제조 키트인 씽 메이커ThingMaker라 불리는 300달러짜리 3D 프린터를 출시했다. 아이들이 직접 장난감 부품을 찍어내고 레고처럼 조립할 수 있게 했다.[17] 마텔로서는 새로운 장난감 부품과 신형 디자인이 나올 때마다 3D 프린터 소프트웨어만 업데이트하면 되고 굳이 리테일러를 통해 제품을 일일이 배송할 필요가 없어진다.

  아디다스는 소비자가 스마트폰으로 자신의 발을 스캔하고 그 정보를 아디다스 사이트에 연동하여, 신발의 디자인과 색상을 직접 선택해 맞춤형 신발을 제작할 수 있는 서비스를 테스트 중이다. 기술 발전에 따라 아디다스 오프라인 매장에서 3D 프린터로 직접 제작한 맞춤형 신발을 고객이 구매하는 일도 가능할 것으로 전망한다.

이미 헬스케어 분야에서도 3D 프린팅을 통한 보형물과 외과용 임플란트 맞춤화가 이루어지고 있다. IT 자문기관인 가트너Gartner에 따르면 2019년까지 보형물과 임플란트 장치가 필요한 모든 외과 시술 중 35퍼센트 이상은 3D 프린팅을 사용할 전망이며 선진국 국민 중 최대 10퍼센트는 3D 프린팅으로 만든 아이템을 몸이나 몸속에 지니고 다닐 것으로 예상된다.[18]

- **주문형 생산:** 3D 프린팅으로 제조의 분산화가 이루어져 공장에서 일괄 생산하는 시스템이 아니라 개인의 주문에 따라 맞춤형으로 생산하는 방식이 가능해지기 때문에 고객의 니즈에 더욱 들어맞을 수 있다. 3D 프린팅 비용이 낮아질수록 대규모 공장의 규모의 경제에 따른 강점이 줄어들게 된다. 주문형on-demand 생산과 현장on-site 생산 방식은 재난 복구 현장, 석유 굴착 장치, 해군 함정 혹은 우주정거장처럼 외부 시설에 접근성이 떨어지는 장소에서 제품 생산이 필요할 때 특히 유용할 수 있다. 네팔 지진 발생 지역에서 의사들이 기본적인 의료 장비 구매에 어려움을 겪고 있을 때 비영리 단체인 필드 레디Field Ready가 3D 프린팅 기술을 활용하여 인도주의 단체에 물류를 지원하는 방식을 혁신했다.[19] DHL 보고서를 보면 2014년 미 해군은 USS 에식스USS Essex 군함에 3D 프린터를 설치해 선원이 필요한 구성품과 무기 부품을 직접 인쇄할 수 있도록 가르쳐 지연 시간을 단축하고 멀리 떨어진 곳에서도 중요한 부품을 직접 조달할 수 있었다고 한다.[20] 또한, 미항공우주국NASA은 메이드 인 스페이스

Made In Space라는 회사와 함께 국제우주정거장ISS에서 필요한 도구를 3D 프린터로 제작하고 있다.

- **재고와 물류비용 절감:** 주문형 생산은 재고, 창고 보관, 물류비용을 획기적으로 낮춰 아마존처럼 물류 수행fulfillment(주문부터 배송, CS, A/S 단계에 이르기까지의 전 과정) 건수가 엄청나고 물류비용이 많이 들어가는 기업에 특히 매력적인 기회다. 아마존이 고객 집 근처에 있는 트럭에서 주문을 받아 3D 프린팅으로 처리하는 특허를 신청했다는 소식은 어찌 보면 예고된 일이었다. MIT 연구에 따르면 주문형 제품 프린팅은 전체적인 운영 비용에서 많은 부분을 차지하는 운송비와 재고비를 낮춰 공급망 비용을 50퍼센트에서 90퍼센트까지 절감할 수 있는 잠재력이 있다.[21]

- **디자인 플랫폼:** 기술 덕분에 생산 과정이 자동화되고 합리적인 가격에 주문 제작이 가능해지면서 디자인의 경쟁력이 올라갈 수 있다. 이러한 변화는 소량 소품종 생산에 특화된 독립 디자이너나 중소기업과의 경쟁이 치열해질 수도 있다는 것을 의미하며, 결국 플랫폼과 마켓플레이스의 출현으로 이어질 수 있다.

3D 프린팅 서비스 업체인 쉐이프웨이즈Shapeways는 네덜란드 대기업 필립스의 스핀오프spin-off 기업 ▪으로 팔찌에서 의자에 이르기까지 디지털 디자인 제품을 온라인으로 판매하는 마켓플레이스이다. 3D슈즈닷컴3DShoes.com은 디자이너와 패션 리더를 위한 디지털 신발 마켓플레이스를 열었다.

▪ 기업 경쟁력 강화를 위해 일부 사업 부문을 분리해 자회사로 독립

- **지적 재산권:** 2015년 라이센싱(특허 사용 계약) 리테일 상품의 전 세계 매출은 2,500억 달러를 넘어섰으며 그중 〈스타워즈^{Star Wars}〉와 같은 영화 엔터테인먼트의 캐릭터가 45퍼센트를 차지했다.[22] 3D 프린팅은 재고와 운송비, 심지어는 제조 비용까지 줄여 디즈니와 같은 회사들은 디지털 디자인을 소비자에게 팔기만 하면 되므로 캐릭터 아이템 판매에 드는 비용을 낮출 수 있게 됐다. 그러나 디지털 디자인이 불법 복제됨에 따라 많은 위조품이 진품 행세를 하며 버젓이 시장에서 유통될 위험성도 있다. 음악 산업 역시 디지털 제작과 유통으로 전환하면서 비슷한 딜레마에 직면했던 적이 있다. 기업들은 불법 콘텐츠에 피해를 보지 않도록 자사의 지적 재산권을 어떻게 보호할지 신중히 검토해야 한다.

- **노동력에 미치는 영향:** 3D 프린팅 도입으로 고객과 가장 가까운 장소에서 제작해 빠르게 배송하는 분산형 제조^{decentralized manufacturing}가 가능해짐에 따라 한때 신흥국들의 몫이었던 제조가 다시 선진국 경제로 복귀할 가능성이 있다. 외국에 있던 공장이 본국으로 돌아오면 값싼 노동력 덕분에 세계의 제조 공장으로 자리잡아 온 베트남, 방글라데시와 같은 국가 경제에 상당한 영향을 미치리라 예상한다. 주문형 생산 방식의 도입은 제품 보관 필요성을 낮춰 리테일, 운송, 보관 창고 업계에도 커다란 변화를 일으키게 된다.

맥킨지 글로벌 연구소에 따르면 3D 프린팅이 위에서 언급한 모든 활동으로 말미암아 세계 경제에 미치는 영향은 2025년에 1,800억 달러에서 많게는 4,900억 달러까지 될 수 있다고 전망한다.[23] 그러나 일부 전문가들은 과장된 예측으로 보고 3D 프린팅이 과연 전통적인 제조 방식의 대량 생산만큼이나 경제성을 가질 수 있을지 의구심을 갖는다.

2016년 글로벌 회계·컨설팅 회사인 언스트앤영Ernst & Young이 900개 글로벌 회사를 대상으로 설문한 바로는, 조사 대상의 76퍼센트 이상은 3D 프린팅 사용 경험이 없었다고 하는데 이 결과가 회의적인 시각을 뒷받침한다.[24] 자동차처럼 표준화된 대량생산 방식을 따르는 일부 제품은 가까운 장래에 3D 프린팅 기술로 대체될 가능성은 희박하지만, 3D 프린팅의 비용 인하와 획기적인 기술 품질 향상에 힘입어 많은 제품 분야에서 3D 프린팅의 적용 사례는 계속 늘어날 전망이다.

적층 제조 방식additive manufacturing의 발전은 이미 3D 프린팅을 넘어서고 있다. MIT 공대 자가조립연구소Self-Assembly Lab에서는 물체가 온도 변화나 수분 접촉과 같은 외부 자극에 반응해 스스로 형태를 바꾸는 4D 프린팅을 연구 중이다.[25] 이 기술을 사용하면 수도관 파이프는 물의 흐름을 유지하기 위해 외부 온도 변화에 따라 자유롭게 수축 팽창하고 자동차 타이어는 도로 상태의 변화에 따라 노면과 접촉하는 부분인 트레드tread를 변형할 수 있다. 4D 프린팅에서는 형태를 유연하게 조절하는 프로그램을 소재에 포함해 소재가 외부 자극에 맞춰 변형된다. 기술의 변화 속도를 고려할 때 이렇게 발전 가능성이 크고 흥미진진한 영역에 대한 조사를 등한시하는 기업이 있다면 참으로 근시안적인 사고일 것이다.

증강현실과 가상현실

가상 세계에 마치 들어와 있는 듯한 경험을 주는 가상현실VR 기술과 물리적인 현실 세계에 컴퓨터 그래픽을 통해 가상의 이미지를 더해 보여주는 증강현실AR 기술이 최근 몇 년 새에 극적으로 발전해 왔다. 예전에는 이러한 기술이 대부분 소비자 영역 위주로 응용됐다. 게임 업계에서는 몰입형 게임immersive game ▪에 가상현실을 사용한다. 관광 업계는 잠재적 여행객들이 굳이 집을 떠나지 않고도 베네치아나 파리의 진정한 멋을 즐길 수 있는 경험을 선사해 왔다. 자동차 회사는 가상현실 기술을 가상 시험 운전에 사용한다. 그리고 부동산 회사들은 잠재 구매자들이 짧은 시간 내에 여러 집을 방문해 볼 수 있도록 가상의 둘러보기 서비스를 제공한다.

이러한 기술을 디자인 설계와 조립, 교육과 같은 산업 현장에서 사용하는 추세가 점점 더 늘고 있다.

- **디자인:** 건축업계나 항공기 혹은 가전제품 제조업 분야에서 프로토타입 제작은 오랫동안 일반적인 관행이었다. 컴퓨터 이용 설계CAD와 컴퓨터 이용 생산CAM 기술의 출현으로 이러한 작업이 한결 간단해졌다. 3D 프린팅을 통해 모든 작업을 훨씬 손쉽고 빠르면서도 저렴하게 수행할 수 있다. 가상현실은 제품 디자인 영역에서 차세대 혁명을 일으키는 기술로 디자이너가 창작물을 가상으로 제작, 수정할 수 있게 한다.

▪ 사용자가 HMD(Head-Mounted-Display, 가상현실 고글)를 머리에 쓰고 컴퓨터가 가상으로 만든 공간에서 활동한다.

미국 방위산업체 록히드 마틴Lockheed Martin의 엔지니어들은 나사
NASA의 화성탐사선을 만들기 전에 디자인과 설계를 시각화하는 작
업에 가상현실을 활용한다. 가상현실은 실물 크기를 축소한 프로토
타입 모형의 한계를 넘어 엔지니어가 실제로 우주선의 내부로 들어
가 작업할 수 있는 모의 환경을 구현해 주기 때문에 설계상의 오류 탐
지와 변경 작업이 전보다 한결 수월하며 기존 방식보다 훨씬 저렴하
게 처리할 수 있다. 록히드 마틴은 컬래버래티브 휴먼 이머시브 랩
collaborative human immersive lab을 구축하고 그 이점에 대해 설명했다. "실제
제조 공정에 들어가기 전에 가상 세계에서 설계와 제조 프로세스를 미
리 분석할 수 있습니다."[26]

- **조립:** 풍력발전기나 상업용 항공기와 같은 복잡한 제품을 제작하려면 수
백 단계의 조립 과정을 거쳐야 한다. 스마트 글래스smart glass ■ 같은 웨어
러블 장치를 통해 구현하는 증강현실AR은 현실의 이미지나 배경에 가상
의 이미지를 겹쳐 하나의 영상으로 보여주는 기술이다. 엔지니어들은
정보나 데이터를 매뉴얼 문서에 의존하지 않고도 효율적이고 정확하게
조작할 수 있게 된다. 증강현실 장치는 제조와 창고, 현장 작업에서 사용
된다.

  GE 기술자들은 풍력발전기의 제어 박스를 연결하는 데 증강현실 장
치를 활용해 작업 성과를 34퍼센트 향상했다.[27] 증강현실로 인한 생산
성 향상 보고서에 나오는 보잉Boeing 연구에 따르면 증강현실로 와이어
하니스Wire Harness(각각 와이어를 배선하는 것이 아니라 합쳐진 모양으

■ 안경 형태로 착용해 증강현실(AR) 정보를 보여주고, 스마트폰과 연동해 사용할 수 있는 장비

로 배선) 조립의 생산성이 25퍼센트 향상했다고 한다. 그리고 GE 헬스케어 창고 직원들은 종이로 된 목록과 물품 검색으로 주문을 처리하는 표준 프로세스를 따를 때보다 스마트 글래스로 새로 들어온 주문의 픽업 리스트를 받을 때 46퍼센트 더 신속하게 업무를 완수했다. GE와 다른 기업들의 추가적인 사례에서도 평균 32퍼센트의 생산성 향상을 보여준다.[28]

- **훈련:** 뇌 수술 전문 의사는 지난 수십 년 동안 두뇌 평면2D 스캔 이미지와 경험에 의존해 실제 수술에서 발생할지도 모르는 상황에 대비해 왔다. 가상현실VR은 환자 두뇌의 입체3D 이미지를 미리 탐색할 수 있게 해 주기 때문에 수술 중 생길 수 있는 문제를 사전에 차단해 수술 성공률을 크게 향상시킨다. 런던에 소재한 터치 서저리Touch Surgery는 휴대전화와 태블릿을 사용하여 수술 훈련을 할 수 있는 200개의 교육 센터를 개발했다. 앞으로 터치 서저리는 이 기술을 수술실에 있는 의사를 지원하는 데 사용할 계획이다.[29]

월마트Walmart는 미국 내 200개의 월마트 아카데미 센터에 가상현실을 기반으로 한 체험 학습을 도입해 매년 15만 명의 직원을 양성할 계획이다.[30] 가상현실을 교육 목적으로 활용하는 기업이 점점 더 많아지고 있다. 보쉬Bosch는 페이스북의 가상현실 헤드셋인 오큘러스 리프트Oculus Rift를 사용해 자동차 정비사에게 직접 분사direct-injection와 제동 기술에 대해 교육한다. GM은 신규 공장 근로자 교육용으로 구글 글래스Google glass를 배포하고 있다. 미국 프로미식축구리그NFL, National Football League는 선수 훈련과 실력 향상 프로그램에 가상현실 기술을 접목하고 있다. 미국의 건축 자재와 주택용품 판매업체인 로우스Lowe's는 소비자의 주택 개조 프로젝트를 보조하는 가상현실 콘텐츠 개발에 마이크로소프트의 홀로렌즈HoloLens를 사용 중이다.

골드만 삭스는 증강현실과 가상현실 시장의 규모가 2025년까지 800억 달러에서 1조 820억 달러 사이가 되리라 예측한다.[31] PC나 스마트폰이 처음 도입됐을 때 엄청난 변화들이 일어났듯이 증강현실과 가상현실도 많은 산업 분야에 큰 영향을 끼칠 차세대 컴퓨팅 플랫폼이 될 잠재력이 충분하다.

구글, 페이스북, 마이크로소프트, 아마존과 같은 주요 디지털 사업자들이 증강현실과 가상현실 기술에 막대한 투자를 하는 현실은 자연스러운 일이다. 다시 한번 강조하자면 기업들이 이러한 기술의 잠재력을 이해하고 초기 사용자로부터 영감을 얻어 자기만의 특별하고 차별화된 강점을 키우는 일이야말로 시장을 한발 앞서 내다보는 혜안이자 변화하는 첨단 IT 기술에 발 빠르게 적응하는 처사다.

디지털 공급망

기술은 단지 설계와 제조에만 혁신을 일으키는 것이 아니라 창고 보관, 재고관리, 물류, 배송을 포함한 공급망 전반에 걸쳐 혁명을 일으키고 있다.

수요 기반의 공급망

소비재 기업들은 오프라인 매장 선반에 센서를 설치해서 수요 변동을 실시간으로 모니터링한다. 아마존은 컴퓨터 비전computer vision(이미지의 수집과 처리), 센서, 딥러닝deep learning(심층 학습)을 사용하여 고객이 아마존 고Amazon Go 무인 매장 선반에서 상품을 집어 들거나 내려놓는 동작을 자동으로 감지한다. 생활용품 기업 킴벌리클락Kimberly-Clark은 데이터 분석 기술과 수요 변동의 실시간 모니터링을 통해 수요 기반의 공급망을 구축했다. 이를 통해 일주일간의 계획 기간 동안 예측 오류를 35퍼센트, 18개월간의 완제품의 재고 물량을 19퍼센트 줄일 수 있었다.[32]

가트너가 2017년 보고서에서 공급망 분야의 '마스터' 중 하나로 손꼽은 P&G의 경우 제품 판매 데이터POS부터 유통 센터와 공장, 심지어는 공급업체에 이르기까지의 수요 흐름을 연결한다.[33] 아마존은 2017년 말까지 의류 매출이 280억 달러 규모로 성장할 것으로 예상하고, 맞춤형 의류 제조 시스템 특허를 획득했다. 해당 기술을 활용하면 주문받은 제품만을 생산하게 됨으로써 재고 누적 비용을 절감하고 팔리지 않은 제품의 대폭적인 할인 손실을 면할 수 있게 되었다.[34]

패스트패션Fast-Fashion(최신 유행을 즉각 반영한 패션 디자인) 콘셉트를 선도하는 자라Zara는 RFIDRadio Frequency Identification(전자태그)칩을 제품에 부착한다. 의류가 판매될 때마다 RFID 칩으로 물건이 나갔음을 인식하고 재고 보관소에 해당 품목을 보충하라는 메시지를 보낸다. 재고관리 솔루션을 도입하고 나서 자라의 직원들은 품절 사태 방지를 위해 재고를 자주 조사할 필요가 없어졌다. 그리고 전반적인 수요와 인기 아이템을 실시간으로 파악할 수 있게 되었다. 네슬레는 센서를 부착해 자동으로 재료를 보충하는 자동판매기를 개발 중이다. 수요 기반의 공급망이 첨단기술 기업에 주는 이점은 더욱 크다. 제품의 생애주기가 점점 짧아지고 부품 비용이 낮아지고 있기 때문이다.

정보와 데이터의 실시간 분석은 수요 기반 공급망을 구현하는 핵심 요소이다. 아마존은 분석 결과를 기반으로 주문 수행 창고fulfillment centers 근처에 있는 다양한 제품의 수요를 예측해 정확한 수량과 위치에 품목을 비치했는지 확인한다. 아마존은 이러한 역량을 기반으로 1시간이면 물건을 받아볼 수 있는 당일 배송 서비스인 프라임 나우Prime Now를 시작할 수 있었다. 또한 〈스타워즈〉가 생각나는 '공중 창고flying warehouse' ■ 특허를 신청했다. 이러한 비행 물류창고는 소비자의 수요를 예측하여 많은 수요가 예상되는 지역으로 이동하면서 주문이 접수되면 드론으로 목적지까지 배송하는 시스템이다.

가트너에 따르면 수요 기반의 공급망은 재고를 15퍼센트 줄이고 주문 보충 비율은 20퍼센트 이상 늘릴 수 있다. 이에 따라 평균 매출은 2퍼센트 늘어나고 매출 총이익은 3~5퍼센트까지 늘어날 전망이다.[35] 이러한 체계를 갖추지 못한 기업은 운영과 공급망을 개선할 엄청난 기회를 놓치는 것이다.

창고 관리와 물류, 주문 이행

제프 베조스의 만트라인 "고객으로부터 시작해 거꾸로 일해 나가야 한

■ 비행선이 공중에서 창고로서의 역할을 수행하고 드론이 셔틀버스처럼 비행선을 드나들면서 배송한다.

다.Start with the customer and work backwards."는 물류 전략과 주문 이행 전략을 포함해 아마존의 모든 사업을 이끄는 동력이다. 아마존은 고객 설문조사를 통해 속도가 배송에서 가장 중요한 요소임을 파악했다(그림 5-2 참조).

수백만 개의 물건을 보관하는 창고에서 주문 상품을 고르고 포장해 하루나 이틀 만에(아마존 프라임 나우의 경우 한두 시간 이내에) 100퍼센트에 가까운 정확성으로 배송하는 일은 단순하지 않다. 비용도 많이 든다. 2017년 2사분기 아마존의 주문 이행 비용은 운영 비용 전체의 약 14퍼센트인 50억 달러를 차지했다. 아마존은 주문 이행 비용과 소요 시간을 절감하기 위해 기술을 적극적으로 활용하고 있다. 2012년 아마존은 키바 시스템스Kiva Systems를 7억 7,500만 달러에 인수해 물류창고 관리 시스템에 로봇을 도입하였다.

아마존의 최대 물류창고 중 하나인 오하이오주 에트나Etna에 위치한 창고는 약 9만 3천 제곱미터가 넘는 공간으로 일반 창고보다 50퍼센트 많은 재고를 보유한다. 로봇이 다니는 창고에는 넓은 통로가 필요하지 않기 때문에 공간을 더욱 효율적으로 사용할 수 있다.[36] 메사추세츠주 앤도버Andover에 있는 스타트업 로커스 로보틱스Locus Robotics는 차세대 물류창고용 로봇 로커스봇Locusbot을 개발했다. 물류 대행사인 콰이어트 로지스틱스Quiet Logistics는 로커스봇을 도입하여 여덟 배 더 높은 생산성으로 길트Gilt(온라인 명품 쇼핑몰 사이트), 보노보스Bonobos(남성복 전문 브랜드), 자라Zara(SPA 브랜드)의 주문 처리를 담당한다.[37]

로봇 활용 외에도 개별 아이템에 RFID 칩을 장착하면 재고관리의 효율성과 정확성을 높일 수 있다. 캐비닛과 장식품을 제조하는 아메리칸 우

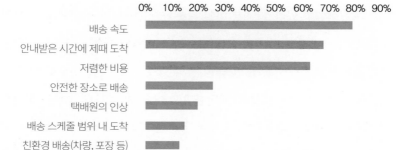

출처: 2017년 아마존 고객 조사, 아마존 중유럽 시장의 운송 담당 국가 총괄(country lead) 로힛 소다(Rohit Sodha) 제공

[그림 5-2] 아마존 고객이 배송에서 가장 중요하게 여기는 요소

드마크American Woodmark는 9백만 개의 RFID 태그로 공장과 창고의 자재를 추적한다. 이를 통해 정기적으로 재고관리를 위해 시행하는 순환식 재고 조사cycle counting▪에 투입하는 노동력을 66퍼센트 줄이고 정확성을 약 80퍼센트에서 100퍼센트로 늘렸다.[38] 미국 유통업체 메이시는 제품에 RFID를 부착해 기존 연 1~2회 하던 재고 파악을 매월 할 수 있게 되었고, 정확도도 95퍼센트로 증가했다.[39] 항공사들은 RFID 태그 기술을 수화물 추적에 활용하여, 고객이 수화물을 잃어버리면 사전에 공지와 안내를 할 수 있게 되었다.

온라인 쇼핑 시장이 급성장하면서 배송 서비스의 중요성이 그 어느

▪ ABC분류에 의해 재고를 그룹으로 나누고 재고 수준을 각기 달리해 사전에 결정한 간격으로 물리적 실사를 수행하는 재고 확인 시스템

때보다 높아지고 있다. 라스트 마일 배송Last Mile Delivery ■은 아마도 배송 절차 중에서 가장 복잡하고 비용이 많이 드는 서비스일 것이다. 국제 화물 운송업체인 유피에스UPS는 10만 대 이상의 트럭, 승용차, 승합차로 매일 전 세계에 1,910만 개의 소포를 배달한다.[40] 대형 배송 차량 운영은 복잡할 뿐 아니라 비용도 많이 든다. 차량마다 운반 거리를 1마일(1.6km)씩 줄이면 회사의 수익성이 5천만 달러까지 높아진다. 배달원의 운전 경로 선택이 작업의 효율성과 트럭의 연료 소비에 큰 영향을 미친다는 의미이다. 두 장소의 최단 거리를 찾는 이른바 '외판원 문제TSP, Traveling Salesman Problem' ■■이다. 효율성을 극대화하고 연료 소비를 최소화하는 최적의 경로를 설계하는 복잡한 문제다. 배달원은 하루 평균 120곳을 방문하는데, 가능한 경로의 수가 1조여 개 정도 된다. UPS는 트럭에 칩을 설치하여 실시간으로 동선을 모니터링하고, 운전자의 위치와 교통 정보를 실시간으로 파악해 최적의 경로를 알려주는 오리온ORION, On-Road Integrated Optimization and Navigation (주행 중 통합 최적화와 내비게이션)을 개발했다. 오리온을 통해 UPS 배송 기사가 최적의 경로를 따르도록 한다. 오리온이 보급되고 4년 동안 트럭 공회전 시간이 160만 시간이나 줄었고, 연간 8,500만 마일의 주행거리와 850만 갤런의 연료 소비를 절감했다.[41] UPS는 오리온이 전면적으로 도입되면 연간 3억 달러에서 4억 달러의 비용을 절감할 수 있을 것으로 예상한다.[42]

■   원래 사형수가 사형 집행장으로 걸어가는 마지막 거리를 말하는 것으로 물류에서는 여러 배송 단계 중 소비자와 만나는 최종 단계를 뜻하는 단어로 유통업체들이 서비스 차별화를 위해 배송 품질에 주안점을 두면서 생겨난 신조어

■■   모든 도시들을 단 한 번만 방문하고 나서 처음 출발했던 도시로 돌아오는 최단 이동 순서를 구하는 것이다.

자율 주행 기술의 부상과 함께 오리온은 인간의 개입 없이도 트럭의 이동 경로를 자동으로 조종할 수 있게 될 것이다. 글로벌 물류 기업 DHL은 이와 같은 개념을 RFID 칩과 경로 계획 소프트웨어를 사용해 스마트 트럭 SmartTrucks이라는 프로젝트로 구현하고 있다. 스마트 트럭은 정확한 트럭에 물건을 제대로 적재했는지 확인하고 트럭이 배송 중에 도시 차량정체를 피할 수 있도록 안내한다.

서비스 산업의 운영 효율성

기술을 활용해 운영 효율을 높이려는 시도는 제조업체에서만 볼 수 있는 현상은 아니다. 서비스 산업 또한 실시간 데이터 처리와 자동화 기술의 도입으로 급진적인 변화를 맞았다. 몇 년 동안 은행들은 온라인과 모바일 뱅킹을 도입해 거래 비용과 오프라인 지점 수를 줄이고 고객 경험을 향상하려는 노력을 기울여 왔다. 헬스케어 업계에서도 병원과 의사는 전자의무기록EMR, Electronic Medical Record을 통해 환자가 거쳐 간 병원과 의료진을 파악할 수 있다.

골드만 삭스는 기업공개IPO, Initial Public Offering 업무 프로세스를 자동화하는 과정에 있다. 골드만은 일반적인 거래를 127단계로 나누고 이 단계 중 약 절반은 알고리즘으로 처리할 수 있다는 사실을 깨달았다. 블룸버그 Bloomberg에 따르면 "딜 링크Deal Link라는 컴퓨터 인터페이스는 한때 금융 분야의 레인 메이커rainmaker(해당 업계에서 절대적인 영향력을 미치는 영업 실적 우수자) 사이에서만 전수되던 비공식 체크리스트를 대체했다. 딜 링크는 현재 법무와 부합성 검토Compliance Review를 처리하고 각종 보고서를 작성한다."[43] 골드만 삭스는 알고리즘을 통한 자동화를 합병과 인수, 채권 판매 등의 영역으로 확대하고 있다. 골드만 삭스의 이러한 전략 변화는 조직 구성에서도 드러나는데, 현 고용 인원의 약 4분의 1인 9천여 명이 엔지니어 출신이다.[44]

딜로이트와 같은 회계감사 기관에서는 인공지능과 머신러닝을 도입해 고위험군 회계 영역과 금융 거래 패턴을 파악한다. 골드만과 마찬가지로 딜로이트와 다른 회계감사 회사들도 상당 부분의 업무를 자동화할 수 있다. 자동화는 비용을 절감할 뿐 아니라 저렴한 가격대로 서비스를 제공할 수 있게 한다. 이를 통해 딜로이트나 프라이스워터하우스쿠퍼스PwC, PricewaterhouseCoopers의 서비스를 구매하긴 어려웠던 소기업으로 고객 범위를 넓힐 수 있게 된다. 고객 입장에서는 분기별 재무제표를 기다릴 필요 없이, 자동화된 정보를 실시간으로 받을 수 있어 사업 관리에 매우 유용하다. 예컨대, 회계감사 보고서를 과거에 일어난 일을 보고하는 도구로 사용하는 대신 미래의 사업 운영에 도움이 되는 자산으로 탈바꿈할 수 있다.

기술은 또한 법률 산업에도 큰 영향을 미치고 있다. 미국의 온라인 법률 서비스 플랫폼인 로켓로이어Rocket Lawyer, 싱가포르와 말레이시아의 로캔버스LawCanvas와 같은 회사는 일반 고객이나 소기업에 합리적인 가격으로 법률 양식을 제공한다.[45] 아시아 로 네트워크Asia Law Network와 같은 법률 서비스 전용 온라인 마켓플레이스도 등장해 시장의 수요와 공급의 균형을 맞춰가는 추세이다.

로긱스LawGeex라는 서비스는 사용자가 법률 소송 문서를 올리면 유사한 사례에 해당하는 문서의 데이터베이스와 비교할 수 있는 서비스를 제공하여, 로펌의 신입 변호사가 수백 시간을 허비하지 않아도 된다.[46] IBM 왓슨은 로스ROSS라는 인공지능 변호사 애플리케이션을 개발했다. 변호사가 전문용어가 아닌 일상적인 언어로 질문해도 관련 판례를 제공한다. 렉시스넥시스LexisNexis는 렉시스 어드밴스 메드멀 네비게이터Lexis Advance MedMal Navigator를 개발했다. 이러한 서비스를 이용하여 특정 법률 사례에 소송 가치가 있는지를 20분 이내에 판단할 수 있다. 렉스 마키나Lex Machina는 과거 정보를 활용해 승소 확률을 계산하는 지적 재산권 소송 전용 데이터베이스를 구축했다.[47]

이처럼 기술은 제품과 서비스 회사의 운영에 깊숙이 침투하고 있다. 가까운 장래에 공장, 창고, 공급망, 내부 프로세스에 상당한 변화가 예상되며, 이러한 신기술을 적극적으로 수용하고 활용하는 회사는 상당한 경쟁 우위를 누리게 될 것이다.

오프라인과 온라인의 연결,
옴니채널 전략

2013년 8월 세바스티앙 바쟁^{Sébastien Bazin}은 프랑스 호텔 체인인 아코르 호텔^{AccorHotels}의 회장 겸 CEO로 취임한 직후 커다란 장벽에 부딪혔다. 트래블로시티^{Travelocity}와 같은 온라인 여행 대행사^{OTA, Online Travel Agency ■}가 호텔 예약의 큰 비중을 차지하고 있었던 것이다. 온라인 여행 대행사는 양날의 검이었다. 아코르 호텔의 중요한 수입원이기도 했지만, 한편으로는 끊임없이 영향력을 확장하여 호텔의 장기적인 수익성을 위협했다. 한편, 인도에서는 한 보험회사가 비슷한 처지에 놓여 있었다. 보험회사는 전적으로 보험 중개인을 통해 비즈니스를 구축해 왔다. 하지만 디지털 기술의 진화와 소비자 행동의 변화에 따라 온라인 채널을 도입해야 했다. 보험 중개인의

■　단순히 가격 조회와 비교 서비스를 제공하는 업체가 아니라 호텔, 항공사, 렌터카 회사 등을 대신해 직접 예약을 대행하고 판매하는 곳으로 익스피디아, 호텔스닷컴, 씨트립(트립닷컴) 등이 있다.

영역을 잠식하지 않는 선에서 온라인 채널을 어떻게 개발할 수 있을지 딜레마에 빠졌다. 미국 오프라인 리테일러의 상당수는 자체 온라인 채널 구축으로 내부 경쟁에 직면해 왔다. 오프라인 매장과 온라인 매장의 통합 전략을 어떻게 수립해야 할지 고심하고 있다.

전 세계의 산업 지형이 브릭^{Brick}에서 클릭^{Click}으로, 즉 굴뚝 산업에서 온라인 산업으로 이동함에 따라 기업들은 효과적인 옴니채널 " 전략을 개발하기 위해 고군분투 중이다. 이제는 오프라인과 온라인 둘 중에서 어떤 채널을 선택하느냐의 문제가 아니라 이 양쪽 채널을 어떻게 동시에 관리하느냐로 초점이 맞춰진다. 채널 간의 충돌을 어떻게 피할 수 있을까? 오프라인 채널과 온라인 채널을 어떻게 연결해야 할까? 온라인 채널이 발전함에 따라 오프라인 매장은 다른 방식으로 설계되어야 할까? 이 장에서는 이러한 질문에 대한 답을 찾아보기로 한다.

채널 간 대체가 가능할까?

온라인과 오프라인 '채널 간 충돌'에 대한 논의에는 여러 채널이 경쟁 관계에 있다는 가정이 깔렸다. 보험회사는 온라인 채널이 중개인의 비즈니스를 가져가서 충돌이 일어날 것이라고 예상한다. 금융 서비스 회사들은 로보 어드바이저^{robo advisor} ""가 시장에서 영향력을 키워감에 따라 브로커

■ 소비자가 온라인, 오프라인, 모바일 등 다양한 경로를 넘나들며 상품을 검색하고 구매할 수 있도록 한 서비스로 어떤 채널에서든 같은 매장을 이용하는 것처럼 느낄 수 있도록 한 쇼핑 환경을 말한다.

■■ 로봇(robot)과 투자전문가(advisor)의 합성어로 고도화된 알고리즘과 빅데이터를 통해 프라이빗 뱅커(PB)대신 모바일 기기나 PC를 통해 포트폴리오 관리를 수행하는 온라인 자산관리 서비스

들이 어떻게 반응할지를 우려한다. 은행은 온라인 뱅킹이 영업점을 대체할 거라 여긴다. 리테일러들은 온라인 쇼핑이 오프라인 매장의 매출을 잠식한다고 본다.

이러한 믿음은 어느 정도 사실이며, 결국에는 온라인 거래가 오프라인 거래의 상당 부분을 대체하게 될 수도 있다. 하지만 관건은 대체의 과정을 어떻게 관리하느냐에 있다. 오프라인 채널에서 수익성이 높은 비즈니스를 보호하면서 온라인 채널을 구축하는 방법은 무엇일까? 채널 간 전환을 관리할 때 핵심은 다른 채널을 대체물이 아니라 보완재로 접근하는 것이다. 제품이나 고객군 또는 고객 의사결정 과정 중 어떤 부분에 특화한 채널은 따로 있다. 채널 간의 상호보완적인 성격을 이해하고 상황에 맞는 채널 활용 전략을 수립하는 것이 바로 '신의 한 수'다.

제품 간의 상호 보완성

앞서 언급한 인도 보험회사의 사례를 들어보자. 해당 회사 CEO는 필자와의 대화 중 당시 상황을 다음과 같이 묘사했다.

> 인도의 높은 모바일 보급률과 소비자의 이용 행태 변화를 보면서 우리 회사의 미래가 디지털 채널 개발에 달렸다고 확신하게 됐습니다. 디지털 채널은 소비자에게 더 편리할 뿐 아니라 비용 또한 훨씬 저렴합니다. 게다가 가치 있는 고객 데이터를 수집해 맞춤 서비스를 제공할 수 있습니다. 독립적인 브로커를 통한 오래된 보험 판매 방식은 앞으로 5년에서 10년 이내에 과거의 일이 되어버릴 가능성이 큽니다. 브로커들은 디지털 채널

에 대한 투자를 자신들의 생존을 위협하는 행위로 보고 경쟁사에 계약을 몰아주겠다며 협박합니다.

위와 같은 갈등은 어떻게 해결해야 할까? 이러한 상황에서 곧잘 등장하는 해결책은 고객이 온라인 거래를 하더라도 브로커에게도 수수료를 제공하는 것이다. 그러나 온라인 채널의 영향력이 커질수록 브로커로서는 별다른 노력을 기울이지 않고도 수수료를 챙기게 되어 비용이 많이 들기 때문에 계속 유지할 수 없게 된다.

고위 경영진은 많은 토론과 논쟁 끝에 현재 소비자 이용 행태를 고려할 때 온라인 채널은 단순하고 저렴한 제품을 판매하는 데 가장 적합한 채널임을 깨달았다. 온라인 채널은 많은 사람들이 이용할 수 있고, 마케팅 비용 또한 저렴하기 때문에 효율적인 고객 유치 수단이 될 수 있다. 그렇게 되면 온라인 채널을 통해 유치한 고객을 기존의 브로커에게 넘길 수 있고, 브로커는 훨씬 고가의 복합적인 상품을 교차 판매cross-sell할 기회가 생길 수 있다. 브로커들도 이러한 접근 방식을 환영했다. 고객 확보 부담을 줄이는 대신 전문성을 요구하는 복합적이고 이윤이 높은 상품 판매에 주력할 수 있기 때문이다. 기업이 온라인 채널 구축 경험을 쌓아가고 있고, 고객 또한 온라인 채널에서 복잡한 상품을 탐색하는 방식에 익숙해지고 있어 점점 더 많은 고객과 매출이 물리적인 유통 시스템에서 온라인 채널로 이전해 가리라 예상한다.

이번에는 인도 최대의 여행가방 제조업체인 브이아이피 인더스트리즈VIP Industries 사례를 살펴보자. 이 회사는 1971년 처음으로 VIP 여행 가방을 제조한 이래 전 세계적으로 6천만 개 이상의 가방을 판매해 왔다. 인도에만 8천 개의 매장이 있고 27개국에 1,300개의 유통 네트워크가 있다. 인도에 방문했을 때 브이아이피 인더스트리즈의 총괄 이사이자 하버드대 경영대학원 졸업생인 리디카 피라말^{Radhika Piramal}을 만난 적이 있다. 그녀는 보험회사가 겪는 어려움과 유사한 본인 회사의 상황을 털어놓았다. 독립적인 리테일러나 유통업체와 소원해지지 않으면서 브이아이피 인더스트리즈의 온라인 채널을 구축할 방법을 모색 중이었던 것이다. 당시 브이아이피 인더스트리즈의 매출 대부분은 오프라인 리테일러에서 발생하고 있었지만, 그들은 온라인 채널이 미래의 성장원이 되리라 예감하고 있었다.

이럴 때는 다양한 제품에 걸쳐 각 채널이 어떤 역할을 할 것인지 떠올려 보는 것이 도움이 된다. 브이아이피 인더스트리즈의 경우 오프라인 리테일러는 일반적으로 가장 잘 나가는 품목만 갖춰 놓기 때문에 소비자 선택의 폭이 좁다. 반면에 온라인 채널은 소비자에게 더 많은 종류의 제품을 선보일 수 있다. 또한 여행용 가방에 이름을 새겨 주거나 특별한 색상으로 제작해 주는 커스터마이징 옵션도 제공할 수 있다. 이러한 제공 방식^{offering}은 오프라인 리테일 매출을 잠식하지 않을뿐더러 본인의 뚜렷한 개성과 취향에 맞는 제품을 원하는 고객에게 어필할 수 있다. 그리고 온라인 채널을 통해 고객 대응 비용을 절감하면서 고객 맞춤 제공 방식에 프리미엄 요금을 부과할 수 있어, 오프라인 리테일러와의 잠정적인 충돌이나 매출 잠식에 대한 우려가 더욱 줄어든다. 시간이 지나면서 기업의 경험이 쌓이고 고객의 이용 행태 또한 진화함에 따라 온라인 채널은 계속 확대될 전망이다.

고객 간의 상호 보완성

은행들이 진행 중인 디지털 전략은 대부분 오프라인 지점을 없애고 온라인과 모바일 채널로 확장하는 것이다. 터키의 은행들 역시 마찬가지였지만 터키 5대 민영은행 중 하나인 QNB 파이낸스뱅크^{Finansbank}는 예외였다.[1]

휘스뉘 외즈예인^{Hüsnü Özye in}이 1987년 설립한 파이낸스뱅크는 초기에 기업 금융^{Wholesale} 분야에 주력하며 기존 은행들이 취급하지 않았던 터키 기업의 니즈를 충족시켜 왔다. 10년 후, 터키에서 소매 금융이 번성하면서 파이낸스뱅크는 신용카드와 고객 신용 대출을 바탕으로 일반 고객층 ^{mass segment}에 초점을 맞춰 소매시장으로 진출했다. 2010년 파이낸스뱅크의 회장이자 창립 멤버 중 한 명인 오메르 아라스^{Ömer Aras}는 그들이 주목하는 고객층 사이에 존재하고 있던 커다란 격차를 보았다.

> 66 우리는 일반 고객을 상대로 한 시장에서는 영향력이 상당히 막강했고 부유층 대상의 프라이빗 뱅킹(맞춤형 자산 관리 서비스) 부문에서도 성과가 꽤 괜찮았어요. 그러나 두 고객층의 중간이 되는 중산층 고객을 타깃으로 한 시장은 고객 기반이 상당히 넓어지고 있음에도 우리의 대응은 소홀했습니다.

아라스와 파이낸스뱅크의 CEO인 테멜 구제롤루^{Temel Güzelo lu}는 기존 서비스를 새로운 소비자층에도 제공하는 방식을 고려해 봤지만, 기존 방식으로는 경쟁사 서비스와 차별화된 고객 가치를 도출할 수 없었다. 2010년 당시 터키 금융 업계에는 가란티^{Garanti} 은행과 에이케이뱅크^{Akbank}처럼 시장 전반을 지배하는 막강하고 수준 높은 은행들이 있었다. 파이낸스뱅크는 신규 타깃 고객들이 상대적으로 높은 기술 이해도를 갖고 있다는 점에 착안해 오프라인 영업점 없이 온라인으로만 운영하는 엔파라Enpara라는 인터넷 은행을 설립했다. 엔파라는 보다 높은 금리에 편의성을 더하여 강력한 고객 경험을 제공했다. 론칭한 지 일 년 만에 엔파라는 11만 명의 고객을 모집했고 예치액은 30억 터키 리라화에 달했다. 엔파라는 출시 3년 만에 수익성을 확보하고 99.4퍼센트라는 놀라운 수치의 고객 만족도를 자랑했다.

고객 라이프 사이클에 걸친 상호 보완성

다음의 로레알L'Oreal 사례에서 볼 수 있듯이, 서로 다른 채널은 고객 의사 결정 과정에서 일어나는 여러 단계에서 각기 다른 시점에 개입할 수 있다. 2011년 로레알 USA의 럭스 사업부Luxe Division('Luxury Products' 사업부를 의미) 대표인 캐럴 해밀턴Carol Hamilton은 로레알이 2000년 인수한 뷰티 브랜드인 키엘Kiehl's의 다양한 채널이 각기 어떤 역할을 하는지 곰곰이 살펴보았다. 럭스 사업부는 랑콤Lancôme, 조르지오 아르마니Giorgio Armani, 랄프 로렌Ralph Lauren, 이브 생로랑Yves St. Laurent, 빅토르 앤 롤프Viktor & Rolf를 포함한 총 여덟 개의 브랜드 포트폴리오로 구성돼 있었다.

'1851년부터 시작된 키엘Kiehl's Since 1851'이라고 공식적으로 알려졌듯 이 키엘은 1851년 뉴욕에서 존 키엘John Kiehl이 창립했다.[2] 이 브랜드는 창립 이래로 광고를 통해 마케팅하는 대신 고객 피부에 딱 맞는 제품을 추천하는 폭넓은 맞춤 상담에 초점을 맞추었다. 처음에는 상담 컨설팅을 매장 한 군데에서만 시행하다 시간이 지나면서 전국의 52개 키엘 직영 매장으로 확대했다. 1975년 키엘은 회사의 유통 전략을 변경해 니만 마커스Neiman Marcus, 블루밍데일스Bloomingdale's와 같은 백화점에도 납품을 시작했다. 이후에는 인터넷 판매를 위해 자체적인 온라인 쇼핑몰도 론칭했으며, 2010년까지 직영 매장, 백화점 매장, 온라인의 세 종류의 채널에서 1억 2,100만 달러의 매출을 올리고 있었다(표 6-1 참조).

키엘은 성장세를 타고 진화해 가면서도 고급 브랜드 콘셉트를 유지하기 위해 광고를 내지 않는 정책을 철저히 고수했다. 하지만 이러한 철학은 브랜드 노출을 제한하는 한계를 가져왔다. 2009년 3월 뷰티 브랜드 조사에 따르면 18세 이상 여성층 사이에서 랑콤은 73퍼센트, 에스티 로더Estée Lauder는 88퍼센트의 브랜드 인지도를 가졌음에 반해 키엘의 브랜드 인지도는 12퍼센트에 불과했다. 캐럴 해밀턴에게는 브랜드 전통을 유지하면서도 앞으로 5년간 매년 15퍼센트씩 매출 신장을 달성해야 하는 과제가 남아 있었다. 그녀는 당시 상황을 다음과 같이 설명했다.

채널	매출 대비 비중(%)	매출 대비 영업이익 비중(%)
회사 직영점	48%	17.9%
백화점 매장	42%	17.6%
Kiehls.com	10%	40.0%

출처: 로버트 돌란(Robert J. Dolan) & 레슬리 존(Leslie K. John), 1851년부터 키엘: 수익성 있는 성장(Kiehl's Since 1851: Pathway to Profitable Growth) 편집, 케이스 514-044(보스턴: 하버드대 경영대학원, 2013년, 개정 2015년)

[표 6-1] 키엘의 채널별 매출과 영업이익

> 다양한 방식으로 키엘을 쇼핑하는 경험을 어떻게 모두 최상으로 관리할 수 있을지 고민합니다. 우리는 고객이 원하는 방식대로 쇼핑할 수 있도록 돕고 싶습니다. 많은 기업이 온라인 판매clicks와 오프라인 판매bricks를 결합한 '브릭스 앤 클릭스Bricks and Clicks' 전략을 도입하고 있습니다. 키엘도 직영점과 리테일 파트너의 조화가 잘 이루어질 수 있도록 '브릭스 앤 클릭스'를 잘 추진해야 합니다.[3]

표 6-1만 놓고 보면 키엘은 운영 비용이 많이 드는 오프라인 매장 brick-and-mortar store을 줄이고, 당시 전체 매출액에서 비중은 10퍼센트밖에 안 되지만 훨씬 높은 영업이익을 기록하는 온라인 비즈니스를 키워야 한다는 결론을 내리기 쉽다. 하지만 철저한 고객 조사와 신중한 분석 끝에 캐럴 해밀턴과 실무자들은 각 채널이 고객의 다양한 의사결정 과정에서 각자 고유한 기능을 수행한다는 결론을 내렸다.

직영 매장의 쇼윈도는 그 자체가 값비싼 광고판으로, 지나가는 사람들의 시선을 사로잡는다. 일단 고객이 매장 안으로 들어서면 숙련된 판매원이 다가와 키엘 제품만의 매력적인 가치를 제안하고 고객 피부에 가장 잘 맞는 제품을 추천한다. 직영 매장은 고객 유치를 위한 훌륭한 수단이다. 백화점이나 다른 리테일 파트너들은 유동인구를 많이 발생시키며 키엘 브랜드가 도달할 수 있는 고객의 범위를 넓히는 데 도움이 된다. 반면에 키엘의 온라인 사이트는 주로 브랜드를 이미 아는 기존 고객이 신제품 검색이나 재구매 주문에 활용하는 경우가 대부분이다. 즉 온라인 사이트는 기존 고객을 유지하는 데 최적의 채널이다.

럭스 사업부에서 디지털 전략과 전자 상거래, 그리고 고객 관계 관리 CRM, customer relation management를 담당한 브리지트 킹Brigitte King 수석 부사장은 각 온라인 채널의 역할에 힘입어 회원 유지 프로그램을 시작했고 결과는 성공적이었다. 키엘의 미드나잇 리커버리 컨센트레이트Midnight Recovery Concentrate ■ 제품을 위한 '포 터치four touch' 프로젝트가 대표적인 예다. 이 제품은 한 병 (30밀리리터 용량)에 46달러에 판매되며 보통 12주 동안 사용할 수 있는 양이다. 구매한 지 1주 지나면 키엘은 고객에게 감사의 뜻과 함께 해당 시점에서 기대할 수 있는 피부 변화를 이메일로 보낸다. 그리고 2주가 지나면 또 해당 시점에서 기대할 수 있는 피부 변화와 쓰고 있는 제품과 같이 쓰면 좋은 제품(키엘닷컴에서 구매 가능한 상품)을 추천하는 메일을 보낸다. 3주 후에는 '고객님과 비슷한 분의 사용 후기를 읽어보십시오.'라는 내용과 함께 3주 후 피부 변화를 알려준다. 그리고 12주가 지나면 '이제 마지막 한 방울밖에 안 남았다고요?'라는 메시지와 함께 '지금 키엘닷컴을 방문해 보십시오.'라는 문구에 링크를 걸어 보냈다.

채널 충돌 관리와 채널 장악력 확보

오프라인과 온라인 채널이 간혹 치명적인 충돌을 일으키는 경우가 있다. 프랑스 호텔 체인인 아코르 호텔 그룹의 회장 겸 CEO인 세바스티앙 바쟁은 여행 시장에서 온라인 여행 대행사의 높은 점유율 때문에 이러한 충돌을 경험했다.[6] 2014년 유럽 호텔 시장에서 호텔들의 자체 웹사이트를 통

■ 달맞이꽃, 라벤더 에센셜 오일, 식물성 스쿠알렌 추출물 등 10가지를 조합한 고농축 오일 제품

한 예약은 9퍼센트에 불과했지만, 호텔 예약 플랫폼인 온라인 여행 대행사는 23퍼센트의 점유율을 차지했다. 2015년에 온라인 여행사인 프라이스라인^{Priceline}■과 자회사인 호텔 예약 사이트 부킹닷컴$^{Booking.com}$은 전 세계 60만 개 호텔 예약을 제공해서 한 달에 2억 3,400만 명 이상의 온라인 순수 방문자$^{Monthly\ Unique\ Visitor}$(한 달에 여러 번 방문해도 1회 방문으로 계산)를 기록했고 총예약액$^{Gross\ Booking}$은 500억 달러에 달했다. 반면 아코르 호텔은 전 세계 95개국에 진출해 있음에도, 보유 호텔 수는 약 4천 개에 불과하고 2014년도 총매출액은 약 120억 유로(약 135억 달러)에 그쳤다.

아코르만 이러한 문제에 직면한 것은 아니다. 대부분의 호텔과 항공사는 온라인 여행 대행사의 시장 장악력 아래 비슷한 압박감을 느끼고 있다. 온라인 여행 대행사와 같은 채널 파트너들은 아군이면서 적군이기도 하다. 고정 비용이 많이 들고 평균 점유율이 70퍼센트에도 못 미치는 호텔 업계에서 추가적인 비즈니스를 창출해 준다는 측면에서는 아군인 셈이다. 그렇지만 호텔의 자체적인 웹사이트로 유입되는 트래픽의 상당 부분을 빼앗아가고 온라인 여행 대행사를 통해 예약한 경우 호텔 운영자가 최대 25퍼센트까지 온라인 여행 대행사에 수수료를 지급해야 한다는 측면에서는 적군이다. 기술 컨설턴트인 로버트 콜$^{Robert\ Cole}$은 호텔과 온라인 여행 대행사 간의 계속되는 전투를 다음과 같이 요약했다.

■ 항공권, 숙박 등의 여행 할인 상품을 검색과 동시에 예약할 수 있는 사이트를 운영하는 미국 기업으로, 부킹닷컴(Booking.com), 카약(KAYAK), 아고다닷컴(agoda.com), 렌탈카닷컴(rentalcars.com) 등을 운영

> 결국 핵심은 브랜드와 유통 채널, 둘 중 무엇이 더 막강한 힘을 발휘하느
> 냐 하는 겁니다.[5]

미국에서는 온라인 여행 대행사의 거센 도전에 직면한 항공사들이 다양한 방식으로 대응을 시도해 왔다. 사우스웨스트항공Southwest Airlines은 온라인 여행 대행사 측에 좌석을 제공하지 않음으로써 온라인 여행 대행사를 통한 항공권 판매를 거부했다. 저가 항공사로서 업계에서 고유한 위치를 차지하고 있고, 충성도 높은 고객 기반을 가졌기 때문에 가능한 방법일 수도 있다. 2010년 12월 아메리칸항공American Airlines은 업계에서 통제권을 회복하기 위해 온라인 여행 대행사에 좌석을 제공하지 않기로 했다. 그러나 다양한 항공사 간 가격을 비교하고 싶어 하는 고객들의 요구에 따라 2011년 6월 일리노이주 법원은 아메리칸항공에게 온라인 여행 대행사를 통해 항공권을 판매하라는 명령을 내렸다. 온라인 여행 대행사를 통한 항공권 판매 비중이 상당히 높기 때문에 법원 명령이 없더라도 아메리칸항공의 전략은 장기적으로 지속할 수 없었다.

아코르 호텔의 바쟁은 항공 업계에서 채널 간의 분쟁이 어떻게 진행되고 있는지에 대해 잘 이해하고 있었다. 그는 또 여섯 곳의 대형 호텔 그룹■이 컨소시엄을 구성해 시작한 '룸키Room Key'■■라는 프로젝트에 주목했다. 이들은 룸키가 고객들에게 온라인 여행 대행사 중개 서비스의 대안으로 자리잡기를 기대했다. 각 호텔 파트너는 룸키에 대한 재정 투자 외에도

■ 초이스, 힐튼, 하얏트, 인터컨티넨탈 호텔스 그룹, 메리어트, 윈덤 등 6개 호텔(원주)
■■ 2012년 여섯 개 호텔이 설립한 조인트 벤처 형태의 온라인 객실 예약 사이트로 고객의 방문 트래픽을 호텔 자체 사이트로 연결한다.

각 호텔 자체 사이트에서 예약하지 않은 채 빠져나간 고객 트래픽 중에서 10퍼센트를 룸키닷컴 사이트로 다시 연결Redirect하기로 합의했다. 호텔 웹사이트 방문 고객 중에서 실제로는 5퍼센트만이 예약까지 도달하기 때문에 나머지 95퍼센트 중 10퍼센트의 방문자들은 룸키닷컴 사이트로 다시 이동해 나머지 다섯 개 호텔 파트너 중에서 예약할 여지가 남아 있는 거대한 잠재 고객 풀pool이었다.

바쟁은 룸키 가입 여부를 쉽게 결정하기 어려웠다. 룸키는 온라인 여행 대행사의 성장세에 제동을 거는 방책이 될 수는 있지만, 룸키에게는 브랜드를 구축하고 잠재 고객에게 인지도를 높일 만한 충분한 자원이 없었다. 세계 최대 온라인 여행 대행사인 익스피디아Expedia나 트리바고Trivago의 경우 각각 1억 달러 이상을 브랜드 마케팅 비용에 지출한다. 프라이스라인이 구글에 지출하는 글로벌 광고 검색 예산만 해도 2012년 한 해에만 10억 달러 이상으로 추정됐다. 그리고 여섯 개의 호텔 파트너라고 해봐야 룸키는 7만 5천 개 정도의 호텔을 보유하고 있는 데 비해 익스피디아에는 43만 5천 개, 프라이스라인에는 60만 개의 호텔이 등록돼 있었다. 과연 룸키는 아코르가 당면한 과제의 해결책이 될 수 있을까?

적의 적은 나의 친구

온라인 여행 대행사의 시장 장악력이 날로 커지는 가운데 새로운 플레이어들이 여행 업계에 나타나고 있었다. 바쟁이 특별히 눈여겨본 플레이어는 구글과 트립어드바이저TripAdvisor였다. 구글은 고객이 호텔이나 온라인 여행 대행사 사이트를 검색할 필요 없이 직접 구글에서 예약할 수 있는 인스턴트 부킹^{instant booking} 기능을 론칭했다. 세계 최대 규모의 여행 리뷰 사이트인 트립어드바이저는 최근까지는 고객과 온라인 여행 대행사의 연결 고리 역할을 해 왔지만, 이제는 자체 웹사이트에서 호텔 예약 기능을 제공하기 시작했다. 프라이스라인과 익스피디아가 점령한 여행 예약 시장에 진입하기 위해 새롭게 등장한 에그리게이터^{aggregator} ■들은 기존의 온라인 여행 대행사가 부과하던 수수료의 절반 정도만 요구하고 있었다. 따라서 아코르 호텔은 룸키에 합류하는 대신 구글, 트립어드바이저와 파트너십을 체결해 프라이스라인과 다른 온라인 여행 대행사들의 영향력 확대를 저지하고자 했다.

힘의 균형을 맞추기 위한 또 하나의 장치로 아코르는 2015년에 아코르호텔스닷컴을 론칭하며 스스로를 온라인 여행 대행사 사이트로 변신시켰다. 회사명을 아코르호텔스로 바꾸고 독립적인 호텔들을 대상으로 아코르 사이트에 객실을 등록할 기회를 제공하기 시작했다. 기존의 온라인 여행 대행사들이 부과하던 금액보다 훨씬 낮은 수수료를 책정했다. 바쟁은 이와 같은 전략의 선회를 다음과 같이 설명했다. "아코르가 오랫동안 유지해 온 호텔 유통 플랫폼을 오픈 마켓플레이스로 전환하는 것은 그룹 차원의 혁신 이니셔티브입니다… 아코르는 신뢰할 수 있고 선별적이며 투명하게 운영되는 제삼자 업체로 자리매김하고 있습니다…"[6] 하지만 아코르는 다른 호텔들을 아코르 사이트로 끌어들이는 데 어려움을 겪어 2년 후 이 전략을 포기해야 했다.

■ 여러 회사의 상품이나 서비스에 대한 정보를 모아 하나의 웹사이트에서 가격 비교 등을 제공한다.

아코르의 경우 채널 간의 충돌이 실제로 문제가 되는지를 고민해봐야 한다. 어쨌든 온라인 여행 대행사들은 어쩌면 아코르 호텔을 결코 찾지 못했을 고객들에게 아코르 호텔을 드러내 신규 고객 유치를 돕는다. 그렇다면 아코르는 호텔에서 숙박했던 고객들의 재방문율을 높이려고 충분한 노력을 기울이고 있을까? 2014년 아코르 호텔 그룹의 로열티 프로그램인 르 클럽 아코르호텔스Le Club AccorHotels는 회원 수가 1,800만 명이나 됐지만, 그중 아코르 사이트에서 직접 예약한 고객 비율은 24퍼센트에 그쳤다. 만일 아코르가 고객에게 뛰어난 가치를 제공한다면 사이트를 통한 예약 비율은 훨씬 높아지리라 예상한다. 아마존에서는 여타 리테일러에게서도 쉽게 찾아볼 수 있는 지극히 일반적인 상품을 판매하지만, 아마존에 대한 충성도가 높은 고객들은 아코르 사이트 방문객과는 달리 사이트 간 가격 비교를 하지 않을 가능성이 크다.

오프라인과 온라인 채널의 융합

어떤 리테일러와 이야기를 나누더라도 비콘Beacon ▪ 장치의 설치와 같은 매장 내 전자 기술 도입의 중요성을 강조할 것이다. 비콘은 고객 유동 패턴에 관한 데이터를 수집하며, 해당 데이터는 리테일러의 서비스 역량 강화에 도움이 된다. 적어도 이론상으로는 그렇다. 하지만 이렇게 수집한 데이

▪ 블루투스(Bluetooth) 기반의 근거리(50~70m) 무선통신 기술로 스마트폰 사용자 위치를 확인해서 쇼핑 정보와 할인 쿠폰 등을 실시간으로 제시하고 상품 결제 등을 가능하게 해준다.

터를 효과적으로 활용해 온 리테일러는 거의 없다. 기술적인 접근 방식만으로는 결코 생산적인 결과를 얻을 수 없기 때문이다. 대신에 자신에게 소비자의 어떤 문제를 해결하려는지 그리고 기술이 어떻게 도움이 될는지 물어보아야 한다.

리테일 환경에서 최소 네 개의 고객이 겪는 불편한 점pain point에 관심을 기울여야 한다.

- **물품 검색:** 전자 제품 매장, 서점, 백화점에 갔다가 원하는 제품을 찾을 수 없어 여기저기 헤맨 경험이 몇 번이나 되는가? 친절하고 해박한 제품 지식을 갖춘 판매 직원을 찾기가 얼마나 어려웠던가? 주변에서 흔히 들리는 소비자들의 공통 불편사항이다. 손쉬운 해결책이 있기는 하다. 리테일러가 매장 내 전략적인 위치에 키오스크kiosk(무인 종합 정보 안내 시스템)나 아이패드와 같은 터치스크린형 정보 검색 장치를 설치해 방문객의 쇼핑을 지원할 수도 있다. 하지만 첨단 기술에는 수백만 달러를 기꺼이 투자할 의향이 있는 리테일러들도 막상 소비자의 가장 기본적인 불편함을 해결하는 이러한 단순한 솔루션에는 그다지 관심을 기울이지 않았다.

  시애틀에 소재한 소매유통 솔루션 기업인 호인터Hointer는 소비자 문제를 해결하기 위해 미래형 혁신 매장의 프로토타입을 개발했다. 호인터 매장에 들어서면 강철 케이블에 150가지가 넘는 청바지, 셔츠, 상의가 매달려 있다. 모든 크기와 색상이 진열된 게 아니라서 고객이 특정한 스타일을 원하면 선택한 품목의 바코드를 스캔하여 원하는 사이즈를 지정하고 가까운 근처 피팅룸으로 걸어간다. 그러면 30초 이내에 마이크로 로봇이 매장 뒤쪽에 마련된 슈트chute(미끄러뜨리듯 이동시키는 장치)를 통해 피팅룸으로 해당 제품을 보낸다.■ 고객은 옷을 입어보고 원치 않는 품목은 슈트에 놓고 원하는 품목은 피팅룸에서 신용카드로 결제하여 구매할 수 있다. 제품을 선반이 아닌 매장 뒤쪽 재고 창고에 보관하므로 호인터는 일반적인 리테일 매장과 비교하면 매장 면적은 5분의 1밖에 안 되고 직원 수는 절반이다. 이러한 시도는 운영 비용을 낮추고 쇼핑 경험을 간편하고 신속하게 만들어 줄 뿐 아니라 결국 고객이 훨씬 더 많은 제품을 입어보게 되는 환경을 자연스럽게 구현함으로써 매출 증가로 연결된다. 일반 매장에서는 고객이 구매 전 착용해 보는 품목이 세 개에서 다섯 개이지만, 호인터에서는 평균 열두 개이다. 호인터에 따르면 결과적으로 매출은 30퍼센트에서 50퍼센트까지 늘어났다고 한다.

- **제품 체험:** 대부분 소비자는 구매할 제품을 선택하기 전에 다양한 품목을 사용해 보고 싶어 한다. 한때 순전히 온라인에서만 독보적인 존재감을 떨치던 기업들은 소비자의 이러한 심리를 포착하고 오프라인 매장 개설에 나섰다. 대표적인 예로 온라인 남성 의류 쇼핑몰 보노보스Bonobos, 온라인 안경전문업체 워비파커Warby Parker, 디자이너 의류 대여 사이트인 렌트 더 런웨이Rent the Runway를 꼽을 수 있다. 메이크업과 로션, 향수, 매니큐어, 헤어 케어 제품 등을 포함해 300개 이상의 화장품과 미용 관련 브랜드를 판매하는 프랑스의 뷰티 전문 편집숍 체인인 세포라는

■ 피팅룸에 들어서면 상의는 줄을 타고 하의는 벽에 뚫어놓은 사각형 구멍을 통해 배달된다.

소비자가 제품을 체험해 보도록 매장에서 무료 샘플을 증정하는 일이 중요하다는 점을 항상 염두에 두고 있었다. 또한 소비자들은 세포라가 자체적으로 제공하는 온라인 콘텐츠뿐 아니라 유튜브에서 수많은 팔로워를 거느리며 독립적으로 활동하는 '뷰티 크리에이터'가 제공하는 뷰티 관련 영상을 통해 정보를 얻고 영향을 받는다는 사실도 파악했다. 세포라는 이미 디지털 영역에서 강세를 보이고 있는데, 최근 더욱 발전했다. 고객이 세포라의 모바일 앱을 이용해 매장 곳곳에 설치된 디스플레이 화면을 스캔하면 해당 상품의 고객 리뷰나 사용법을 설명하는 유튜브 동영상 콘텐츠가 제공된다. 2017년 3월에는 가상 메이크업 서비스인 세포라 가상 어시스턴트 앱^{Sephora virtual-assistant app}을 론칭했다. 고객이 얼굴을 스캔하면 다양한 색상의 립스틱과 아이섀도^{eye shadow}(입체감을 내려고 눈꺼풀에 칠하는 화장품), 아이래시^{eyelash}(붙이는 속눈썹)를 얼굴에 적용해 볼 수 있다.

디지털 아트 예술가와 엔지니어로 구성된 일본 기업 팀랩^{teamLab}은 자신들을 울트라 테크놀로지스트^{ultra-technologist}라고 일컫는데, 최근 인터랙티브 옷걸이를 선보였다. 소비자가 인터랙티브 옷걸이에 걸린 옷 중 원피스를 집어 들면 앞쪽 벽이 거대한 디지털 디스플레이로 변하며 원피스를 착용한 모델의 모습이 나타난다. 곧 디스플레이에 모델 대신 원피스를 입은 소비자의 모습이 나타나도록 기술이 확대 적용되리라 상상해 볼 수 있다.

- **결제:** 쇼핑 중 겪는 가장 불편한 경험은 마음에 쏙 드는 제품을 찾았지만 결제를 하려고 긴 줄을 기다려야 할 때일 것이다. 반품은 더 오래 걸린

다. 왜 리테일러들은 결제 프로세스를 더 쉽고 효율적으로 개선하지 않을까?

스타벅스의 모바일 앱은 결제에 대한 소비자의 불편함을 없애며 큰 성공을 거두었다. 스마트폰 앱으로 음료를 미리 주문하고 결제하면 매장에 도착했을 때 이미 김이 모락모락 나는 뜨거운 카푸치노가 픽업을 기다리고 있다. 또한 미국 제빵 프랜차이즈인 파네라 브레드^{Panera Bread}는 자체 앱에서 애플 페이로 결제할 수 있는 옵션을 제공하기 시작해 고객이 결제를 위해 줄을 서야 하는 번거로움을 없앴다. 아마존은 새로운 매장 콘셉트인 계산대가 없는 무인 편의점 아마존 고를 시범 서비스하여 모두를 깜짝 놀라게 했다. 아마존의 유료 회원인 프라임 가입자를 대상으로 서비스를 제공하는 매장으로, 원하는 상품을 집어 들고 계산 없이 나오면 되는 미래형 결제방식인 '저스트 워크아웃^{Just walk out}(소비자가 쇼핑 뒤 그냥 걸어 나오면 되는 자동결제)' 기술을 적용했다. 프라임 회원이라면 이미 아마존에 신용카드 계좌가 등록돼 있고 매장에 설치한 기술로 고객을 구별하기 때문에 계산대가 필요 없다.

- **환불:** 미국소매협회^{NRF: National Retail Federation}에 따르면 2015년 판매된 연말연시 선물 중에서 10퍼센트 이상이 환불 처리 됐다. 온라인 구매는 환불 비율은 훨씬 높아 15퍼센트에서 30퍼센트 사이로 추정한다. 환불 과정은 리테일러에게 큰 비용이 든다. 그렇지만 반품에 대한 부담으로 소비자가 제품 구매를 망설이는 일이 없도록 해 주었을 때 오는 잠재적인 득실을 따져보아야 한다. 오프라인 매장에서 상품 환불을 하려면 담당 직원이 몇 명 안 되는 별도의 줄에 서 있어야 하므로 소비자에게는 상당히

괴로운 경험이다. 절차를 일부러 번거롭게 만들어 환불을 포기하게끔 하려는 몇몇 리테일러의 계획적인 전략이기도 하다. 하지만 소비자의 쇼핑 경험을 어렵고 불편하게 만드는 일은 장기적으로 보면 그다지 생산적이지 않다.

최근 일부 리테일러는 환불에 대한 소비자의 경험을 향상시키기 위해 노력을 쏟아 왔다. 2017년 초 뉴욕 유니언 스퀘어Union Square에 위치한 노드스트롬 랙Nordstrom Rack은 고객이 환불 데스크에 줄 서서 기다릴 필요 없이 제품을 스캔하고 반환하기만 하면 되는 '드랍&고Drop & Go' 서비스를 테스트했다. 산타모니카Santa Monica에 있는 스타트업인 해피 리턴즈Happy Returns는 '리턴 바return bar'■를 열어 오프라인 매장이 없는 전자 상거래 업체들의 환불 제품 회수를 대행한다.[7]

아마존 설립자이자 CEO인 제프 베조스는 기업은 고객의 불편함을 없애는 일을 목표로 삼아야 하고 그 작업을 정확히 수행하는 데 기술을 활용해야 한다고 종종 언급해 왔다.

디즈니의 매직밴드

수십 년 동안 플로리다 올랜도Orlando에 있는 디즈니 매직킹덤Disney's Magic Kingdom은 디즈니 캐릭터들과 짜릿한 놀이기구로 어린 아이들과 가족들에게 즐거운 경험을 선사해 왔다. 그러나 인기가 높아짐과 동시에 '스페이스 마운틴Space Mountain'과 같은 놀이기구가 만들어 낸 기나긴 대기 줄과 대기 시

■ 반품 회수 대행업체로 50개 이상의 도심 지역에 250개 이상의 반품 장소를 운영해 리테일러에게 배송한다.

간은 참을 수 없을 지경에 이르렀다. 이 문제를 해결하기 위해 디즈니는 인기 있는 놀이기구를 지정된 시간에 탑승하는 '패스트패스^{FastPass}(우선 예약권)' 티켓을 고안했다. 탑승 장소에서 발급하는 패스에는 지정된 탑승 시간이 찍혔다. 좋아하는 놀이기구를 타려고 몇 시간이나 기다려야 하는 가족이 느낄 좌절감을 줄이자는 취지였지만, 패스의 발급 방식은 의외의 결과를 가져왔다. 가족들은 테마파크 밖에서 초조해하며 기다리다 테마파크가 개장하면 패스를 얻으려고 서둘러 달려간다. 패스를 최대한 여러 장 확보하려고 많은 가족은 여러 팀으로 나누는 치밀한 계획을 세운다. 이러한 패스는 이용자들에게 마법 같은 경험을 가져다주기 어렵다.

디즈니는 소비자의 불편을 해결하고자 최대 세 개의 놀이기구를 예약할 수 있는 패스트패스플러스^{FastPass+} 온라인 시스템을 도입했으며, RFID 칩이 내장된 세련된 손목 고무 밴드인 매직밴드^{MagicBand}를 제작했다. 이제 디즈니 티켓을 온라인으로 예약하고 좋아하는 놀이기구를 선택하기만 하면 시스템이 선호 사항을 분석해 맞춤화된 일정을 만들어 주며 일정은 패스트패스플러스 예약 내역과 함께 매직밴드에 등록된다. 디즈니랜드에 도착하면 티켓이나 신용카드가 필요 없고 정문, 놀이기구 탑승장, 레스토랑에 설치한 장치에 매직밴드를 대기만 하면 결제와 입장 확인이 이루어진다.

또한 디즈니는 매직밴드와 통신하면서 테마파크를 거대한 컴퓨터 시스템처럼 운영할 수 있게 하는 수천 개의 센서를 공원 전체에 설치했다. 예를 들어, 비 아워 게스트^{Be Our Guest}라는 레스토랑을 예약하고 음식을 미리 주문해 놓으면 레스토랑 근처의 센서가 직원들에게 고객의 도착 사실을 알린다. 그러면 부엌에서는 음식 준비를 시작하며 테이블에 앉자마자 음식이 등장하게 된다.[8] 다른 예시로, 비교적 많은 방문객이 놀이기구 쪽으로 다가오는 사실을 센서가 포착하면 디즈니는 방문객의 눈과 귀를 즐겁게 하는 퍼레이드를 방문객과 가까운 곳에서 실시간으로 펼쳐 방문객의 대기 시간을 즐겁게 해준다. 디즈니 직원들 입장에서는 업무 시간을 최적화할 수 있게 됨으로써 티켓 판매와 결제 처리에 빼앗겼던 시간을 방문객들에게 더 많이 할애해 그들이 마법과 같은 추억을 많이 만들어 가도록 도울 수 있다. 디즈니는 온라인과 오프라인의 세계를 융합하여 방문객들에게 진정한 마법의 경험을 선사하고 있다.

아마존의 옴니채널 실험

최근 몇 년 동안 아마존은 오프라인 매장을 열어 유통업계에 크나큰 충격을 안겨주었다. 이미 전자 상거래 영역에서 큰 성공을 거둔 업체가 오프라인 매장을 여는 이유는 뭘까? 오프라인 매장 운영에 필요한 고정 비용을 없앰으로써 경쟁 우위를 차지해 왔는데도 말이다. 아마존이 옴니채널 전략을 테스트하는 데에는 적어도 네 가지 이유가 있다.

- **새로운 제품 카테고리:** 식료품, 가구, 대형 가전 등 몇 가지의 제품 카테고리에서는 오프라인 매장이 계속해서 시장을 지배한다. 소비자들은 해당 카테고리 상품을 여전히 직접 만져보고 고르고 싶어 하기 때문이다. 아마존은 7,700억 달러 규모로 추정되는 식료품 카테고리에서는 별다른 존재감을 드러내지 못한 채 고전을 면치 못해 왔다. 그리고 온라인으로

식료품을 구매하는 것이 편하다고 여기는 소비자조차 신선한 농산물만큼은 여전히 배송이 어렵고 비용이 많이 드는 일로 여긴다. 아마존이 회원제 서비스 '아마존 프라임'의 연회비(2018년 기준 119달러)와는 별도로 식료품 당일 배송 서비스인 아마존 프레시AmazonFresh에 월 이용료(15달러)를 받는 이유이기도 하다.

- **아마존 전용 제품:** 아마존은 최근 몇 년 동안 에코(음성으로 제어하는 스마트 스피커), 대시 버튼Dash Button(버튼을 누르면 물건이 배송되는 장치), 킨들(전자책 리더기)과 같은 제품을 통해 전자기기 분야에서 유력한 플레이어였다. 아마존이 내놓은 단말 기기의 대부분은 아마존닷컴에서 도서나 다양한 상품(면도날에 해당) 판매를 지원하는 보완재(면도기에 해당)로서의 성격을 갖췄다. 아마존은 베스트바이와 같은 리테일러를 통해 판매해 왔으며 최근에는 제품들이 소비자의 눈에 잘 띄도록 팝업 스토어Pop-up Store(단기 임대 매장)를 열어 진열해 놓기 시작했다. 아마존은 자체 매장을 통해 단말 기기 유통을 확산해 나갈 전망이다.

- **프라임 멤버십:** Section1에서 언급했듯이 아마존은 전 세계적으로 약 7,500만 명의 프라임 회원을 보유한다. 아마존은 프라임 회원의 연회비로 엄청난 수입을 벌어들일 뿐 아니라, 이 고객층의 소비 규모는 비회원에 비해 평균 두 배에 달한다. 미국에서 온라인 전자 상거래는 전체 리테일 판매 금액 중 약 15퍼센트밖에 차지하지 못하므로 오프라인 시장은 여전히 아마존에는 막대한 미개척 분야이다. 오프라인 매장은 아마존의 프라임 멤버십과 온라인 전자 상거래 확대를 위한 고객 확보 채널이 될 수 있다.

- **리테일의 재창조:** 아마존은 오프라인 매장을 실험의 장으로 삼아 유통업계를 재창조해 나간다. 지금까지는 아마존 고가 어느 정도 그러한 임무를 수행해 왔다. 오프라인 서점인 '아마존북스' 매장에서는 판매하고 진열할 도서를 선정하기 위해 고객 데이터와 고객 리뷰를 활용한다. 아마존이 아마존닷컴 비즈니스를 위해 구축한 클라우드 컴퓨팅 서비스인 아마존웹서비스^{AWS}를 나중에는 다른 기업들에 판매했듯이 지금까지 유통 분야에 접목해 온 기술을 다른 리테일러들에게 서비스 형태로 제공할 수도 있을 것으로 예측된다.

디즈니의 테마파크 내 기술 활용과 아마존의 오프라인 시장 진출은 기업들이 옴니채널 기반의 강력한 고객 경험을 제공하려면 오프라인과 온라인 채널 간의 연계를 재해석해 시너지 효과를 높여야 한다는 점을 시사한다.

디지털
리더십

미래를 위한 초석 다지기

핵심 강점력 강화하기

고객 확보

고객 참여 유도

마케팅 성과 측정

고객과의 관계 재정립하기

지속적인 고객 확보와
수익 창출하기

성장은 모든 비즈니스의 최우선 순위로, 신규 고객의 확보는 주요한 성장 동력이 된다. 디지털 마케팅과 소셜 마케팅 도구는 성장을 촉진하기 위한 새롭고 혁신적인 방법을 제공하지만, 고객 확보 비용과 수익성은 고객과 채널에 따라 달라지기 때문에 이 장에서는 더욱 근본적인 두 가지 질문에 초점을 맞춘다. 첫째 어떤 고객을 확보해야 하며, 둘째 어떻게 고객을 확보할 것인가?

어떤 고객을 확보해야 하는가

2016년 JP모건체이스^{JP Morgan Chase} 은행은 '체이스 사파이어 리저브^{Chase Sapphire} ^{Reserve}'라는 매력적인 카드 리워드 상품을 내놓았다. 10만 마일의 보너스

마일리지와 함께 항공권, 호텔, 렌터카 등 여행경비로 사용 가능한 여행 크레딧 보너스를 연간 300달러까지 제공한다. 추가로 여행, 레스토랑 가맹점에서 결제한 금액의 세 배에 달하는 포인트를 적립해 주는데, 체이스의 10만 포인트의 통상적인 현금 교환가치는 천 달러이지만, 여행에서 적립한 포인트는 현금 교환가치가 1.5배(1,500달러)나 됐다. 그러다 보니 450달러의 높은 연회비에도 불구하고 고객의 폭발적인 반응을 불러일으켜 출시 한 달 만에 체이스 카드를 제작하는 금속 재료가 소진됐을 정도였다. 체이스 경영진은 상품을 출시한 지 2주도 채 지나지 않아 고객 모집 목표치를 초과 달성했다고 밝혔다.[1]

체이스가 성공 신화를 쓴 것일까? 그렇게 보일 수도 있으나, 풍성한 고객 혜택을 제공하기 위해 값비싼 대가를 치러야 했다. 2016년 12월 JP모건체이스의 CEO인 제이미 다이먼Jamie Dimon은 사파이어 리저브 카드 때문에 4분기 이익이 3억 달러나 감소할 전망이라고 발표했다. 투자자문 회사인 샌포드 번스타인Sanford C. Bernstein & Co은 체이스가 카드 프로모션의 투자비를 회수하기까지 5년 6개월은 족히 걸릴 것이라고 분석했다.[2]

체이스는 사파이어 리저브 카드의 연회비를 높게 책정해 기존에 아메리칸 익스프레스 플래티넘 카드American Express Platinum card가 주 타깃으로 삼은 프리미엄 고객군을 잡으려고 했다. 하지만 뜻밖에도 사파이어 카드 가입자의 대부분은 밀레니얼 세대(1980년대 초반에서 2000년대 초반 출생한 세대)였다. 체이스 경영진은 밀레니얼 고객층의 확보를 다음과 같이 정당화했다. "밀레니얼 세대를 체이스의 신규 고객으로 유치한 것은 엄청난 성과입니다. 앞으로 15년간 이 세대의 자산이 그 어떤 세대보다 가장 빠르게 성장할 것이기 때문입니다." 하지만 경쟁 은행들도 이 고객군 확보를 위해 엄청난 자원을 쏟고 있기 때문에 당시 밀레니얼 세대의 확보가 체이스에게 옳은 선택인지 아닌지는 일 년 후에 몇 명이나 고객으로 남아 있느냐에 달려 있다. 번스타인의 애널리스트들은 "다양한 혜택이나 보너스를 내걸면 단기간에 많은 고객을 확보할 수 있지만 그렇게 모인 고객들이 장기적으로는 회사의 수익성을 감소시킬 우려가 있다."라고 강조했다.[3]

2018년 2월 체이스 경영진은 애널리스트들의 우려를 불식시키기 위해 사파이어 리저브 고객에 관한 최신 자료를 제공했다. 체이스는 '사파이어 리저브 카드 소지자의 평균 소득은 18만 달러, 연간 신용카드 지출액은 3만 9천 달러이며 유지율은 90퍼센트 이상이다. 또한 체이스는 사파이어 신용카드 고객을 통합자산관리 서비스[PB]인 체이스 프라이빗 클라이언트[Chase Private Client]와 주택 담보 대출 고객으로 전환하기 위한 프로젝트를 2018년 현재 운영 중이다.'라고 발표했다.[4]

고객 생애 가치

체이스 사례는 확보한 고객의 규모나 사용한 비용이 고객 확보 전략의 성공을 예측하기에 충분하지 않다는 점을 바로 보여준다. 고객의 장기적인 가치를 평가하기 위해서는 고객의 소비 규모와 고객 유지율에 대한 정보를 파악해야 한다. 하지만 대부분의 회사는 마케팅 캠페인 효과 측정을 위해 노출 수, 클릭 횟수, 클릭률, 클릭에서 구매까지의 전환비율, 고객 확보 비용[CAC, customer acquisition cost]과 같은 단기 지표만을 추적하곤 한다. 이 중에서 고객 확보 비용은 마케팅 활동 효과를 평가하거나 예산 배정을 목적으로 사용하는 주요 척도다.

신규 고객을 확보하기 위한 계획을 수립할 때에는 물론 돈이 많이 드는 미디어 채널보다는 저렴한 채널이 선호된다. 하지만 고객 확보 비용은 고객이 사용할 금액의 규모와 가입 유지 기간을 고려하지 않는다는 맹점이 있다. 이 두 가지는 고객의 장기적 수익성을 판단하는 요소로 고객 생애 가치[CLV, Customer Lifetime Value]라 불린다.

게임 회사는 고객이 게임 애플리케이션을 설치한 첫날 그들 중 대부분을 이미 잃은 것이나 다름없다. 평균적으로 모바일 앱 사용자 중 80퍼센트는 앱을 처음 다운로드한 후 90일 이내에 앱을 삭제하거나 더는 사용하지 않기 때문이다.[5] 바꿔 말하면 기업은 밑 빠진 독에 신규 고객을 한가득 채워 넣지만 3개월마다 80퍼센트는 빠져나가는 셈이다. 채널에 따라 고객 유지율이 다르기 때문에, 신규 고객 확보에 있어 저렴한 채널이 중장기적으로 가장 높은 수익률을 보인다고는 단정 지을 수 없다. 밀키트[meal-kit] ■ 제조업체인 블루 에이프런[Blue Apron]의 경우 60퍼센트에 달하는 고객이 가입 6개월 후 이탈했다는 사실이 발표되면서 2017년 6월에 예정됐었던 기업공개[IPO]가 무산되기도 했다.[6]

20 대 200 규칙

모든 동물은 동등하지만, 일부 동물은 더 동등하다.

조지 오웰[George Orwell]의 '동물 농장[Animal Farm]' 중에서

■ 모든 손질한 재료를 묶어 담아 쉽게 조리해 먹을 수 있도록 한 상품

우리가 익히 들어본 파레토 법칙 또는 20 대 80 법칙에 따르면 비즈니스에서 전체 고객의 20퍼센트가 전체 매출의 80퍼센트를 창출한다. 하지만 수익성에 초점을 맞추면 전체 고객의 20퍼센트가 수익의 약 200퍼센트를 차지한다는 연구 결과가 나온다! 어떻게 그럴 수 있을까? 나머지 80퍼센트 고객은 실제로 수익성을 악화시키기 때문이다. 즉, 수익성 측면에서 하위 80퍼센트 고객을 버릴 경우 기업 이익은 오히려 급증한다. 물론 수익성이 낮은 고객 중에서 일부는 전략적인 이유 등을 고려해 유지하는 편이 좋을 수도 있지만 경영진은 아래 분석처럼 수익성이 낮은 고객을 보유해야 하는 명분을 고민해야 한다.

그림 7-1은 스웨덴의 산업용 난방 기술 회사인 칸탈Kanthal의 수익성에 따른 고객 순위를 보여준다. 총 200개사 고객 중 상위 80개만이 회사에 수익을 가져온다. 그림 7-2는 수익성이 가장 높은 고객부터 낮은 고객까지 순서대로 나열함으로써 칸탈의 수익성 변화를 보여준다. 가장 수익성이 높은 상위 5퍼센트 고객이 수익의 150퍼센트를 창출했다. 전체 고객 중 40퍼센트의 고객만이 수익성을 보였고, 도합 회사 수익의 250퍼센트를 창출했다. 반면, 하위 10퍼센트 고객은 수익의 약 120퍼센트에 달하는 손실을 끼쳤다.

그림 7-2에 있는 그래프는 '고래 곡선whale curve'이라고 부르는데, 한 기업의 고객을 수익성이 가장 높은 고객부터 순서대로 수익성을 누적시켜 더해 나가면 마치 고래 모습처럼 보인다고 해서 나온 용어다. 칸탈 고객 중 20퍼센트가 수익의 200퍼센트 이상을 차지하는데, 이는 많은 기업의 공통적인 현상으로 고객 수익성에 대한 20 대 200 규칙을 보여준다.

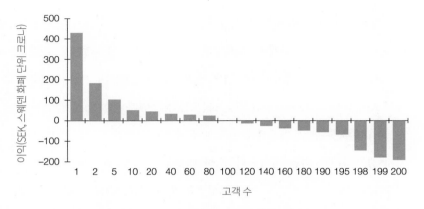

출처: 로버트 카플란, '칸탈(A)', 케이스 190-002 (보스턴: 하버드대 경영대학원, 1989년, 2001년 개정)
참고: 스웨덴 100크로나는 한화 약 12,000원 (2019.1월 말 기준)

[그림 7-1] 가장 높은 순위부터 가장 낮은 순위로 배열한 칸탈 고객의 수익성

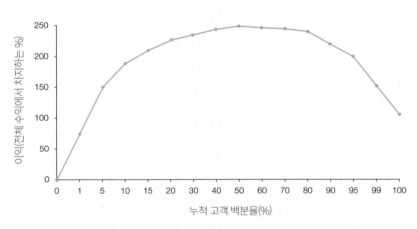

출처: 로버트 카플란, '칸탈(A)', 케이스 190-002 (보스턴: 하버드대 경영대학원, 1989년, 2001년 개정)

[그림 7-2] 칸탈 고객의 누적 수익성

2008년 주거·상업용 고객 대상으로 싱크대, 수도꼭지, 분수대를 만드는 미국의 제조업체 엘케이 플러밍Elkay Plumbing도 비슷한 패턴을 발견했다. 상위 1퍼센트 고객이 수익의 100퍼센트를 차지했으며 가장 수익률이 높은 20퍼센트 고객이 수익의 175퍼센트를 창출했다.[7]

이러한 결과는 장기적으로 수익성이 예상되는 잠재 고객의 확보와 유지가 중요하다는 점을 시사한다. 또한 대부분 기업은 총 고객 수나 전체 시장 점유율과 같은 단순한 지표를 성공의 평가 기준으로 삼는데, 이는 잘못된 해석으로 이어질 여지가 있다. 시장 점유율이 높은 회사가 수익성을 악화시키는 고객을 잔뜩 떠안고 있는 경우가 있을 수 있기 때문이다.

실행의 어려움

기업이 장기적인 수익을 바라는 고객을 확보하는 것이 중요하다고 깨닫더라도 실행에 있어서 몇 가지 문제에 부딪힌다. 첫째, 대부분의 기업은 제품 또는 사업 단위별로 조직돼 있어 제품이나 사업 단위 내에서 다양한 고객 간의 수익성 편차를 확인하기 어렵다. 둘째, 고객 수익성을 측정하려면 단일 고객 또는 고객 세그먼트별로 투입되는 비용을 산정하기 위해 활동 기준 원가계산ABC, Activity-based costing ▪ 방식을 채택해야 한다. 꽤 번거로운 작업 같아 보이지만 비용 회계와 데이터 분석, 기술 기반 솔루션이 향상돼 예전보다 훨씬 수월하게 결과를 산출할 수 있다. 셋째, 기업은 고객을 그룹별(가령 고객 확보 채널별)로 계속 추적해서 그들의 장기적인 수익성을 파

▪ 전통적인 방식은 간접지원비용(생산계획/작업준비/품질검사 등)을 인위적으로 배분해 원가를 왜곡했지만 ABC는 원가가 발생하는 활동 기반으로 원가를 배분함으로써 정확한 개별 제품 원가를 계산한다.

악하고 그에 맞는 자원을 할당해야 한다. 고객을 확보한 경로와 상관없이 하나의 데이터베이스 안에 모든 고객 정보를 입력하고 관리하면 개별 고객 확보 프로그램의 효과를 측정하기 어려워진다.

2010년 스페인의 BBVA 그룹의 미국 계열사인 BBVA 컴퍼스^{Compass}은행은 이러한 어려움에 직면해 있었다. 온라인 고객 확보에 2010년 전체 마케팅 예산의 20퍼센트에 가까운 금액을 썼다. 경영진은 온라인을 통해 확보한 고객의 유지율이 영업지점을 통해 확보한 고객보다 훨씬 낮을 거라고 보았다. 그러나 은행은 일단 고객을 확보하고 나면 확보한 채널과 관계없이 하나의 데이터베이스 내에서 모든 고객을 관리했기 때문에 고객의 수익성에 따라 예산을 할당하기가 어려웠다.[8]

어떻게 고객을 확보할 것인가

고객 확보 프로세스는 고객의 의사결정 과정이나 구매 경로에 대한 깊은 통찰에 기반해야 한다. 그림 7-3은 고객 구매 여정의 네 가지 주요 단계를 나타낸다. 2005년 P&G 회장인 앨런 조지 래플리^{A.G.Lafley}는 소비자에게는 결정적 순간^{MOT, Moment Of Truth}이 두 번 찾아온다며 다음과 같이 묘사했다. "최고의 브랜드는 두 번의 결정적 순간 모두에서 승리를 거둡니다. 첫 번째 순간은 소비자가 매장 선반에서 어떤 브랜드를 구매할지 망설일 때 일어납니다. 두 번째 순간은 소비자가 집에서 브랜드를 사용하면서 만족도를 고민할 때 일어납니다."[9] 그리고 기업은 1980년대 매장 내 바코드 스캐너 도입과 지난 20년간 급속도로 성장한 전자 상거래 영향으로 제품 판매

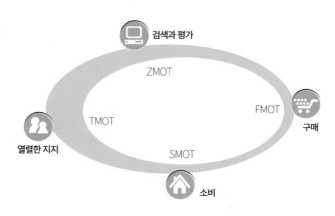

[그림 7-3] 결정적 순간(MOT)

량을 추적해 첫 번째 결정적 순간FMOT, First Moment Of Truth을 파악할 수 있게 됐다.

P&G가 판매량을 추적할 수는 있었지만, 래플리는 고객이 실제로 제품을 어떻게 소비하고 경험하는지, 말하자면 두 번째 결정적 순간SMOT, Second Moment Of Truth을 곁에서 지켜볼 수 없다는 점에 우려를 나타냈다. 최근에는 기술 발전으로 고객이 제품을 어떻게 소비하는지 추적이 가능하다.

예를 들면 네슬레는 네스프레소Nespresso 커피 머신에 칩을 장착해 커피 소비 행태를 파악하고 네스프레소 캡슐이 일정 재고량 미만으로 떨어지면 자동으로 캡슐을 주문할 수 있게 했다. 다른 예시로, 약물 복용 모니터링 시스템은 마이크로 전자 칩이 달린 약병을 환자에게 제공하고, 모든 약병의 개봉 날짜와 시간을 기록하여 환자가 약물치료 처방 규칙을 따르도록 한다.

소비자가 제품을 구매하거나 경험하기 훨씬 이전부터 소비자 확보 경쟁은 시작된다. 소비자가 제품을 검색하려고 노트북을 열거나 핸드폰을 두드리는 순간부터 신호탄이 울린다. 2011년 구글은 소비자가 매장에 나타나거나 온라인으로 구매하기 전 단계인 온라인 검색 기간의 중요성을 나타내는 '결정적 순간 제로ZMOT, Zero Moment Of Truth'라는 용어를 만들어 냈다. 구글의 조사에 따르면 쇼핑객의 84퍼센트는 이미 매장 방문 전에 검색을 통해 어떤 브랜드를 구매할지 결정을 끝낸다고 밝혔다.[10] 구글은 검색 데이터를 사용하여 고객이 제품을 적극적으로 검색하는 방법과 시기를 조사했다. 이를 통해 자동차를 구매하기 2~3개월 전에 자동차 모델에 대한 검색이 가장 활발하게 일어난다는 것을 알 수 있었다.

구글 검색 외에도 고객은 아마존에서 제품 리뷰, 트립어드바이저에서 호텔 리뷰, 옐프Yelp에서 레스토랑 리뷰, 라튼 토마토Rotten Tomatoes에서 영화 리뷰를 거친 후 구매 결정을 내린다. 소셜 미디어의 등장과 고객의 리뷰 의존도의 증가로 세 번째 결정적 순간TMOT, Third Moment Of Truth이 중요한 요소로 등장했다. 제품의 충성스러운 팬층이 소셜 미디어와 소비자 리뷰 사이트에서 열정적인 지지자 역할을 하는 순간이다.

성공적인 고객 확보 전략을 수립하려면 결정적 순간들을 이해해야 하고 각 단계마다 잠재 고객에게 브랜드가 잘 전달될 수 있도록 노력을 기울여야 한다.

검색에서 구매까지

소비자의 '결정적 순간 제로ZMOT'에서 '첫 번째 결정적 순간FMOT'에 이르는 과정은 일반적으로 인식, 고려, 평가, 구매 네 단계로 구성된다. 오랫동안 이 과정은 순차적으로 발생하는 것으로 여겨졌다. 예를 들어 소비자가 여덟 개 정도의 스마트폰 브랜드를 알고 있었다면, 철저한 검증을 거쳐 원하는 기능과 가격을 갖춘 세 개 브랜드로 고려 대상의 폭을 좁힌다. 그리고 최종적으로 특정한 하나의 브랜드를 구매한다.

하지만 최근 맥킨지 등의 연구에 따르면 소비자의 검색 프로세스는 순차적이지 않을 수 있다. 자동차 구매를 원하는 소비자가 BMW와 메르세데스만으로 검색을 시작할 수 있지만, 검색 과정에서 다른 브랜드를 추가적으로 고려 대상에 포함할 수도 있다. 맥킨지는 자동차 소비자가 처음에는 평균 3.8개 브랜드를 염두에 두고 검색을 시작하지만, 도중에 2.2개 브랜드를 고려 대상에 추가한다는 사실을 알아냈다.[11] 이는 검색 과정에서도 브랜드가 소비자의 의사결정에 영향을 줄 수 있다는 점을 보여준다.

기업은 세 가지 방식으로 소비자에게 정보를 제공하고 영향력을 발휘할 수 있다. 첫째, 검색 엔진 마케팅SEM, Search Engine Marketing과 4대 매체(TV, 라디오, 신문, 잡지) 광고를 포함한 유료 매체를 활용할 수 있다. 둘째, 자사 채널(예를 들어, 웹사이트)이 검색 엔진 최적화SEO, Search Engine Optimization를 통해 검색 엔진에서 높은 순위로 노출되게 할 수 있다. 셋째, 잠재 소비자가 소셜 미디어에서 다른 소비자의 리뷰와 의견을 통해 제품에 대한 정보를 알게 되는 언드 미디어earned media를 관리할 수 있다.

지난 몇 년 동안 검색 엔진 마케팅, 검색 엔진 최적화, 소셜 미디어 활용 극대화에 관한 많은 콘텐츠가 공개됐다. 구글과 페이스북은 자사 사이트에서 툴, 사례 연구, 모범 사례를 제공하기도 한다. 구글과 페이스북이 제안하는 내용을 반복하기보단(예를 들면, 키워드 구매 방법이나 키워드 광고 경매 금액) 디지털 마케팅 프로그램을 다시 생각해 보는 계기가 될 만한 새로운 연구 결과에 초점을 맞춰 살펴보기로 한다.

개인화와 리타기팅

디지털 기술과 풍부한 데이터 덕택에 기업은 소비자의 관심사, 웹 브라우징 행태, 과거 구매 이력, 현재 사이트에 방문한 맥락을 기반으로 소비자에게 맞춤화된 광고를 노출할 수 있게 되었다. MIT 슬론 경영대학원 Sloan School of Management에서는 소비자의 인지유형cognitive style (개인이 정보를 조직하고 처리하는 방식)에 따른 맞춤형 배너 광고를 시도한 연구를 선보였다. 예를 들어, 텍스트를 선호하는 소비자가 있는가 하면 시각적인 효과를 좋아하는 소비자도 있다. 만일 광고주가 소비자의 인지유형을 알고 있다면, 그에 맞는 광고를 노출할 수 있기 때문에 광고의 잠재적 효과를 높일 수 있다.

MIT팀은 샘플 조사를 통해 소비자 인지유형을 파악하고 웹 브라우징 이용 행태와 연결해 추적 조사했다. 소비자의 웹 브라우징 이용 행태는 관찰할 수 있지만 그들의 인지유형을 바로 알기 어렵다. 하지만 MIT팀은 베이지안 모델Bayesian model ▪과 샘플 집단에 대한 추정으로 소비자 개개인의 인지유형을 추론하고 실시간으로 기호에 맞는 광고를 내보냈다. MIT 연구자들은 이러한 접근 방식을 테스트하기 위해 씨넷닷컴CNET.com에서 10만 명 이상 방문객을 대상으로 하여 45만 개 이상의 배너 광고를 노출하는

▪ 베이지안 추론(Bayesian Inference)을 바탕으로 인간의 인지 기능을 묘사하는 컴퓨터 모델을 프로그래밍한 것으로, 베이지안은 실험을 통해 추가 정보를 얻은 후 가설 확률을 업데이트하는 통계적 추론 방법이며 인공지능의 핵심인 자가학습(번역, 전조증상·위급상황 예측 등)과 연관성이 깊어 최근 주목받고 있다.

대규모 현장 조사를 단행했다. 인지유형에 따라 광고를 바꾸자 클릭률은 두 배로 높아졌다. 뒤이은 자동차 실험에서도 연구자들은 클릭률뿐 아니라 브랜드 인지도와 구매 의향이 엄청나게 상승한다는 사실을 입증했다.[12] 또 다른 실험에서는 방문자 성향에 따라 실시간으로 웹사이트 전체를 바꾸는 알고리즘을 개발하기도 했다.[13]

광고 효과를 높이기 위해 일반적으로 사용하는 또 다른 방법으로는 리타기팅retargeting(기존 방문자에게 광고를 다시 노출하는 방식)을 꼽을 수 있다. 이전에 사이트를 방문했지만 구매하지 않은 소비자에게 광고를 노출하는 방식이다. 최근 온라인 스포츠 회사를 대상으로 한 대규모 현장실험 등을 포함해 여러 연구에서 리타기팅의 효과를 입증했다. 구글 디스플레이 네트워크에 속하는 200만 개 웹사이트 대상 연구에 따르면, 리타기팅을 통해 웹사이트 방문자의 17퍼센트, 거래의 12퍼센트, 판매의 11퍼센트가 증가한 것으로 나타났다.[14] 그렇다면 리타기팅은 얼마나 구체적이어야 할까?

구체적이거나 동적인dynamic 리타기팅은 소비자가 이전에 검색했던 정확한 상품, 예를 들면 '나이키의 남성용 로쉐원Roshe One 조깅화'를 노출한다. 반면에 일반적인 리타기팅은 단순히 조깅화 광고만 보여준다. 약 8만 명이 참가한 온라인 여행사 대상의 현장실험 결과에 따르면, 구체적이거나 동적인 리타기팅이 놀랍게도 일반적인 리타기팅보다 효과가 저조했다. 해당 실험의 저자는 구매 과정 초기 단계에서는 대다수 소비자의 선호가 확실하지 않기 때문에 구체적인 리타기팅이 효과를 제대로 발휘하지 못하는 것이라고 분석했다.[15]

소셜 미디어와 바이럴 마케팅

소셜 미디어는 기업이 별도의 마케팅 비용을 들이지 않고 메시지를 전달할 수 있기 때문에 마케팅 담당자의 많은 관심을 받았다. 소비자는 다른 소비자의 의견을 신뢰하기 때문에 전문가들은 소셜 미디어가 전통적인 광고보다 훨씬 효과적이라고 믿는다.

샌프란시스코에 소재한 소셜 미디어 회사 메커니즘Mekanism의 제이슨 해리스Jason Harris 사장은 2010년 패스트 컴퍼니Fast Company(미국 기업전문잡지)와의 인터뷰에서 "바이럴 마케팅viral marketing(입소문 마케팅)을 기획할 수 있습니다. 온라인 캠페인을 제작해 얼마든지 빠르고 널리 바이럴을 일으킬 수 있다고 장담합니다."라고 주장했다.[16] 바이럴 광고 캠페인은 많은 돈을 들이지 않고도 수백만 명의 소비자가 공유하고 시청하는 광고나 동영상을 만든다는 점에서 매혹적이다. 마케팅 담당자는 언드 미디어의 가치와 효과를 쉽게 깨닫는다. 같은 수의 고객에 도달하는 데 드는 비용을 비교하면 언드 미디어가 유료 미디어(TV·신문·온라인 등 매체비를 지급하고 사용하는 미디어 채널)에 비해 훨씬 저렴하다.

하지만 정말로 소비자 사이에 입소문이 나도록 유도할 수 있을까? 유튜브 비디오 동영상의 평균 조회 수는 1만 회 미만이며 그중에서 아주 극소수만이 100만 이상 조회 수를 기록한다.[17] 바이럴 마케팅에서 '바이럴'의 개념은 전염병학에서의 전염병에 걸린 한 사람이 대규모 인구에게 병을 퍼뜨리는 현상에서 유래했다. 질병이 급속도로 퍼지려면 1보다 큰 '번식률reproduction rate'이 필요하므로 질병에 걸린 사람 모두 평균적으로 한 명 이상한테 질병을 전파해야 한다. 그렇지 않으면 질병은 이른 시일 내에 소멸한다. 2012년 트위터와 야후에서 수백만 개 메시지의 확산 현상을 조사한 연구에 따르면 메시지 중 90퍼센트 이상은 전혀 퍼지지 않았고 약 4퍼센트는 한 번만 공유되었으며 1퍼센트 미만의 메시지만이 일곱 번 이상 공유되었다.[18]

바이럴 마케팅의 직면 과제를 해결하기 위해 사회학 전문가이자 컬럼비아대 사회학 교수인 던컨 와츠Duncan Watts와 버즈피드BuzzFeed의 창립자인 조나 페레티Jonah Peretti는 '빅시드big seed' 마케팅 아이디어를 제안했다. 소수의 인플루언서influencer(영향력 있는 개인)가 메시지를 확산하는 방식에 의존하는 일반적인 바이럴 캠페인과 달리, 와츠와 페레티는 비록 메시지의 재생산이나 공유비율이 1:1이 안되더라도 많은 사람에게 퍼뜨려서 증폭되기amplifying를 기대하는 방식을 제안한다.[19]

바이럴리티virality와 증폭amplification 사이의 차이점에 주목한 페레티는 콘텐츠와 적절히 어우러져 고객에게 비교적 거부감 없이 노출되는 네이티브 광고native advertising ■를 통해 메시지를 전파하겠다는 취지로 2006년 버즈피드를 설립했다. 메시지가 증폭되려면 유머가 있는 흥미진진한 스토리와 눈길을 사로잡는 제목뿐 아니라 메시지를 게재하는 매체와 메시지의 진위authenticity 또한 중요하다. 페레티는 다음과 같이 말했다.

❝ 버즈피드 이용자는 소셜 네트워크로 콘텐츠를 공유하기 때문에 편집자들
은 소셜 미디어 활용을 이해해야 합니다. 예를 들면 트위터Twitter에서는 메

■ 매체 속 기사처럼 보이게 만든 광고로 가령 '직장인 서러운 순간'이라는 내용으로 흘러가다가 탈모에 대해 언급하면서 샴푸 광고를 하는 식으로 '스폰서드(Sponsored)'라는 태그가 붙는다.

시지 공유가 빨리 일어납니다. 트위터가 한 시간 네트워크라고 하면 페이스북은 하루, 이미지 공유 플랫폼인 핀터레스트Pinterest는 일주일입니다. 가령 음식 요리법처럼 천천히 보급되는 콘텐츠라면 핀터레스트가 가장 적합한 매체이고 시급성을 다투며 최신 정보를 다루는 콘텐츠는 트위터가 훨씬 낫지요. 하지만 문제는 핀터레스트에서 인기를 끄는 콘텐츠는 트위터에 올라올 일이 전혀 없고 마찬가지로 트위터에서 주목받는 게시물은 핀터레스트 이용자한테는 일절 감흥을 불러일으키지 못한다는 사실이에요.[20]

버즈피드에서 크리에이티브 서비스 담당 이사를 역임한 멜리사 로젠탈Melissa Rosenthal은 브랜드 마케팅 담당자에게 다음과 같은 조언을 전했다. "사용자의 클릭을 유도하는 속임수는 쓸 수 있지만 공유하도록 속일 수는 없어요. 시장에서 성과를 내는 모든 것들은 브랜드의 진짜 모습을 담은 인사이트를 토대로 만들어집니다."[21] 혁신적인 광고 대행사로 정평이 난 드로가파이브Droga5의 CEO인 데이비드 드로가David Droga도 동의한다. "10억 달러짜리 광고주를 상대하건 스타트업을 상대하건 본질적인 질문은 동일합니다. 사람들이 우리가 만드는 제품에 관심을 보일 만한 이유가 있나요? 멋지냐 기발하냐 재미있냐 가치가 있냐 이런 질문은 할 필요가 없어요. 대신 대중에게 어떤 관련성이 있나요?"라고 질문해야 합니다."[22]

누구를 정보 전달의 시작점으로 삼아야 할까? 마케팅 실무자 대부분은 소셜 미디어에서 큰 영향력을 가진 인플루언서가 정보 전파에 최선의 채널이라 믿지만 실제로 신뢰할 만한 인플루언서를 찾기는 어렵다. 아무리 소셜 미디어에서 수많은 팔로워를 거느렸다고 해도 성공을 보장하지는 못한다.

신형 자동차 피에스타Fiesta를 출시하기 1년 전인 2009년, 포드는 블로그, 영상, 사진을 통한 신차 홍보를 위해 영향력 있는 100명의 소셜 미디어 홍보 대사를 모집했다. 그중에는 저드슨 레이플리Judson Laipply와 같은 온라인 유명인사도 포함되어 있었다. 그의 초창기 동영상인 〈댄스의 진화The Evolution of Dance〉는 당시 유튜브에서 1억 1,500만 조회 수를 기록하는 기염을 토했으며 아직도 유튜브의 최상위 조회 영상 중 하나로 꼽힌다. 하지만 레이플리는 브랜드 홍보 효과가 가장 낮은 유명인사 중 한 명이었다.[23]

MIT의 소셜 네트워크 전문가인 시난 아랄Sinan Aral은 2013년 하버드 비즈니스 리뷰에 올린 글을 통해 소셜 미디어에서 인플루언서의 역할에 대해 자세히 설명했다.

> 2009년 영화배우 애쉬튼 커처Ashton Kutcher가 처음으로 트위터 팔로워 1,000만 명을 달성했다. 2013년 초에는 팔로워가 총 1,370만 명으로 늘어났다. 소셜 미디어에서 커처라는 존재는 '인플루언서'의 정의를 가장 잘 반영하는 듯 보인다… 하지만 과연 커처의 제안에 따라 팔로워들이 따라서 한 일이 있을까? … 만일 커처가 전형적인 인플루언서이지만 아무도 그의 의견을 따르지 않는다면 어떤 면에서 그가 영향력이 있다고 말할 수 있을까?[24]

페이스북 데이터 분석 전문가인 이탄 박쉬Eytan Bakshy와 그의 동료들은 160만 명의 트위터 사용자를 대상으로 7,400만 건의 이벤트를 추적 분석한 결과 "어떤 상황에서는 가장 영향력 있는 사용자가 투자 비용 대비 효과가 가장 높기도 하지만, 여러모로 타당한 가정을 동원해 보면 '보통의 평범한 인플루언서'를 동원하는 편이 투자 대비 가장 효과적인 성과를 거둘 수 있다."[25] 버즈피드의 조나 페레티도 동의한다. "편집자들은 아이디어가 어떻게 어떤 경로를 타고 확산하는지 예측하느라 과도하게 소모되는 에너지를 줄일 수 있어요."[26]

지금까지의 연구를 종합해 보자면 소수의 소셜 미디어 인플루언서를 통한 메시지 전파로 바이럴 마케팅 효과를 일으키려는 시도는 성공 가망성이 낮고 비용 대비 효과적이지 않을 수 있다. 차라리 다수의 평범한 사용자를 대상으로 콘텐츠를 전파하는 편이 낫다. 사실상 많은 소셜 미디어 캠페인은 주류 매체의 가시권에 들고 나서야 비로소 탄력을 얻는다.

혜택 제공을 통한 고객 확보

신문, 통신, 케이블, 신용카드 등 거의 모든 업계의 기업들은 일반적으로 신규 고객을 확보하기 위해 상당한 할인 혜택을 제공한다. 단기적으로는 이러한 고객 확보 수단이 효과적일 수 있지만 장기적으로는 어떨까? 필자는 과거에 다른 연구자들과의 공동 연구에서 가격 판촉 정책이 단기적으로는 브랜드 점유율에 긍정적인 영향을 미치지만, 장기적 관점에서 부정적인 여파를 가져옴을 확인했다.[27] 또 다른 연구에서는 신문 구독 요금을 35퍼센트 할인해 고객을 확보했을 때 할인 없이 확보한 고객에 비해 장기적인 가치가 절반 수준밖에 안 된다는 부정적인 결과를 제시하기도 했다.[28]

쿠폰·할인·포인트 등 혜택 기반의 고객 확보는 입소문이나 추천 프로그램을 통한 확보 방법에 비해 어떤 효과가 있을까? 이어지는 두 연구가 이에 대한 통찰을 준다. 웹 호스팅 회사의 데이터를 활용한 연구에 따르면 마케팅으로 유도한 고객이 기업에 주는 가치는 훨씬 단기적이며 입소문을 통해 얻은 고객은 장기적으로 거의 두 배의 가치를 창출한다.[29] 3년 동안 독일 대형 은행의 1만 개 계좌를 추적한 다른 연구에서는 추천 프로그램을 통해 얻은 고객은 은행에 앞으로도 남을 확률이 18퍼센트 높았으며 16퍼센트 더 많은 이익을 가져다준다고 나타났다.[30] 요약하자면 단기적인 할인 혜택은 가시적인 신규 고객 확보 결과를 빨리 낼 수도 있으나 장기적으로는 입소문과 추천 프로그램이 훨씬 효과적이다.

실제로 기업은 서로 다른 가격 민감도를 지닌 고객을 상대한다. 어떤 고객은 가격 민감도가 커서 할인 혜택이 없으면 구매하려고 하지 않는다. 가격에 민감한 고객을 다른 고객과 구분하기 위해 오프라인 리테일러들은 '꼭꼭 숨어라' 관행을 오랫동안 유지해 왔다. 예를 들면 할인 품목을 매장 구석진 곳에 배치해 고객이 찾기 어렵게 만든다든지 별도의 할인 매장에서만 판매한다든지 하는 식이다.

반대로 온라인 리테일러들은 검색의 불편함을 줄여 모든 고객의 쇼핑 경험을 개선하려고 한다. 이로 말미암은 결과는 둘 중 하나다. 모든 사람에게 저렴한 가격으로 판매하거나 혹은 가격에 민감한 소비자층을 잃어버릴 위험을 안고도 비교적 높은 가격을 부과하는 것이다.

최근 하버드대 경영대학원의 동료 교수 두 명이 온라인 리테일러가 가격에 민감한 고객만이 할인 품목을 찾아낼 수 있도록 일부러 검색을 어렵게 해야 하는지에 대한 연구를 진행했다. 이들은 필리핀의 온라인 의류 판매 사이트에서 대대적인 현장실험을 전개했다. A 소비자 그룹(실험군)에는 판매 사이트가 제공하는 할인 품목 표시와 할인 품목 검색 기능을 없앤 반면, B 소비자 그룹(대조군)은 이러한 기능을 사용할 수 있게 했다. 실험 결과 A그룹이 B그룹보다 훨씬 적은 수량의 할인 품목을 구매했으며 구입한 제품의 평균 할인 폭은 훨씬 낮았지만, 구매 전환율(한 개 이상의 물건을 산 사람의 비율)에는 별다른 영향이 없었기 때문에 결국 온라인 리테일러의 수익 향상에 크게 기여했다. 실험 후 이 리테일러는 사이트에서 할인 상품 표시를 없애고 할인 상품 검색 기능을 비활성화했다.[31]

앞선 연구들은 가격 할인이 단기적으로는 효과가 있을지 모르지만 장기적으로는 손해일 수 있기 때문에 신규 고객 확보를 위한 가격 할인을 신중하게 검토해야 한다는 점을 보여준다. 모든 고객이 같은 가격 민감도를 보인다거나 동등한 가치를 갖는 것은 아니므로 기업은 의도적으로 소비자가 할인 품목을 찾기 어렵게 만드는 방법을 고민해 볼 수 있을 것이다.

클릭을 넘어

2010년 BBVA 컴퍼스 은행은 저축예금과 당좌예금 계좌의 신규 고객을 확보하기 위해 온라인에 마케팅 예산의 상당 부분을 배정했다. 검색, 디스플레이 광고에 투입한 은행 예산과 노출 수, 클릭수, 신규 신청 가입자에 대한 데이터를 추적해 작성한 고객 여정에 대한 전체적인 그림은 다음과 같다(그림 7-4 참조).

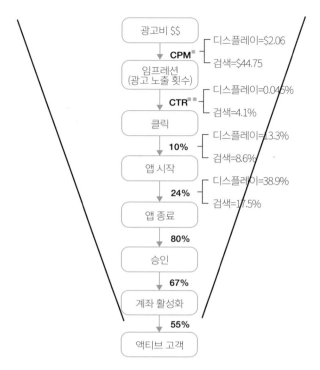

출처: 수닐 굽타 & 조셉 데이비스-게빈, 'BBVA 컴퍼스: 마케팅 자원 배분(BBVA Compass: Marketing Resource Allocation)', 케이스 511-096 (보스턴: 하버드대 경영대학원, 2011), 강의 노트 512-051 (보스턴: 하버드대 경영대학원, 2012).

[그림 7-4] BBVA 컴퍼스 은행의 온라인 고객 확보 캠페인에 따른 고객 여정

　　은행은 소비자에게 신규 계좌를 개설하도록 150달러 인센티브를 제공했다. 이 제안은 많은 사람이 링크를 클릭하도록 유도했지만 막상 페이지를 방문하여 깨알같이 작은 글씨를 읽고 조건(예를 들면, 최소 잔액 등)을

■　Cost Per Mille(Thousand), 1000회 광고 노출 당 가격.

■■　클릭률, 클릭수/광고 노출 횟수.

알고 나서는 방문객 중 10퍼센트만이 실제로 가입서류를 작성하기 시작했다. 흥미롭게도 신청서를 작성하기 시작한 사람 중 24퍼센트만이 최종 등록을 완료했다. 이렇게 완료율이 낮은 까닭은 가입 절차가 너무 길고 복잡했으며 도중에 가입 신청을 포기하게 하는 민감한 정보를 소비자에게 요구했기 때문이다.

온라인으로 신청서 작성을 완료한 소비자 중 약 80퍼센트만이 은행으로부터 승인을 받았는 데 비해 지점을 방문한 거의 모든 소비자는 신규 계좌를 승인받았다. 다시 말해 온라인 채널을 통해 모집한 고객의 가치가 상대적으로 낮았다는 것이다. 이는 승인을 받은 온라인 고객 중 3분의 2만이 실제로 계좌 활성화를 위해 자금을 입금했다는 사실로도 뒷받침된다. 마지막으로 고객 유지율을 비교했을 때, 오프라인 확보 고객의 경우 65퍼센트가 넘었지만 온라인은 55퍼센트에 그쳤다.

이 사례는 몇 가지 중요한 점을 짚어준다. 첫째, 클릭과 클릭률로 성과를 평가하는 일은 상당히 지엽적인 접근임에도 대부분의 디지털 마케팅 프로그램은 오로지 클릭률을 높이는 데만 치중한다. 둘째, 고객을 확보하는 비용을 클릭이나 신청 완료 건수로만 평가해서는 안 된다. BBVA 컴퍼스 은행의 경우 완료된 온라인 신청자당 약 80달러의 비용이 든다. 이에 150달러의 프로모션 혜택을 더하고 신청했다가 취소한 비용까지 감안하면, 고객 확보 비용은 약 300달러로 급격히 증가한다.[■] 셋째, 기업은 소비자가 클릭 후에 빠져나가는 원인을 신중하게 검토해야 한다. 클릭한 사

■ 완료한 신청서 중 80퍼센트가 승인되었으며, 그중 67퍼센트가 계좌에 돈을 입금한다는 점을 고려하면, 80퍼센트 X 67퍼센트, 약 54퍼센트의 성공 확률을 가진다. 따라서 성공적으로 유치된 계좌에 든 비용은 80달러/0.54 + 150달러의 프로모션 혜택, 약 300달러다.

용자 중에서 10퍼센트만이 실제로 가입 신청서를 작성하기 시작한 이유는 뭘까? 어째서 신청서를 작성하기 시작한 고객 중 24퍼센트만이 완료할까? 그리고 은행 승인을 받은 소비자 중에서 67퍼센트만이 계좌에 돈을 입금한 이유는 무얼까?

온라인 쇼핑몰 사업자들도 비슷한 문제를 겪는다. 소비자가 결제 단계에서 구매를 포기하는 것이다. 연구에 따르면 온라인 장바구니에 담긴 상품 중 거의 70퍼센트는 체크아웃 단계에서 취소된다고 한다.[32] 배송료와 기타 수수료 추가, 신규 계정을 만들어야 하는 불편, 길거나 복잡한 체크아웃 프로세스가 주된 이유다. 기업은 단순히 눈에 보이는 광고 클릭 횟수 이면에 자리한 고객의 의사결정 과정의 불편한 점을 정확히 이해해야만 보다 효과적인 고객 확보 프로그램을 운영할 수 있다.

광고를 넘어

수십 년 동안 마케팅 교과서에서는 제품product, 가격price, 장소 또는 유통place, 판촉 또는 광고promotion라는 4P를 이야기해 왔다. 4P의 모든 요소가 고객의 확보와 유지에 영향을 줌에도 불구하고 디지털 마케팅에 대한 논의는 주로 디지털 광고에 집중되곤 한다. 이전 Section2에서는 옴니채널 전략에서 장소의 중요성에 대해 언급했었다. 여기에서는 어떻게 디지털 기술이 제품과 가격을 새로운 시각으로 바라보게 하는지 간단히 설명하고자 한다.

생산과 유통에 있어 한계 비용이 거의 없는 디지털 제품의 경우, 제품의 기본 버전을 무료로 제공하고 업그레이드 버전은 유료화하는 '프리미엄freemium'(Section1에서 간단히 언급)이 강력한 전략으로 통한다. 프리미엄 전략을 채택한 기업에는 게임 앱 개발자들과 어도비, 뉴욕 타임스, 훌루, 드롭박스Dropbox(웹 기반 파일 공유 서비스), 링크드인Linkedin(글로벌 비즈니스 인맥 사이트), 박스Box(웹 기반 파일 공유 서비스), 스플렁크Splunk ■, 스카이프Skype, 판도라Pandora, 유튜브 등이 포함된다. 프리미엄 전략을 활용한 앱은 애플 앱스토어 매출의 95퍼센트, 구글 플레이 매출의 98퍼센트를 차지한다.[33] 프리미엄 전략의 장점은 다음과 같다.

- 기업 입장에서는 무료 고객 확보에 소요되는 마케팅 비용이 적거나 전혀 없으며 일부 무료 고객은 향후 유료 고객으로 전환할 가능성이 있다.

- 강력한 네트워크 효과가 있는 제품의 경우 기존 고객들이 제품이나 서비스를 주변에 적극적으로 마케팅하는 선순환을 만들게 된다. 파일 공유 서비스 드롭박스는 현재 사용자가 친구들에게 드롭박스를 사용하도록 초대하는 방식이다. 네트워크 효과를 보유한 제품은 승자 독식 시장을 형성할 수 있으며, 프리미엄 전략으로 고객 규모를 단숨에 확대해 시장의 리더가 될 수 있다.

- 경험재의 경우 소비자가 직접 경험하기 전에는 가치를 평가하기 어렵다. 드롭박스의 창립자 겸 CEO인 드류 휴스턴Drew Houston은 "드롭박스는 사람들이 써보기 전까지는 막상 필요한지조차도 몰랐던 제품을 제공한

■ 빅데이터 분석 솔루션 회사로 서버·데이터베이스·스마트폰·태블릿·센서 등에서 나오는 머신 데이터(machine data)를 실시간으로 수집·검색·분석해 결과를 시각화한 대시보드나 보고서 형태로 제공한다.

다."[34] 라고 직접 경험의 중요성을 설명했다.

• 기업은 사용자가 제품과 상호 작용하는 방식을 관찰해 귀중한 피드백을 얻을 수 있다. 어도비가 패키지 제품 판매에서 월정액 기반의 프리미엄 모델로 전략을 바꿨을 때 수백만 명의 무료 사용자를 단기간에 확보할 수 있었다.

무료 사용자를 모니터링하면서 어도비는 소비자가 자주 사용하는 기능, 불편한 점, 제품 활용도를 높이도록 유도하는 방안 등을 터득할 수 있었다. 이러한 피드백을 통해 어도비는 지속적으로 제품을 혁신할 수 있었다.

• 기간 한정 무료 체험판과 달리 프리미엄은 소비자가 제품을 습관적으로 사용하게 한다. 뉴욕 타임스는 방문자가 월 20개의 무료 기사를 읽을 수 있게 하여 사이트를 지속적으로 찾도록 유도했다.

프리미엄 제품을 설계할 때 중요한 질문은 얼마만큼을 무료로 제공하느냐 하는 점이다. 너무 적게 주면 소비자는 체험해 볼 만한 흥이 나지 않으며 너무 많이 주면 업그레이드할 필요성을 못 느낄 것이다. 뉴욕 타임스는 유료화 정책을 세울 때 광고와 온라인 구독이라는 두 가지 수익원 사이에 균형을 맞추려고 매월 20개의 무료 기사를 제공하기로 했다. 무료 구독 기사 수가 너무 적으면 런던의 타임스Times가 그랬듯이 웹사이트 방문자와 디지털 광고 수익이 대폭 감소했을 것이다. 반면에 무료 기사를 너무 많이 제공하면 온라인 구독자 감소로 잠재적 매출 확대가 제한됐을 것이다. 뉴욕 타임스는 고객 데이터를 기반으로 판단하여 20개 무료 기사를 제공하기로 최종적으로 결정했다. 유료화에 대한 소비자의 반응을 모니터링하고 디지털 버전의 구독층이 탄탄해지는 현상을 확인하고 나서야 무료 기사 제공 건수를 매월 다섯 개로 줄였다.

제품을 공짜로 나눠주면 어떻게 돈을 벌 수 있을까? 프리미엄 고객층의 상당수가 공짜 손님이기 때문에 고객의 평생 가치가 '0'이라고 결론 내리기 쉽다. 하지만 무료 고객은 두 가지 간접적인 방법으로 기업에 가치를 가져다준다. 첫째, 주변인 추천과 네트워크 효과를 발생시켜 기업의 고객 확보 비용을 낮춘다. 둘째, 적은 비중이지만 무료 고객이 유료 버전으로 업그레이드하는 경우다. 최근 연구 보고서에서 필자와 동료들은 데이터 스토리지 업체는 무료 사용자가 일반적으로 프리미엄 가입자의 15~25퍼센트 가치가 있다고 보여줬다.[35] 또 다른 연구에서는 이베이 사이트와 유사한 유럽 경매 회사의 네트워크 효과를 조사한 결과 신규 판매자 한 명이 판매자 세 명과 구매자 열한 명을 추가로 불러들이는 효과가 있음을 발견했다. 이 사이트의 판매자 확보 비용은 12~60유로이며 구매자 확보 비용은 5~25유로라는 점을 고려할 때, 네트워크 효과를 통해 얻은 고객의 가치는 상당하다.[36]

디지털 제품은 생산과 유통의 한계 비용이 거의 없어서 프리미엄이 훌륭한 전략이 될 수 있지만 물리적 제품은 반드시 값을 받아야 한다. 이러한 상황에서 가격 책정은 소비자와 회사 모두에게 결정적인 고려 사항이다. 디지털 시대에 소비자는 얼마든지 사이트에서 가격을 비교, 검색할 수 있으며 기업은 경쟁력을 유지하고 최적의 가격을 결정하기 위해 가격 책정을 다양하게 시도해 볼 수 있다.

아마존의 외부 판매자뿐 아니라 아마존 자체도 시간에 따라 다른 가격으로 판매한다. 아마존은 같은 날 많은 제품을 여러 가격으로 판매를 시도하기도 한다. 시간대별 가격 변동은 디지털 시대의 표준이 되고 있으며 모든 실무자는 항공사가 수년간 해 온 방식처럼 같은 제품에 다양한 가격을 책정하는 '다이내믹 프라이싱dynamic pricing'▪ 방식을 고려해야 한다.

인도 192개 도시에서 6,500개가 넘는 호텔을 운영하는 인도 최대 호텔 네트워크 오요 룸스OYO Rooms(인도의 온라인 호텔 정보 제공업체)는 다이내믹 프라이싱을 새로운 차원으로 끌어 올렸다. 오요 룸스의 창립자이자 CEO인 리테쉬 아가르왈Ritesh Agarwal은 19세 때 오요를 설립해 처음에는 에어비앤비와 유사한 사업 모델을 만들었지만, 이윽고 인도에는 신뢰성 있고 표준화된 서비스를 갖춘 중저가 호텔이 부족하다는 사실을 깨달았다. 그래서 사업 모델을 변경하기로 하고 저가 호텔을 상대로 객실 몇 개를 와이파이, 무료 아침 식사, 깨끗한 욕실과 표준화된 서비스를 갖춘 오요 전용 룸으로 변경해 달라고 제안했다.

높은 고정 비용과 공실률을 가진 호텔들은 추가 수입을 얻으려고 오요에 기꺼이 일부 객실을 임대하였다. 오요의 소비자 가격은 시장 상황과 계절에 따라 변동했지만, 오요가 임대한 객실에 대해 고정된 월정액 사용료를 지급하는 '최소 가격 보장'을 약속했다. 일 년 후 오요는 다음과 같은 가격 정책을 도입했다. 하루에 두 번(아침과 오후에 한 번씩) 오요가 각 호텔 주인에게 객실 가격을 제시하면 호텔 주인은 당일 오요에게 임대할 객실 수를 결정할 수 있다. 그러면 오요는 객실의 공급 상황과 시장 조건에 따

▪ 가변적 가격 책정으로 제품·서비스의 가격이 시장 상황에 따라 탄력적으로 달라지는 가격 전략

라 소비자의 숙박 요금을 결정한다. 사실상 오요의 다이내믹 프라이싱 정책은 호텔의 객실 공급 변동성과 소비자의 수요 변동성을 실시간으로 균형 있게 조정하는 것이다.

이 장에서는 기업 성장의 원동력인 고객 확보에 대해 어떤 고객을 어떻게 확보할지 살펴보았다. 확보한 고객을 유지하려면 고객의 적극적인 참여가 필수적인데, 이는 바로 다음 장에서 다루었다.

테스코, 마스터카드의 전략

고객의 참여를 유도하는
가장 근본적인 방안

광고쟁이나 광고를 좋아하지, 다른 사람들은 광고를 싫어한다.[1]

제리 그라프$^{Gerry\ Graf}$, 사치앤사치$^{Saatchi\ \&Saatchi}$ 전임 크리에이티브 디렉터

"적절한 메시지를 정확한 타깃 고객에게 적당한 시기에" - 전 세계 마케팅 임원들은 이 목표가 실현되고 있다고 확신한다. 소비자가 온라인에서 클릭해 찾아 들어간 모든 행적을 추적할 수 있고, 모바일 기기로 실시간 위치 파악이 가능하며, 소셜 미디어와 페이스북을 통해 관심사와 활동 내역을 파악할 수 있기 때문이다. 마케팅 전문가는 프로그래머틱 미디어 바잉$^{programmatic\ media\ buying}$ ▪, 실시간 마케팅, 데이터 마이닝, 지역 타기팅, 리타기팅과 같은 정교한 기술을 활용해 목표를 달성할 수 있다는 새로운

▪ 광고를 노출할 지면을 미리 구매하지 않고 원하는 타깃 고객이 주로 활동하는 트래픽을 중심으로 광고를 예약 노출하고 집행 결과를 분석하는 자동화 구매 방식

확신을 갖게 됐다.

그러나 소비자는 여전히 광고에 짜증스러운 반응을 보인다. 2016년 설문조사에 따르면 소비자의 90퍼센트는 본 영상 전에 나오는 광고preroll를 건너뛴다. 유튜브와 같은 사이트에서 원하는 동영상을 재생하기 전에 억지로 보게 하는 광고 영상 말이다. 심지어 페이스북은 한창 동영상을 시청하는 중간에 광고가 등장하는 광고midroll 포맷을 테스트 중이다! 대부분 광고주의 주요 타깃인 밀레니얼 세대 중 거의 84퍼센트는 광고 전체나 일부를 건너뛰거나 차단한다고 밝혔다.[2]

다른 조사에 따르면 모바일 메신저 스냅챗 이용자의 69퍼센트는 스냅챗의 광고를 건너뛴다.[3] 2016년 12월에는 전 세계적으로 6억 개 이상 장치에 광고 차단 소프트웨어가 설치되어 있었으며 이는 2015년에 비해 30퍼센트 증가한 수치였다.[4] 2016년 12월을 기준으로 인도의 모바일 기기 중 28퍼센트, 인도네시아의 모바일 기기 중 58퍼센트가 광고를 차단했다.[5]

광고업계는 광고 노출을 측정하는 참신한 방법을 개발해 왔다. 페이스북은 사이트에서 3초 동안 영상이 재생되면 노출된 것으로 간주하며, 스냅챗은 영상이 스크린에서 재생되기만 해도 (실제 재생 시간은 0.5초에 불과할지라도) 노출로 카운트한다. 2016년 비영리 미디어 감시 단체로 매체 측정 표준안을 마련하는 영상물 심의회MRC, Media Rating Council는 수개월 간의 심사를 거쳐 디지털 광고 효과 측정의 가이드라인을 제시했다. 모바일 동영상 광고의 노출 횟수Impression 측정 기준은 광고 픽셀의 50퍼센트 이상이 2초 연속 노출될 경우로 삼았다. 어떤 연구 발표를 신뢰하건 간에 온라인 광고에서 클릭을 통해 웹사이트에 실제로 연결된 비율이 1퍼센트만 되면 대단한 성공인 걸까? 달리 말하면 우리가 언제부터 99퍼센트의 시도가 실패하더라도 성공이라고 간주했던가?

소비자 참여를 이끌어 내려는 기술 개발과 온갖 미사여구에도 그들의 관심을 사로잡으려는 시도는 계속 실패로 끝났다. 모든 브랜드가 소비자의 시선을 끌고 싶어 하지만, 브랜드 관리자들은 단 한 번이라도 소비자가 왜 비누, 캔 음료, 맥주 따위에 관심을 기울여야 하는지 자신에게 물어본 적이 있는가?

광고는 보고 싶지 않은 이에게 억지로 보게 하는 것이 결코 아니다. 광고의 역할은 소비자가 합리적인 결정을 내릴 수 있게 도움이 되는 정보를 그들에게 제공하는 것이다. 구글은 소비자가 데스크톱과 노트북에서 검색한 기록과 연관성이 높은 광고를 게재하는 검색 광고로 이러한 목적을 효율적으로 달성해 왔다. 그러나 소비자의 관심이 PC에서 모바일 기기로 옮겨 가고 기업들의 광고 예산도 모바일로 옮겨 가면서 구글 또한 소비자와 연관성이 높은 모바일 광고를 노출하려고 심혈을 기울이고 있다.

모바일 광고가 다른 광고와 어떻게 다른지 이해하려면 사람들이 스마트폰에서 어떻게 시간을 보내는지 알아야 한다. 노트북과 데스크톱에선 주로 브라우저 검색을 했던 것과 달리 모바일 기기를 활용할 때 소비자는 브라우저가 아닌 애플리케이션에서 90퍼센트 이상의 시간을 소비한다.

야후 산하의 모바일 앱 분석 서비스 회사인 플러리^{Flurry}의 미국 소비자 연구에 따르면 대부분의 사람은 페이스북이나 스냅챗과 같은 소셜 네트워크나 엔터테인먼트 앱을 사용하면서 시간을 보낸다(그림 8-1 참조). 소비자가 코카콜라나 도브 비누에 관련된 앱을 설치할 특별한 이유가 없어서 브랜드 마케팅 담당자들은 모바일 광고 예산에서 상당 부분을 앱 안에 광고가 들어가는 형태의 '인앱in-app' 광고에 쓴다. 인앱 광고의 예로 게임 앱의 배너 광고, 유튜브 동영상의 프리롤 광고, 페이스북의 뉴스피드 삽입 광고가 있다.

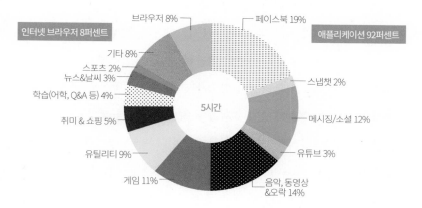

출처: 사이먼 칼라프(Simon Khalaf) & 랄리 케시라주(Lali Kesiraju), 미국 소비자의 일일 모바일 사용 시간, 다섯 시간에 달함(U.S. Consumers Time-Spent on Mobile Crosses 5 Hours a Day), 2017년 3월 2일, http://flurrymobile.tumblr.com/post/157921590345/us-consumers-time-spent-on-mobile-crosses-5

[그림 8-1] 미국 소비자의 앱 종류에 따른 스마트폰 사용 시간

업계에서는 앱과 페이스북에 게재하는 광고의 투자 대비 효과가 어마어마하다는 주장과 함께 각종 성공담을 쏟아내지만(다음 장에서 다룰 주제이다) 소비자 관점에서 생각해 보자. 캔디 크러쉬Candy Crush ■ 퍼즐 게임을 하거

■ 킹(King)이 2012년 출시. 구글 플레이 캐주얼 게임 부문 최고 매출 1, 2위를 다투는 장수 게임

나 페이스북 뉴스피드˙를 읽는 동안 나오는 BMW나 코카콜라 배너 광고가 소비자에게 관련성이 높고 유용하겠는가?

스위스 국제경영개발대학원IMD의 전략 혁신 교수이자 하버드대 경영대학원의 전직 동료이기도 한 미쉑 피스콜스키Misiek Piskorski는 페이스북 뉴스피드 광고는 친구와 개인적인 대화를 나누고 있을 때 곁에 있던 낯선 사람이 의자를 바짝 당겨 다가앉는 상황과 비슷하다고 설명한다.

달리 표현하자면 가족과 식탁에 둘러앉아 있는 오후 7시 식사 시간에 불쑥 걸려오던 판촉 전화의 디지털 버전쯤 된다. 한 연구에 따르면 사람들이 싫어하는 광고를 노출하면서 광고가 전혀 없거나 좋아할 만한 광고를 노출할 때와 같은 수준의 광고 효과를 올리려면 광고 노출 횟수 1000번당 약 1달러 내지 1.5달러를 추가로 지급해야 한다. 광고 게시자는 광고 노출 횟수 1000번당 50센트 미만의 금액을 받고 소비자가 귀찮아할 광고를 올려주곤 하는데, 광고로 말미암은 경제 손실 추정치의 절반에 해당하는 금액이다.[6]

콘텐츠를 공짜로 보는 대가로 소비자들은 성가신 광고를 받아들이게 됐다. 하지만 소비자와 브랜드 양쪽 모두에 도움이 되는 방법은 없을까? 이 질문은 바로 이 장에서 중점적으로 다룰 주제다.

가치 제공

마케팅의 목표는 소비자를 위한 가치 창출이다. 테스코의 지하철역 가상

■ 페이스북에서 친구 네트워크에 속한 회원의 활동, 메시지, 추천 목록 등이 업데이트 되는 곳

매장과 유니레버의 모바일 라디오 방송국은 기술을 활용해 기업과 소비자 모두 윈-윈하는 전략을 수립한 대표 사례이다.

한국의 테스코

프랑스 까르푸와 미국 월마트에 뒤이어 테스코는 1999년 아시아에서 높은 수익성을 자랑하는 시장인 한국에 진출했다. 홈플러스라는 사명으로 매장을 연 테스코는 국내 최대 규모의 경쟁 유통업체인 이마트 때문에 어려움에 빠졌다. 2006년 까르푸와 월마트 모두 한국 시장에서 철수함에 따라 이마트는 월마트 코리아를 인수했다. 한편, 2009년 이마트는 국내 시장에서 독보적인 점유율 선두를 지켰으며 연간 매출액은 94억 달러에 달했다.[7]

테스코는 어떻게 신규 매장 개점에 드는 대규모 추가 투자 없이 이마트에 맞서 많은 소비자를 유치할 수 있었을까? 대부분 소비자가 주중에 식료품 쇼핑을 꺼린다는 점을 고려해 테스코는 대신 소비자에게 찾아가는 매장을 열기로 했다. 테스코는 2011년 서울에서 가장 붐비는 지하철역에 최초의 가상 매장을 열고 실제 매장의 식료품 코너에 있는 판매대와 똑같이 생긴 그림을 역사 내에 붙였다. 고객은 스마트폰에 홈플러스 앱을 내려받고 아침에 지하철을 기다리는 동안 가상 아이템의 QR 코드를 스캔해 결제하면 저녁 시간에 집에 도착했을 때쯤이면 주문한 물건을 배달받을 수 있었다. 가상 매장은 소비자의 번거로움을 해결해 상당한 소비자 가치를 제공했으며 테스코 또한 실질적인 사업 성과를 거두었다.

모바일 앱을 출시한 지 3개월 만에 홈플러스 매출은 130퍼센트 증가했으며 등록된 사용자 수가 76퍼센트나 증가했다.[8] 유감스럽게도 2015년 테스코는 자국 시장의 재정적 어려움과 한국 정부의 강력한 규제 정책 때문에 한국 시장에서 철수했다. 그럼에도 테스코의 앱은 혁신적인 방식으로 소비자 참여를 유도한 모범 사례로 남았다.

인도의 유니레버

2014년 인도 소비재 시장의 선두 주자인 힌두스탄 유니레버Hindustan Unilever Limited는 비하르Bihar와 자르칸트Jharkhand ■ 지역에 거주하는 1억 3천만 명의 소비자에 대한 접근성이 떨어져 어려움을 겪었다. 이 두 지역은 매일 8시간에서 10시간 동안 전기가 공급되지 않아 문화적인 접근이 가장 어려운 곳으로 꼽혔다. 하지만 당시 거의 5,400만 명에 달하는 주민에게는 통화만 되는 피처폰이 있었다. 유니레버는 단순한 성능의 핸드폰을 엔터테인먼트 전달 기능을 갖춘 매체로 탈바꿈해 소비자에게 이제껏 누리지 못한 새로운 경험을 제공하고자 했다.

유니레버는 칸 카주라 스테이션Kan Khajura Station이라는 엔터테인먼트 채널 서비스를 만들었다. 15분 동안 음악, 개그, 뉴스, 유니레버 브랜드의 프로모션을 포함해 엔터테인먼트 콘텐츠가 공짜로 제공되며 듣고 싶을 때 아무 때나 들을 수 있는 주문형On demand 서비스였다. 이 채널에 접속하려면 수신자 부담 번호로 전화를 걸고 통화가 연결되자마자 소비자에게 이용요금이 부과되지 않도록 접속이 끊긴다. 그리고 자동으로 콜백 전화(인

■ 전 세계 4분의 1에 해당하는 마이카(Mica, 아이섀도와 립스틱 등 색조 화장품에 들어가는 반짝거리는 성분)를 생산하는 광산 지대로 인도의 다른 지역보다 교육 수준이 낮고 문맹률이 높은 빈곤 지역이다.

도에서는 수신 통화료가 무료)가 걸려오면 그때부터 15분간 무료로 라디오를 청취할 수 있었다. 채널을 론칭한 지 얼마 되지 않아 유니레버는 하루에 15만 통의 전화를 받았으며 수많은 고객이 하루에 여러 차례 전화를 걸어왔다. 6개월 만에 칸 카주라 스테이션은 800만 명의 가입자를 모았으며 유니레버의 브랜드 인지도는 크게 올라갔다. 핸드폰을 엔터테인먼트 전달 매개체로 변모시켜 유니레버는 비하르와 자르칸트 지역에서 개인당 4센트 미만의 비용으로 가장 큰 미디어 채널을 구축할 수 있었다.[9]

초기에 큰 성공을 거둔 후 힌두스탄 유니레버는 전통적인 매체가 도달하지 않거나 서비스 공급이 불안정한 인도의 모든 오지 마을과 도심으로 칸 카주라 스테이션을 확대했다. 2015년까지 총 3,500만 명의 가입자를 확보했으며 출시 후 2년 동안 가입자들은 4,500만 번의 힌두스탄 유니레버 광고를 포함하여 총 9억 분에 해당하는 엔터테인먼트 프로그램을 청취했다. Section1에서 논의했던 플랫폼 전략을 실천한 힌두스탄 유니레버는 칸 카주라 스테이션 가입자와의 소통을 원하는 다른 브랜드에도 방송국 플랫폼을 개방해 왔다.[10]

테스코와 유니레버의 사례에는 다음과 같은 공통점이 있다.

- 마케팅은 단순히 광고가 아니다. 테스코나 유니레버는 소비자를 끌어들이기 위한 별도의 광고 캠페인을 제작하지 않았다. 대신에 소비자의 문제를 해결하고 소비자에게 가치를 제공하는 활동에 중점을 두었다.
- 결과적으로 소비자를 짜증나게 하지 않으면서 다가갔다. 소비자가 자발적으로 홈플러스 앱을 필요에 의해 설치하고, 엔터테인먼트 채널을 청

취하기 위해 유니레버에 자발적으로 전화를 걸게 했다. 고객과의 양방향 커뮤니케이션이 원활하게 이뤄지는 시대에 아직도 대부분 광고주가 소비자가 배너 광고나 프리롤 광고를 수동적으로 수신하는 방식을 고수하는 현상이 아쉽다.

- 테스코와 유니레버는 모바일 기기의 특성을 십분 활용하여 고객에게 다가갔다. 노트북으로는 테스코 고객이 QR 코드를 스캔할 수 없었을 것이며, 인도에 있는 유니레버 소비자는 잦은 정전으로 라디오와 TV를 쓰기 어려웠다.

스토리텔링에서 스토리메이킹으로

라자 라자마나Raja Rajamannar는 2013년 9월 마스터카드 최고마케팅책임자 CMO, Chief Marketing Officer로 합류하면서 마스터카드의 강력한 브랜드 파워와 상징적인 '프라이스리스Priceless(돈으로 살 수 없는 감동의 순간)' 광고 캠페인을 이어받았다.[11] 1997년 론칭한 이 캠페인 영상에서는 사람들이 함께 행복한 순간을 보내는 장면을 보여주고 이렇게 마무리한다. "인생에는 돈으로 살 수 없는 것들이 있습니다. 마스터카드는 그 외 모든 것을 위해 존재합니다." 이 비네트vignette■ 광고 캠페인은 큰 성공을 거둬■■ 이후 15년 동안 많은 나라에서 자국어로 번역되어 방영됐다. 하지만 라자는 변화의 시기가 도래했다고 느꼈다.

■ 상업적 메시지를 최대한 배제하고 특정한 사람·상황 등의 전형적인 특징을 보여주는 짧막한 글·행동

■■ 마스터카드는 소비를 유도하는 자극적인 광고 문구 대신 '당신의 아이가 첫걸음을 떼는 순간, 그 순간의 소중함은 값으로 따질 수 없습니다.'라는 역발상 광고 문구로 사람들의 이목을 끌었다.

66 고객의 참여를 이끌어 내는 방식을 다시 생각해 보게 된 데는 세 가지 이유가 있었습니다. 첫째, 프라이스리스 광고 캠페인은 최종 소비자를 겨냥해 제작했지만 카드 발급은 제휴 은행이 하지 마스터카드의 역할이 아닙니다. 소비자와의 관계를 위한 모든 노력이 제휴 은행과 가맹점 파트너사를 돕는 것으로 이어져 우리 사업을 견인하도록 해야 합니다. 이는 CEO인 아제이 방가Ajay Banga의 명확한 지침이었습니다.

둘째, 마스터카드 브랜드는 '최고의 결제 방식'으로 포지셔닝하고 있었지만, 소비자들은 결제 단계에서 별 감정을 느끼지 않습니다. 아침에 눈을 떴을 때 결제의 순간을 떠올리는 소비자는 없죠. 소비는 인간 생활에서 아주 일부에 지나지 않기 때문에 카드 사용 너머에 있는 더욱 큰 그림을 그려 볼 필요가 있습니다. 삶에서 일어나는 모든 일이 제품이나 서비스 소비에 직접적인 영향을 미치니까요.

셋째, 프라이스리스 광고 캠페인은 강렬하지만, 여전히 소비자에게 일방적으로 메시지를 전달하는 방식입니다. 소비자와의 쌍방향 커뮤니케이션이 활발한 세상이 되었는데도 말이죠. 지금과 같은 넷플릭스 시대, 광고를 차단하는 시대에는 아무리 광고 메시지가 감동적이어도 누구도 관심을 기울이지 않습니다. 스토리텔링에서 스토리메이킹으로 방향을 전환하여 소비자를 이야기의 중심축으로 만들 필요가 있습니다.

　　변화를 주도하기 위해 라자와 그의 팀은 사람들에게 값을 매길 수 없는 가치의 가능성을 열어주는 브랜드로 포지셔닝하기로 했다. 이를 위해 디지털과 소셜 미디어를 활용한 '디지털 엔진'을 만들었다(그림 8-2 참조).

디지털 엔진은 데이터와 실시간 최적화 방식을 통해 얻은 통찰을 기반으로 한 7단계 프로세스다.

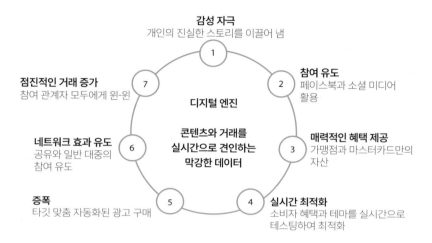

[그림 8-2] 마스터카드의 디지털 엔진

1. **감성 자극:** 첫 번째 단계는 소비자에게 감성적인 자극을 주어 유대감을 형성하는 일이다. 마스터카드는 데이터를 활용해 소비자의 열정을 불러일으키는 것을 이해하고, 이를 자극하는 영상과 제작물을 만들어 소비자의 참여를 유도한다. 예를 들어 2014년 새해 전야를 앞둔 몇 주 전 배우 휴 잭맨Hugh Jackman이 등장한 영상을 제작해 가장 소중한 이(가족, 친구, 멘토 등 열정과 지혜를 나눠준 사람들)에 관한 스토리 응모 이벤트를 개최했다. 최종으로 뽑힌 응모자들은 12월 31일에 '세상 어느 곳'이든지 비행기로 날아가 멀리 떨어져 있던 소중한 사람과 다시 만나게 해준

다는 내용이었다. 마스터카드는 모든 만남이 '프라이스리스 서프라이즈 Priceless Surprise'가 되리라 예상했다.

2. **참여 유도:** 데이터를 기반으로 적합한 타깃층을 파악하여, 페이스북과 소셜 미디어에 그들의 열렬한 반응을 끌어낼 만한 영상을 노출한다. 마스터카드는 사람들로 하여금 스스로 자신의 이야기를 하게끔 만드는 것을 목표로 한다. 이를 위해 지속적인 관심을 끌어낼 수 있는 후속 콘텐츠를 제작하기도 한다. 휴 잭맨 영상은 그가 뉴욕에 있는 멘토를 기습 방문하여 깜짝 놀라게 하는 장면을 연출했다.

3. **매력적인 혜택 제공:** 마스터카드 매출을 견인하는 파트너 은행과 가맹점의 사업 지원을 목표로 삼고, 소비자의 관심사에 들어맞는 최고의 혜택을 발굴하기 위해 노력한다. 마스터카드 아시아태평양 팀은 인도 고객들이 가장 선호하는 휴가지로 싱가포르를 꼽는다는 사실을 발견하고, 싱가포르 남쪽 해안에 있는 리조트 월드 센토사Resorts World Santos와 제휴를 맺었다.

4. **실시간 최적화:** 마스터카드는 소비자 혜택과 관련한 다양한 선택지를 보유하고 있다. 이러한 상황에서 어떤 혜택에 중점을 두고 홍보를 할지 A/B 테스트를 하고 테마나 예산, 혜택을 실시간으로 최적화한다. A/B 테스트는 서비스의 실제 사용자가 될 두 집단에 A와 B 옵션을 각각 제시하고 나서 A와 B 중 더 나은 결과를 찾아내는 방식이다.

5. **증폭:** 마스터카드는 실시간 테스트를 통해 고객에게 제공하는 혜택의 성과에 대해 확신을 하게 된다. 이를 기반으로 파트너사가 캠페인을 공동으로 마케팅하고 자금을 마련하도록 장려할 수 있다. 이러한 과정을 통

해 프로그램 예산과 효과를 증폭한다.

6. **네트워크 효과 유도:** 사람들이 스토리를 응모하면 마스터카드는 몇 주 후에 수상자를 발표하고, 그들이 친구나 가족에게 놀라움을 선사하는 장면을 영상으로 제작하여 소셜 미디어에 공유하고 확산시킨다.

7. **점진적인 거래 증가:** 이러한 프로그램의 효과는 점차 수익으로 나타난다. 카드를 발급하는 은행과 소비자가 돈을 쓰는 가맹점, 모든 거래에서 수수료를 얻는 마스터카드가 점진적으로 이익을 얻게 되는 것이다.

그림 8-3은 마스터카드의 '프라이스리스 시티즈$^{Priceless\ Cities}$' ■ 프로그램의 미국 내 사업 성과를 보여준다.

마스터카드 사례는 소비자의 참여를 유도하는 방법에 대한 중요한 교훈을 알려준다.

- **누구나 공감할 수 있는 보편적인 메시지를 전달하라:** 브랜드는 소비자의 삶과 시간 속에 살아 숨 쉬어야 한다. 기업이 소비자의 삶과 더욱 밀접하게 연결되려면 브랜드나 제품을 넘어선 그 이상의 메시지를 전달해야 한다. 라자가 말했듯이, "아침에 눈을 떴을 때 결제의 순간을 떠올리는 소비자는 없다." 최고의 결제 방식을 제공한다고 한들 소비자와는 크게 상관없는 일이다. 자동차, 비누, 탄산음료도 마찬가지다. 도브 비누는 브랜드나 제품 자체에 초점을 맞추는 대신 여성과 사회가 아름다움을 바라

■ 2011년 뉴욕을 시작으로 마스터카드가 라스베가스, 로마, 런던 등 특정 도시의 음식점, 쇼핑센터, 미술관, 명소 등과 제휴를 맺어 특별한 혜택을 제공하는 고객 관리 프로그램이다.

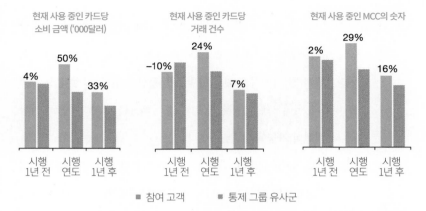

＊ 참여 고객은 통제 그룹에서 유사하게 매칭되는 소비자와 비교해 전년보다 4퍼센트 더 많은 돈을 소비했지만, 캠페인 기간에는 50퍼센트, 캠페인 다음 해에는 33퍼센트를 더 소비했다.

출처 : 회사 문서.
참고 : 참여 고객은 '프라이스리스 시티즈(Priceless Cities)' 제안에 반응하는 카드 소지자를 나타낸다. 통제 그룹 유사군은 통제 그룹 내 유사하게 매칭되는 고객 샘플(matched control sample)을 가리킨다. MCC는 'Merchant category code'(가맹점 카테고리 코드)의 약자다. 시행 1년 전: 2012년 5월~ 2013년 4월. 시행 연도: 2013년 4월 ~2014년 4월 시행 1년 후 : 2014년 5월~2015년 4월

[그림 8-3] 미국 '프라이스리스 시티즈'의 거래 효과

보는 방식에 중점을 둔 '리얼 뷰티Real Beauty' 광고 캠페인으로 소비자와의 대화를 성공적으로 끌어냈다. 더욱 보편적인 주제로 다가설 때 브랜드는 사람들에게 감동을 주고 공감대를 형성할 수 있다.

- **스토리텔링에서 스토리메이킹으로 전환하라:** 구글과 페이스북은 소규모 회사도 제한된 예산으로 디지털 마케팅과 소셜 미디어에 참여할 수 있도록 마케팅의 장벽을 낮췄다. 그뿐 아니라 스냅챗과 인스타그램부터 수백만 개의 웹사이트와 블로그에 이르기까지 다양한 광고 매체가 등장했다. 그러다 보니 광고 상품 공급량이 엄청나게 증가하여 고객의 혼란

과 피로가 극심해졌다. 이 혼란을 해결하기 위해 기업은 메시지 전달 방식을 스토리텔링에서 스토리메이킹으로 바꿔야 한다. 라자가 말했듯이 아무리 감동적인 이야기를 해도 사람들은 관심이 없다. 일방적 정보 전달을 벗어나 여러 사람의 깊은 공감대를 자극하는 메시지여야 쌍방향 커뮤니케이션이 가능해진다.

- **일관된 브랜드 가치를 담아라:** 감정적 호소로 대중의 관심을 끄는 메시지에만 집중하다 보면 브랜드의 핵심 가치를 담지 못할 수 있다. 디지털 세상에서도 각 브랜드는 독특한 가치와 개성을 어필해야 한다. 미국의 가정용품업체 클로락스Clorox의 최고마케팅책임자CMO인 에릭 레이놀즈 Eric Reynolds는 다음과 같이 강조했다. "이 브랜드가 왜 존재하는지 고유한 정체성이 분명하지 않은 상태에서는 아무것도 나아지지 않아요. 어느 순간 누군가는 근본적인 질문을 던져야 해요. '잠깐. 지금 우리가 왜 이런 일들을 하는 거지?' 리더십과 관련한 질문이기도 해요. 한편으론 더 나은 앞날을 선언하며 기꺼이 초심으로 돌아가 브랜드의 근본적인 철학을 되짚어 보자는 제안이기도 하죠."[12]

마스터카드는 세 가지를 염두에 두고 감정적인 스파크(불꽃)를 만들어 낸다. 첫째, 타깃 고객을 이해하여 어필할 포인트를 포착해야 한다. 마스터카드는 고객이 열정을 쏟을 만한 아홉 가지 포인트로 음악, 스포츠, 여행, 쇼핑, 식도락 등을 찾아냈다. 둘째, 시대의 문화적인 트렌드가 반영돼야 한다. 셋째, 콘텐츠는 브랜드 이미지와 깊이 연관되고 일관되어야 한다.

마스터카드가 제시한 가이드라인은 단순하고 명확하지만 많은 기업이 놓치고 있다. 2010년에 론칭한 펩시콜라의 '펩시 리프레쉬 프로젝트Pepsi Refresh Project'를 예로 들 수 있다. 펩시는 새로운 아이디어로 세상에 긍정적인 영향을 만드는 개인, 기업체, 비영리 단체에 2천만 달러를 후원하겠다고 발표했다. 접수된 수많은 아이디어 중 일부는 펩시와는 전혀 상관이 없는 내용이었으며, 개중에는 비만 퇴치와 같이 펩시가 내놓는 상품의 가치와 상충되는 것도 있었다.

2017년 4월 패션모델 켄달 제너Kendall Jenner를 전면으로 내세운 광고는 처참하게 실패했다. 펩시가 뚜렷한 명분도 없이 흑인 인권 운동의 일종인 '흑인의 삶도 중요하다Black Lives Matter'는 캠페인을 하는 것이 소비자 입장에서는 단순한 감성팔이 행위로 보였기 때문이다. 믹서기 제조업체인 블렌텍Blendtec은 펩시와 달리 자사 브랜드 가치와 일치하는 기발한 유튜브 동영상 시리즈를 제작해 성공한 사례다. 〈Will it blend?이게 과연 갈릴까요?〉라는 제목의 동영상 시리즈에서 창립자인 톰 딕슨Tom Dickson은 음식물이 아닌 아이폰이나 골프공과 같은 물건을 능청스럽게 믹서기에 넣고 간다. 코믹 요소로 큰 화제를 모으며 수백만 조회수를 달성했을 뿐만 아니라 블렌텍 제품의 막강한 성능과 특징을 강조하는 데 성공했다.

- **소비자 참여를 비즈니스 기회로 연결하라:** 광고는 참여와 설득이라는 두 가지 목표를 달성해야 한다. 복잡하게 얽힌 미디어 환경에서는 흔히들 호기심을 유발하는 콘텐츠로 소비자의 관심과 참여를 끌어내는 데 총력을 기울이곤 한다. 그러나 광고의 궁극적인 목적은 비즈니스 활성화다. 하버드대 경영대학원 동료인 탈레스 테세이라Thales Teixeira의 연구에 따르면

광고에 오락적 요소를 너무 많이 넣으면 소비자의 시선을 끌 수는 있지만 브랜드 메시지를 전달하고 판매를 증진하는 데는 오히려 방해가 될 수 있다.[13]

예를 들어 동영상 조회수를 확인하는 것과 같이 단순히 소비자 참여 정도만을 측정하는 것은 프로그램 성공의 일부만을 보는 것이다. 마스터카드는 고객 참여를 유도하여 신용카드 거래 건수를 늘리겠다는 명확한 목표 아래 디지털 엔진을 구축했다. 따라서 프로그램 시행 이전과 이후를 비교하는 방식으로 실효성을 모니터링할 수 있었다. 마찬가지로 블렌텍은 식당용 믹서기를 전문으로 제작하다가 가정용 시장에 진출하면서 〈Will it blend?〉 동영상 시리즈 덕택에 놀라운 매출 성과를 이루어 냈다.

순간을 공략하는 마케팅

광고주는 소비자에 대한 모든 정보, 예를 들면 인구 통계, 관심사, 인맥 네트워크, 인스타그램이나 핀터레스트와 같은 소셜 미디어에 작성한 내용 등을 파악하는 데 혈안이 되어 있다. 소비자에 대해 많이 알면 알수록 그들과 더욱 연관된, 정교한 광고를 할 수 있을 것으로 생각하기 때문이다. 그러나 소비자는 생각보다 훨씬 복잡하고 다차원적인 존재다. 필자 또한 교수이면서 부모이기도 하고 스포츠 팬, 식도락가, 여행객 등 여러 정체성을 갖고 있다. 어떤 메시지에 대한 태도나 수용 정도는 소비자가 처한 상황에 따라 크게 달라진다.

존슨 앤 존슨Johnson & Johnson의 전직 글로벌 마케팅 서비스 총괄 책임자였던 비닛 메라Vineet Mehra는 사내 게시판을 읽다가 깨달음을 얻었다. "새벽 4시 20분경엔 다음과 같은 내용의 대화가 많더라고요. '아기가 밤에 깨지 않고 꿀잠을 잘 수 있도록 하는 비결을 아는 분 계신가요?', '생후 10개월 된 아이 때문에 지난밤 여섯 번이나 깼더니 이제 잠이 오질 않아요.'" 그는 엄마들과 긴밀해질 수 있는 '기회의 순간'을 포착하고, 엄마들에게 도움을 주는 영상 콘텐츠를 제작했다.[14] 같은 콘텐츠라도 맥락이 달라지면 그 효과가 급감한다.

마케팅 전문가는 추수 감사절이나 TV 프라임 타임(황금 시간대)과 같은 매크로 모멘츠macro-moments에 주목해 왔다. 하지만 우리는 스마트폰을 하루 평균 150번씩 확인하는 모바일 시대에 살고 있다. 87퍼센트 이상의 고객은 밤낮으로 휴대전화를 곁에 두고 있으며, 68퍼센트는 아침에 일어나 15분 이내에 휴대전화를 확인한다.[15] 소비자의 상황에 맞는 타이밍이든 아니든 간에 정해진 시간이 되면 내보내는 TV 광고와는 다르게, 모바일 기기를 통해서는 적절한 순간을 기다렸다가 메시지를 전달할 수 있게 되었다. 적절한 상황과 순간에 메시지를 전달해야 하는 마이크로 모멘츠micro-moments■ 시대인 것이다. 필자는 이에 대해 하버드 비즈니스 리뷰에 다음과 같이 설명했다.

■ 스마트폰이 생활의 중심이 되면서 생긴 새로운 행위 패턴을 구글은 마이크로 모멘츠라고 부른다. 알고 싶고, 가고 싶고, 하고 싶고, 사고 싶은 욕구를 모바일 검색으로 즉시 충족시키는 시대를 뜻한다.

금요일 저녁 우버 예약자라면 레스토랑이나 영화 광고에 관심을 가질 수 있다. 항공편이 지연돼 공항에 오도 가도 못하고 갇혀 있는 상태라면 넷플릭스에 가입하고 싶을 수 있다. 정오에 고속도로를 달리는 차량 대시보드의 구글 맵에 인근 음식점 정보를 내보내는 것도 바로 그 적절한 순간을 공략한 사례다.[16]

이 사례들은 고객이 처한 상황과 그 순간에 집중했다. 고객의 인적사항이나 관심사, 과거 구매 내역 등은 주요 고려 대상이 아니었다.

모멘트 기반 마케팅 사례

다음은 순간을 공략하는 마케팅moment-based marketing을 효과적으로 사용한 기업들의 이야기다.

- **세포라:** 매장에 들어서는 순간 갑자기 너무 많은 선택지가 주어져 고객은 당황할 수 있다. 이때 많은 이들이 스마트폰을 꺼내 제품 평점이나 소비자 리뷰를 검색한다. 세포라의 인터랙티브 미디어 부사장인 브리짓 돌란Bridget Dolan은 이 순간을 기회로 봤다. "고객이 매장에서 스마트폰을 쇼핑 어시스턴트로 활용하도록 하는 것이 우리에게 큰 기회가 될 수 있다고 생각해요." 세포라는 매장에서 스마트폰으로 제품을 스캔하면 즉시 제품 평점과 리뷰를 볼 수 있는 모바일 앱을 만들었다. "고객이 원하는 바로 그 순간에 필요한 모든 정보와 세포라의 조언까지 제공합니다." 라고 돌란은 말했다.[17]

- **레드 루프 인:** 앞서 언급한 하버드 비즈니스 리뷰 글에서 필자는 비즈니스호텔 체인인 레드 루프 인Red Roof Inn이 어떻게 기술과 소비자에 대한 통찰을 활용해 꼭 맞는 순간에 적절한 메시지를 보냈는지 설명했다. "레드 루프 인은 미국에서 항공편 취소로 매일 9만 명의 승객이 공항에서 발이 묶인다는 걸 알게 됐어요. 그 상황을 접한 승객의 감정은 아마도 항공사에 대한 좌절과 분노로 시작해서 머물 장소를 찾아야 한다는 조바심으로 이어지겠죠. 고객의 감정선을 파악한 레드 루프 인은 지연 항공편을 실시간으로 추적해 공항 인근의 레드 루프 인 광고를 내보내는 방법을 개발했어요. '지금 공항에 발이 묶였나요? 그렇다면 레드 루프 인으로 오십시오!'라는 광고는 최적의 순간에 고객을 포착해 다른 캠페인에 비해 예약률이 60퍼센트나 증가하는 성과를 거두었습니다."[18]

- **DBS은행:** DBS은행싱가포르개발은행은 담보 대출 사업에 진출하고 싶어 했다. DBS는 고객이 관심 있는 부동산을 매입할 경우 지불해야 하는 대출 이자 비용과 월별 상환 금액을 알아볼 수 있는 모바일 앱을 개발했다. 하지만 이 앱은 통해서는 다른 은행들과 차별화하지는 못했다. DBS가 고객에게 도움을 주면서 동시에 경쟁 은행과 차별화할 수 있는 방안은 무엇일까?

  이 질문에 대한 해답을 얻으려고 DBS는 고객의 주택 매입 과정을 깊이 파고들었다. 그리고 은행이 고객에게 도움을 줄 수 있는 순간들을 포착했다. 이러한 접근 방식을 통해 홈 커넥트Home Connect라는 모바일 앱을 개발했다. 해당 앱을 통해 집을 둘러보려고 찾아간 동네의 집값이 궁금해지면 휴대전화를 들고 주변을 스캔하기만 하면 해당 지역 건물의 최근 거래 가격을 확인할 수 있다. 또는 주변 학군, 대중교통, 편의시설과 같은 생활 인프라가 구매 결정 요소일 경우 앱은 다음과 같은 정보를 제공해 잠재 구매자를 도울 수 있다. "두 가지 옵션 중 결정할 수 없다고요? 주변 문화시설이나 생활 편의 시설을 비교해 보십시오. 지하철역이나 버스 정류장까지 거리는 어떻습니까? 근처에 학교나 슈퍼마켓은 있습니까?"[19]

DBS는 고객이 나은 결정을 내리는 데 도움이 되는 요소를 파악하고, 다양한 싱가포르 지역의 공개 정보를 앱에 녹여냈다. 고객이 DBS 앱을 사용할 만한 강력한 이유를 준 것이다. 결과적으로 홈 커넥트 앱은 은행의 담보 대출 사업을 견인하는 막강한 도구로 자리잡았다.

마이크로 모멘츠 시대에 살아남는 방법

2015년 포레스터 리서치Forrester Research 연구에 따르면 기업의 3분의 1만이 고객이 처한 순간에 어필하는 방식moment-based approach을 우선순위에 두고 있다. 그리고 단 2퍼센트의 조직만이 실행에 필요한 조건을 갖추고 있다.[20] 어떻게 하면 고객의 상황과 니즈에 꼭 맞는 프로그램을 만들 수 있을까?

• **고객의 여정을 따라가며 의향과 맥락을 이해하라:** 구글에 따르면 마이크로 모멘츠란 소비자가 특정한 상황에서 어떤 것을 하겠다는 의향을 갖고 즉각적인 결과를 원할 때 발생하는 기회다. 소비자의 의향을 파악하려면 특정한 순간에 그 사람이 무엇을 필요로 하는지 이해해야 한다. 의향이 발생한 맥락을 알면 상황에 따라 (예를 들어, 매장에 있거나 집에

있을 때) 소비자의 니즈가 어떻게 변하는지 알 수 있게 된다. 구글 마케팅 부사장이자 마이크로 모멘츠 개념의 선구자인 리사 게벨버Lisa Gevelber는 마이크로 모멘츠의 의향-맥락-즉각성이라는 본질에 대해 이렇게 말했다. "광고는 이제 도달 범위와 빈도로 겨루는 게임이 아니에요. 지금은 어느 때보다도 소비자의 의향이 그 사람의 정체성이나 인적사항보다 더 중요하고, 즉각성이 브랜드 충성도보다 중요해요."[21]

특정한 순간의 소비자의 의향과 맥락을 이해하려면, 기업은 소비자와의 모든 접점을 아우르는 전체 여정을 그려 볼 필요가 있다. 이때 두 가지 사항을 염두에 두어야 한다.

첫째, 설문조사나 소비자의 디지털 궤적을 파악하는 일보다 민족지학적 조사ethnographic research ■와 관찰조사가 소비자의 여정을 이해하는 데 훨씬 더 중요한 통찰을 준다. 세포라가 설문조사나 관리자들의 판단에만 의존했다면 매장에서 스마트폰으로 제품 리뷰를 찾아보고자 하는 소비자의 니즈를 알아차리지 못했을 가능성이 크다.

둘째, 매니저들은 고객 여정을 그릴 때 제품에 집중하느라 더 깊은 통찰을 줄 수 있는 더 광범위한 고객 여정을 등한시하는 경향이 있다. 예를 들어 은행에서 대출을 받는 고객의 여정으로 은행 인지→ 대출 고려→ 대출 신청→ 대출 승인→ 대출 개시→ 매월 이자 지급의 단계를 생각해 볼 수 있다. DBS은행이 이러한 방식으로 소비자의 니즈를 파악하려고 했다면 DBS가 제공했던 특별한 가치를 만들어 낼 수 없었을 것

■ 문화적·사회적 현상, 특정한 지역·시대만의 특징이 일상생활에 어떠한 영향을 미치는지에 대한 연구를 통해 제품과 서비스 디자인에 반영하는 관찰 연구(observational research)의 한 방법론이다.

이다. 다시 말해 소비자가 대출 신청을 고려하기도 훨씬 전에 관심 지역의 집값이나 주변 시설 등의 정보를 선제적으로 제공해 가치를 만들어 냈던 것이다.

- **다양한 마이크로 모멘츠를 그루핑하라:** 소비자들 사이에서 발생하는 수많은 마이크로 모멘츠를 연결하는 일은 벅차고 유용하지 않을 수 있다. 따라서 소비자에게 직접적인 관련성이 있고 기업이 활용할 수 있는 것들을 모으고 기준에 따라 분류하는 작업grouping이 필요하다. 구글은 '알고 싶다, 가고 싶다, 하고 싶다, 사고 싶다'라는 네 가지 그룹으로 마이크로 모멘츠를 분류했다.

  '알고 싶다' 단계는 소비자가 결정을 내리기 위한 정보를 찾고는 있지만 아직은 구매할 준비가 안 된 상태이다. 구글은 자체 연구를 통해 "스마트폰 사용자 세 명 중 한 명은 필요한 순간에 즉시 얻은 정보 탓에 원래 사려고 했던 제품이나 브랜드 대신에 다른 물건을 샀다."라는 점을 밝혔다.[22] 한편, 세포라는 모바일 앱을 활용해 매장에 들어온 소비자에게 효율적으로 제품 리뷰 정보를 제공했다.

  '가고 싶다' 단계에서는 소비자가 이미 온라인으로 검색해 본 제품을 실제로 확인하고 테스트를 한 후 구매하기 위해 매장을 직접 방문하겠다는 의사를 나타낸다. 이 단계에서는 가까운 매장 위치와 원하는 제품의 재고 정보가 유용할 수 있다.

  '하고 싶다' 단계에서는 변기를 수리하는 법 또는 아이라이너를 그리는 법과 같이 실제 사용 방법에 대한 정보가 유용하다.

  '사고 싶다' 단계는 소비자가 물건을 구매할 준비가 된 순간이다. 비즈니스에 따라 모멘츠를 분류하는 카테고리가 비슷할 수도 있고 완전히 다를 수도 있다. 구글의 분류법을 따를 필요는 없지만 수백 개의 마이크로 모멘츠를 실행 가능하고 유의미한 그룹으로 분류하는 것은 필요하다.

- **유용한 정보를 제공하라:** 앞서 말했듯이 광고는 소비자가 원치 않는 메시지를 퍼붓는 일이 아니다. 그들이 필요로 하는 정보를 적시에 제공하는 예술 같은 일이다. 기술을 통해 소비자의 니즈가 발생되는 마이크로 모멘츠를 파악할 순 있지만, 결정적인 순간에 소비자에게 유용한 정보를 제공하는 일은 사람의 몫이다. 앞서 설명한 세포라, 레드 루프 인, DBS는 특정 상황에 적합한 값진 정보를 제공했다. 미국 인테리어 자재 업체 홈디포Home Depot 매장에서 욕조 수리에 필요한 재료를 구매하기 위해 서성거릴 때, 매장 선반의 영상을 통해 욕조를 고치기 위해 어떤 부품을 이용해서 어떻게 수리해야 하는지 보여준다면 굉장히 유용하지 않을까? 실제로 홈디포는 각종 개조·보수 방법을 알려주는 수많은 하우투how-to 영상 컬렉션을 보유하고 있으며, 이들 영상은 모두 4300만 번 이상의 시청 횟수를 기록했다. 스마트폰에 불쑥 나타나는 불쾌한 광고가 아니라 장기적으로 고객의 충성도를 쌓는 유용한 콘텐츠인 것이다.

- **스내커블 콘텐츠를 만들어라:** 상위 100개 애플리케이션의 경우 사용자가 한 번 켰을 때 평균 약 5분간 체류하는 것으로 나타났다. 전체 애플리케이션의 3분의 1 이상은 체류 시간이 1분을 넘지 않는다고 한다.[23] 구글 연구에 따르면 모바일 앱 평균 체류 시간은 약 1분 10초에 불과하다.[24] 정확한 숫자야 어찌 됐든 스마트폰 정보를 검색할 때 집중하는 시간은

매우 짧다. 따라서 특정 상황에서 소비자 의도를 예리하게 파악하는 스내커블 콘텐츠snackable contents가 필요하다.

스낵커블 콘텐츠란 마치 스낵을 먹듯이 콘텐츠를 소비한다는 데에서 유래하는 단어로 3~10분 길이로 제작한 엔터테인먼트 성격의 콘텐츠를 의미한다. 미국 인터넷 뉴스매체인 버즈피드BuzzFeed는 스낵커블 콘텐츠로 놀라운 팔로잉 수치를 달성했다. 소비자의 관심 집중 시간이 짧다는 사실에 착안한 페이스북은 뉴스피드에 짧은 동영상을 포함할 수 있게끔 디자인했다. 이에 따라 슈퍼마켓 체인인 세이프웨이Safeway는 요리 팁과 주의사항을 알려주는 15초에서 20초짜리 짧은 비디오를 페이스북 광고용으로 제작했다.

- **스피드가 중요하다:** 요즘의 소비자는 서두르고 참을성이 없는 편이다. 웹사이트 로딩이 몇 초 이상 걸리면 금세 떠나버린다. 구글이 126개국 90만 개의 모바일 광고 방문 페이지를 분석한 결과, 모바일 방문 페이지를 완전히 로딩하는 데 평균적으로 22초가 걸린다. 그러나 방문자 중 53퍼센트는 페이지 로딩이 3초 이상 걸리면 바로 나가버린다.[25] 영상이나 이미지가 많으면 로딩 시간이 길어지기 때문에, 상투적인 조언이긴 하지만 '적을수록 좋다.Less is more.'를 염두에 두어야 한다.

이 장에서 다룬 세 가지 주제인 고객을 위한 가치 제공, 스토리텔링에서 스토리메이킹으로의 전환, 순간을 공략하는 마케팅은 모두 고객의 참여를 유도하는 가장 근본적인 방안을 제시한다. 디지털 시대에 접어들면서 소비자에게 다가가는 도구와 방식은 변했지만, 소비자에 대한 깊이 있는 이해를 기반으로 가치를 제공하여 적극적인 참여를 유도해야 한다는 점에는 변함이 없다. 소비자를 성가시게 하는 광고는 비효율적일 뿐 아니라 광고주와 매체사의 비용만 낭비할 뿐이다.

온라인 광고의 파급효과

마케팅의 가치와
비용 최적화

"광고비의 절반은 낭비다. 문제는 그 절반이 어느 쪽인지 모른다는 점이다." 19세기 미국의 백화점계의 거물 존 워너메이커^{John Wanamaker}의 발언은 마케팅 임원이 끊임없이 직면하는 문제를 단적으로 드러낸다. 기술의 발전으로 디지털 광고의 모든 클릭을 추적하는 것과 빅데이터를 통한 패턴 분석이 가능해졌다. 이는 수십 년 된 마케팅의 문제에 대한 해결책으로 업계의 환영을 받았다. 하지만 디지털 광고와 빅데이터는 자체적인 문제점을 내포하고 있다. 디지털 광고는 동영상 조회수, 페이스북 좋아요, 클릭률 등 마케팅 효과 분석의 새로운 지표를 제공하지만 그 수치가 실제 매출이나 수익으로 얼마나 직결되는지를 보여주지는 않는다. 빅데이터를 이용하여 패턴이나 상관관계를 쉽게 발견할 수 있게 되었으나 많은 경우 겉으로만 그럴싸하거나 왜곡이 존재한다. 이 장은 마케팅 비용을 측정하고 최적화할 때 부딪히는 어려운 점과 이를 해결하려는 최근 연구에 대해 다룬다.

상관관계와 인과관계

2008년 6월 미국의 IT잡지 와이어드Wired의 편집장이었던 크리스 앤더슨 Chris Anderson은 〈이론의 종말: 데이터 홍수가 과학적 접근을 무용지물로 만 든다The End of Theory: The Data Deluge Makes the Scientific Method Obsolete〉라는 도발적인 제목 의 기사를 썼다.

> 과학자들은 상관관계를 인과관계로 보면 안 된다고[■] 교육받았다… 그러 나 천문학적인 양의 데이터 앞에서는 가설, 모델, 테스트 등 지금까지 알 려진 모든 과학적 접근 방식이 쓸모없어진다… 훨씬 좋은 방법이 생겼기 때문이다.[1] 페타바이트(약 100만 기가바이트) 데이터가 있으면 "상관관 계면 충분하다."라고 자신 있게 말할 수 있다. 모델은 그만 찾아도 된다… 상관관계가 인과관계를 대체하는 시대다… 가설을 세우고 모델을 수립 하고 테스트하는 과거의 과학적 접근법을 고수할 필요가 없다. 지금은 '과학은 구글에서 무엇을 배울 수 있을까?'라고 질문할 때다.[2]

같은 해 구글 연구원들이 과학저널 네이처Nature에 구글 독감 트렌드 Google Flu Trends에 관한 보고서를 기재했다. 수천억 명 미국 소비자가 구글에

■ 상관관계는 변수들이 얼마나 밀접하게 움직이는지를 나타낼 뿐 변수 간에 인과관계(원인과 결과의 관계) 가 있음을 시사하지는 않는다. 언뜻 보기에는 상관관계가 있어 보이는 현상 중에서 실제로 인과관계가 있는 경 우는 극히 드물고 대부분 우연의 일치가 많다.

서 독감에 대해 검색한 횟수로 독감 발생을 정확하게 예측하는 모델에 관한 내용이었다.[2] 빅데이터 시대에는 굳이 인과를 규명하지 않더라도 상관관계만으로 정말 충분할 듯 보였다. 광고와 매출 사이에 매우 밀접한 양positive의 상관관계가 존재한다는 사실을 아는 이상 광고가 소비자에게 미치는 영향을 굳이 입증할 필요가 있을까? 디지털 시대에는 충분한 양volume의 데이터만 있으면 숫자들이 스스로 '말하게' 할 수 있다.

위와 같은 접근 방식의 문제점은 빅데이터를 통해 발견하는 패턴이 겉으로만 그럴싸하게 보이고 자칫 해석의 오류를 빚을 수 있다는 것이다. 구글 코릴레이트Google Correlate■에서 임의의 검색어 두 개를 넣어 서로 얼마나 밀접한 관련이 있는지 확인해 보라. 예를 들면 체중 감량과 고급 단독주택 임대 검색어 간에 어떤 연관성이 있다고 믿기 어렵겠지만, 위 사이트에 검색어를 넣어 보면 상당히 높은 상관관계가 있다고 나온다.

상식적으로 체중 감량과 고급 단독주택 임대 사이에 연관이 있다고 보기는 어렵지만, 막상 둘 사이에 연관성이 있다는 통계 자료를 기반으로 잘못된 결정을 내리는 경우가 의외로 흔하다. 2014년 세계적인 과학저널인 사이언스Science에서 구글 독감 트렌드 조사 결과를 반박했다. 구글 독감 트렌드에서 사용한 2011년 8월 이후부터의 독감 발병률 수치를 분석해 보니, 108주 중 100주에 해당하는 수치가 과장되었으며 100퍼센트까지 과장된 예도 있다고 비판했다.[3] 앞으로 살펴보겠지만 상관관계가 인과관계를 시사한다고 추정하는 바람에 마케팅 효과에 대한 그릇된 결론을 내

■ 'http://www.google.com/trends/correlate'에서 특정 키워드를 검색창에 입력하면 2003년 1월부터 해당 키워드의 온라인 조회 수와 검색 양상의 변화, 어떤 구글 검색어와 관련이 큰지 확인 가능하다.

렸던 사례가 종종 발생한다.

페이스북의 '좋아요'는 얼마의 가치가 있을까?

몇 년 전 하버드대 경영대학원 동료인 존 데이턴John Deighton과 MBA 학생들 대상으로 가르치던 디지털 마케팅 과목의 연사로 코카콜라의 수석 디지털 마케팅 임원을 초청했다. 코카콜라 임원은 코카콜라가 4천만 명(현재는 1억 500만 명 이상)의 페이스북 팬을 거느리고 있다고 자랑스럽게 이야기했는데, 이는 당시 페이스북이 매체로서의 경쟁력 차원에서 내세우던 핵심 지표이기도 했다. 이내 교실에서는 페이스북의 '좋아요Like' ■의 가치를 둘러싼 토론이 시작됐다. 어떤 학생들은 4천만 명 고객이 손을 치켜들고 코카콜라에 대한 애정을 공개적으로 선언했다는 사실 자체가 대단히 가치 있다고 주장했다. 또 다른 학생들은 코카콜라가 소위 팬들에게 할인 혜택과 무료 경품을 제공해 팬을 매수하지는 않았는지 의구심을 가졌다.

그 당시 많은 리서치 회사들이 페이스북 팬의 가치를 측정하는 방법을 찾고 있었다. 시장조사 기관인 콤스코어comScore는 2011년 연구에서 스타벅스의 열성 팬(스타벅스의 페이스북 페이지에 '좋아요'를 남긴 이용자)과 그 친구들은 그렇지 않은 구매 고객보다 매장에서 지출 금액은 8퍼센트, 구매 빈도는 11퍼센트가 높다고 발표했다.⁴ 몇 년 후 사회지능social intelligence 전문 조사업체인 싱캡스Syncapse는 페이스북 열성팬의 가치가 평균 약 174달러라고 발표해 큰 파문을 일으켰다. 코카콜라는 페이스북 팬 한 명의 가

■ 페이스북에서 사용되는 일종의 '공감'의 표시 용어로, 콘텐츠나 페이지에 대해서 '좋아요'를 클릭하면 해당 콘텐츠에 대한 댓글이나 페이지의 새 콘텐츠를 업데이트 소식에서 받아 볼 수 있다.

치를 환산하면 70달러를 약간 넘는 수준에 그쳤다(그림 9-1 참조).

　세간의 시선을 끄는 연구 결과에 호기심이 생긴 필자는 금액의 산출 경위가 궁금해졌다. 해당 연구에서 브랜드 친밀감, 미디어 가치 외에 열성 팬의 가치를 평가하는 핵심 요소는 제품의 소비 지출 증가였다. 연구자들은 그 증가 수치를 측정하려고 소비자 패널 자료를 바탕으로 페이스북에서 특정 기업 브랜드에 '좋아요'를 누른 열성팬과 그렇지 않은 이용자 간의 연간 소비 규모를 비교했다. 이 방법을 통해 싱캡스는 코카콜라의 페이스북 팬의 지출액이 연간 70달러 더 많았다는 점을 근거로 코카콜라 팬 한 명의 가치는 70달러라고 결론 내렸다.

　하지만 이러한 방식은 다음과 같은 근본적인 질문을 제기한다. 페이

출처: 토드 와써맨(Dale Wasserman), '연구에 따르면 페이스북 팬의 가치는 174달러(A Facebook Fan Is Worth $174, Researcher Says)', 매셔블(Mashable, 미국 IT 전문 매체), 2013년 4월 17일

[그림 9-1] 페이스북 팬의 가치

스북에서 코카콜라에 '좋아요'를 눌렀기 때문에 코카콜라 제품을 더 많이 구매하게 된 걸까 아니면 애초에 코카콜라에 대한 충성도가 높고 구매 빈도가 높았기 때문에 '좋아요'를 누르게 된 걸까? 선후관계를 분명히 밝히는 것이 중요했다. 이 연구 결과는 페이스북의 '좋아요'가 소비자의 브랜드 충성도를 높이고 해당 브랜드 소비를 촉진한다는 점을 사실상 주장하고 있었기 때문이다. 충성도와 구매 빈도가 높은 사용자가 자발적으로 페이스북 팬이 될 확률이 높은 것이라면, 페이스북 '좋아요'를 마케팅 성공 지표로 삼는다거나 페이스북 팬 확보에 마케팅 비용을 지출하는 일은 헛수고에 가깝다.

페이스북 데이터를 분석할 때 자발적으로 팬이 된 경우를 통제하기 어려워서 필자와 동료는 소비자를 팬 그룹treatment group(실험군)과 팬이 아닌 그룹control group(대조군)■에 무작위로 배정했다. 첫 번째 실험에서는 팬 그룹에 속한 소비자를 대상으로 신규 화장품 브랜드의 페이스북 페이지에 '좋아요'를 눌러 달라고 요청한 반면(대부분 수락), 팬이 아닌 그룹에 속한 소비자에게는 그러한 요청을 하지 않았다. 그리고 모든 참가자에게 무료 샘플 쿠폰을 나누어 주고 양쪽 그룹의 쿠폰 사용을 추적했다. 또 다른 실험에서는 페이스북 페이지의 '좋아요'가 온라인 친구의 행동에 영향을 미치는지를 테스트했다. 총 다섯 차례의 실험에 1만 4천 명이 넘는 소비자가 참가했으며 다섯 차례의 실험 결과를 개별적으로 분석해 통계적으로 종합하는 메타 분석meta analysis 과정을 거쳐 페이스북 '좋아요'는 소비자나 온

■ 실험 참가자를 실험군과 대조군으로 나누고, 실험군은 처치(treatment)를 하고 대조군은 처치를 하지 않았다가 실험이 완료된 후 두 집단 사이에 차이가 발견되면 이를 처치의 효과 때문으로 간주한다.

라인 친구의 태도와 구매 행태에 영향을 미치지 못함을 밝혔다. 다시 말해 페이스북에서 특정 브랜드에 '좋아요'라는 피드백을 남기는 행위는 아무런 가치가 없다는 것이다.[5]

최근 페이스북은 페이스북 팬이 가진 가치를 떠들썩하게 홍보하는 일에서 벗어나 사이트의 뉴스피드[■] 영역에 게재하는 광고의 실질적인 매출 기여 효과를 입증하는 데 집중하고 있다. 하지만 브랜드 페이지의 '좋아요' 숫자는 앞으로도 많은 마케팅 관계자의 주된 관심사로 남을 전망이다.

사회적 전염

페이스북과 같은 소셜 네트워크 서비스[SNS]는 주변인들에게 영향을 미칠 수 있는 잠재력이 있다. 하버드 의대의 니콜라스 크리스타키스[Nicholas Christakis]와 그의 동료인 제임스 파울러[James Fowler]는 연구를 통해 비만은 전염병처럼 소셜 서클 안에 퍼진다고 주장하여 큰 반향을 일으켰다.[6] 워싱턴 포스트[Washington Post]는 이 연구 결과를 다음과 같이 보도했다.

> 32년 동안 1만 2천 명 넘게 추적 조사한 이 연구에 따르면 사회적 네트워크는 한 개인이 비만이 될 확률을 높이는 데 놀라울 만큼 막강한 역할을 한다… 배우자가 비만일 경우 앞으로 2년에서 4년 이내에 자신이 비만이 될 확률은 그렇지 않은 부부에 비해 37퍼센트 상승하며, 형제가 비만일 경우는 40퍼센트까지 상승했다.[7]

■ 친구 네트워크에 속한 회원의 활동·메시지·추천 목록·동영상 등이 지속해서 업데이트되는 공간

얼마 안 가 이 연구는 학자들 사이에서 많은 비판을 받았다. 크리스타키스와 파울러가 했던 방식과 같게 10대 고등학생 대상 설문조사를 바탕으로 연구를 진행한 끝에 키, 여드름, 두통 또한 전염성이 있다는 연구 결과가 영국의학저널British Medical Journal을 통해 발표됐다. 이 연구의 저자들 또한 상당히 믿기 어려운 결과였다.[8] 인디애나대Indiana University 수학자인 러셀 라이온스Russell Lyons도 '심하게 왜곡된deeply flawed' 분석 방식이라며 기존의 비만 연구 결과를 정면으로 반박하는 매우 비판적인 논문을 발표했다.[9]

사회적 영향의 여파 측정을 목적으로 한 연구는 '유유상종Birds of a feather flock together'이라 불리는 동종 선호homophily 성향에 따른 혼동 효과confounding effect 때문에 비판을 받는다.[10] 동종 선호는 A와 B라는 두 사람이 관심사가 비슷하면 친구가 될 가능성이 있음을 나타낸다. 따라서 만일 A가 아이튠즈에서 노래를 구입하고 나중에 B가 같은 노래를 구입하면 이는 A가 B에 미치는 사회적 영향력의 증거인가? 아니면 A와 B는 원래 음악에 공통 관심사를 갖고 있으며 바로 그 점이 처음부터 둘이 친구가 되는 데 어느 정도 영향을 미친다는 사실을 설명하는가? 다시 말해 동종 선호와 사회적 네트워크는 인과관계인가 전적인 상관관계인가?

소셜 네트워크 학자인 사이난 아랄Sinan Aral과 그의 동료들은 사회적 영향을 측정함에 동종 선호 요인을 배제하고자 글로벌 메신저 네트워크의 2,740만 사용자 데이터를 기반으로 모바일 서비스 앱의 활용도를 조사했다. 이 연구에서는 동종 선호 현상은 주변인에게 미치는 전염 효과의 50퍼센트 이상을 설명하며, 동종 선호 효과를 분리하지 않은 이전의 연구들은 제품의 선택에 주변인이 미치는 영향을 300에서 700퍼센트까지 과대

평가했다고 밝혔다.[11] 이 결과는 한 회사에서 직원들의 기술 채택을 조사한 실험에서 동종 선호 변수를 통제하지 않으면 동료끼리의 영향력이 50퍼센트까지 과장되게 나타날 수 있다고 주장한 연구 결과와도 맞닿아 있다.[12] 동종 선호 변수를 관찰 대상에서 부분적으로 통제하는 일은 가능하기는 하지만 어려운 작업■이다.[13] 사회적 영향의 진정한 효과를 찾아내기 위한 최고의 방법은 실험을 통해서다.[14]

클릭의 가치

사회적 영향의 효과를 측정하긴 어렵지만 구글에서 검색 광고의 효과 측정은 쉽고 간단하다. 광고주는 구글에 클릭당 비용CPC, Cost Per Click을 지급하며 클릭 후의 구매전환율을 알면 검색 광고의 투자 대비 수익률ROI도 예측 가능하다. 구글은 광고주가 온라인 광고의 효과를 측정할 수 있도록 분석 도구를 제공한다.

검색 광고라는 게 간단해 보이지만 만약 검색 광고를 클릭한 사용자 중 누군가는 어차피 자연적 검색organic search■■을 통해 광고주 사이트를 방문했으리라 본다면 보기보다 훨씬 비효율적일 수 있다. 1억 개가 넘는 키워드 검색 광고를 구매해 온 이베이는 검색 광고의 효과에 도전하는 도발적인 연구를 진행했다. 이베이 연구원들은 브랜드 키워드('이베이 신발'처럼 '이베이'라는 단어를 포함하는 검색어)를 입력하는 사용자들은 이베이 웹사

■　실험 전 실험대상자들의 동종 선호 성향 여부를 확인할 수 있는 설문조사를 해 그 결과에 따라 실험 집단을 나눔으로써 동종 선호 변수를 통제할 수는 있지만 설문 문항 자체가 완벽할 수는 없다.

■■　광고료를 지급하지 않고 노출되는 검색 영역으로 주로 자동완성검색이나 연관검색어 등을 통해 이루어진다.

이트를 방문할 목적으로 그러한 검색어를 사용한다고 생각했다. 다시 말해 이 사용자들은 이베이 검색 광고가 있든 없든 간에 어차피 이베이를 방문할 터였다. 2012년 3월 이베이는 가설을 테스트하기로 하고 일체의 브랜드 키워드 광고를 중단하고 신중하게 통제된 실험 환경에서 웹사이트 방문자 수를 지켜봤다. 그리고 브랜드 키워드가 아닌 검색어('이베이'라는 단어를 포함하지 않은 검색어)에 대해서도 똑같이 실험했다. 연구 결과에 따르면 브랜드 키워드 광고는 주목할 만한 단기적인 효과가 없었다. 브랜드 키워드 광고를 클릭한 사용자 대부분은 어쨌든 이베이 사이트의 단골 방문자들이었기 때문이다. 브랜드 키워드가 아닌 검색어도 신규 방문자나 가끔 방문하는 이들에게는 검색 광고가 긍정적인 영향을 미쳤지만 자주 방문하는 이들에게는 아무런 영향을 미치지 못했다. 해당 연구는 "이베이는 광고가 구매에 아무런 영향을 주지 않는 이베이 단골 고객에게 대부분의 광고비를 지출한다. 따라서 평균적인 투자수익률은 마이너스다."라는 결론을 내렸다.[15]

이 연구 결과에 대해 구글 대변인은 다음과 같이 해명했다.

66 수백 명 광고주의 검색 광고 결과에 대한 구글의 연구에 따르면 89퍼센트 이상이 검색 광고로 인해 증가한 클릭수였습니다. 검색 페이지 상단에 광고주가 자연적 검색 결과로 노출되는 경우에도 클릭수의 50퍼센트는 검색 광고로 인한 증가분이었습니다. 검색 광고의 효율성은 광고주에 따라 굉장히 다르고 여러 요소의 영향을 받기 때문에 광고주가 자체적인 광고 캠페인으로 실험해 보는 편이 타당하다고 생각합니다.[16]

최근에는 동료 교수인 마이클 루카Michael Luca가 옐프에서 검색 광고로 비슷한 테스트를 진행했다. 루카와 공동 집필자는 무작위로 추출한 1만 8천 개가 넘는 레스토랑 중에서 옐프에 광고를 게재한 적이 없는 레스토랑 7,210개를 선정했다. 그리고 석 달 동안 레스토랑의 무료 광고를 내보낸 후(레스토랑 측에는 행동에 변화를 막으려고 알리지 않음) 광고 여부에 따른 레스토랑의 트래픽 차이를 비교하기 위해 광고를 사이트에서 내렸다. 조사 결과에 따르면 옐프 광고 시 레스토랑 홈페이지의 페이지 조회수, 길 찾기 문의, 통화량이 증가했다.[17]

검색 광고 효과가 이베이에는 나타나지 않았지만 옐프 레스토랑에는 나타났던 이유는 무엇일까? 이베이나 아마존과 같이 지명도가 높은 브랜드에는 브랜드 키워드가 효과적이지 않지만 상대적으로 인지도가 낮은 브랜드와 레스토랑에는 긍정적인 영향을 미칠 수도 있기 때문이다. 하지만 기업들은 검색 광고 비용 중 상당 부분을 브랜드명이 포함된 키워드 광고를 구매하는 데 사용한다. 구글 검색창에 '힐튼 호텔' 또는 '아마존'이라고 입력하면 이 기업들의 자연적 검색어 링크 바로 위에 힐튼 또는 아마존 관련 유료 광고가 노출되는 것이다.

광고의 기여 효과

검색 광고의 효과를 측정하려고 할 때는 광고의 기여attribution■, 혹은 클릭

■ attribution(귀인, 歸因)은 '특정한 결과·행동에 대한 원인을 찾는 과정'으로 심리학에서 많이 사용하며, 광고에서는 '목적했던 광고 결과를 어느 매체의 성과로 인정할 것인가?'에 답을 내리는 과정이다.

이나 매출 발생을 일으키는 주체를 판별해야 한다. 검색 광고는 깔때기에 비유하자면 가장 끝부분에 해당한다. 다시 말해 소비자가 어떤 제품을 적극적으로 찾아 나서는 단계라고 할 수 있다. 하지만 의사결정 초기 단계에서 소비자는 이미 TV, 라디오, 디스플레이 광고의 영향을 받은 이후에 검색 광고를 클릭하게 되었을 가능성도 있다. 마케팅 실무자와 광고 전문가가 자주 겪는 딜레마이긴 하지만 이를 해결하려는 그들의 접근 방식은 그다지 이상적이지 않다.

　구글은 업계에서 통용되는 광고 기여 모델^{attribution model}에 대한 개요를 제공한다(그림 9-2 참조). 보통 처음으로 다섯 가지 접근 방식을 사용하지만 임시방편적 성격이 강하다. 예를 들면 '라스트 인터랙션^{last interaction}'방식은 가장 마지막에 등장한 접점에 100퍼센트 기여도를 부여하는데, 이 경우 일반적으로 구글 검색이 실제보다 더 효과적인 것으로 보이게 된다. '시간 가치 감소^{time decay}' 방식은 뒤쪽의 접점에 가중치를 많이, 이전의 상호 작용에 가중치를 적게 부여하는 방식이다. 이 경우 가중치를 임의대로 적용하기 때문에 접점별 기여도와 그에 따른 예산 배정에 중대한 영향을 미칠 수 있다. 마지막 두 가지 방식인 '모델 기반'과 '실험 기반'은 보다 정교하다. 모델 기반 방법은 광고 노출과 소비자 반응 데이터를 사용하여 각 광고가 소비자의 구매 과정에서 미치는 영향을 추정한다. 그리고 업계 내 골드 스탠더드(최적 표준)로 알려진 실험은 테스트 그룹에만 해당 브랜드 광고를 노출하고 통제 그룹에는 노출하지 않는다. 두 개 그룹의 반응률 혹은 구매전환율의 차이를 광고 기여도로 본다.

　최적의 광고 예산을 배정하려면 합리적인 기여도 측정이 중요하다.

2010년 BBVA 컴퍼스 은행과 광고 대행사는 고객 확보를 위해 온라인 광고 예산을 어떤 비율로 여러 검색 엔진과 디스플레이 광고 네트워크에 할당할지 결정해야 했다. BBVA는 다양한 채널의 클릭률과 전환율을 모니터링한 후 광고 예산의 45퍼센트를 검색 광고에, 55퍼센트를 디스플레이 광고에 지출하기로 했다. 과거 데이터를 보면 고객 한 명을 확보하는 데 드는 비용인 구매당 비용CPA, Cost Per Acquisition은 검색 광고일 때 73달러였지만 디스플레이 광고는 20퍼센트가 높은 88달러였다. 검색 광고보다 20퍼센트나 비싼 디스플레이 광고에 더 큰 비용을 들이는 이유는 무엇일까? BBVA의 광고 대행사 인사이트 디렉터인 샤론 번스타인Sharon Bernstein은 이 질문에 대해 한 실험 결과로 대답했다. 2010년 1월과 2월에 광고 대행사는 사용자를 두 개 그룹으로 나누어 두 개 그룹 모두에게 검색 광고를 내보내면서 한 그룹에게만 디스플레이 광고를 중단했다. 그런 다음 두 그룹의 검색 광고를 통한 전환율(광고를 클릭한 사람 중에 계좌를 신청한 사람의 비율)을 비교했다. 그 결과 디스플레이 광고에 노출된 사람의 전환율은 1.48퍼센트였고 그렇지 않은 사람은 1.26퍼센트였다. 실험 결과를 바탕으로 광고 대행사는 검색 광고만 노출할 때보다 디스플레이 광고도 함께 노출하면 전환율이 20퍼센트 높아지므로 디스플레이 광고의 고객 획득 비용은 20퍼센트 높은 게 타당하다는 결론에 이르렀다.[18] 최근 연구에서는 그림 9-2에 나오는 지극히 단순하고 불완전한 방식보다 훨씬 정교하고 복잡한 방식으로 광고의 기여도 측정 문제를 해결하려고 시도하는 중이다.[19]

광고 기여 모델		설명	장단점
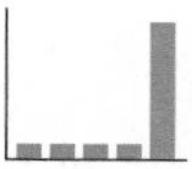	라스트 인터랙션	가장 마지막 광고나 클릭이 매출의 100퍼센트 차지	광고 마케팅 활동에서 초기에 노출한 광고의 장기적 지속 효과를 무시 자주 노출되는 광고에 높은 가중치 부여
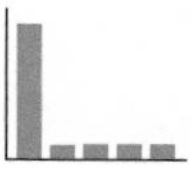	퍼스트 인터랙션	첫 번째 광고나 클릭이 매출의 100퍼센트 차지	고객을 실제 구매로 유도하는 마지막 단계의 광고는 무시 자주 노출되는 광고에 높은 가중치 부여
	선형	모든 광고나 클릭에 같은 가중치 부여	임의적 배정 자주 노출되는 광고에 높은 가중치 부여
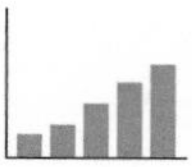	시간 가치 감소	모든 광고, 클릭은 보상을 받지만 최근 광고의 보상 비중이 높다	임의적 가중치(가치 감소가 얼마나 발생하는가?) 자주 노출되는 광고에 높은 가중치 부여 광고 마케팅 활동에서 나중에 노출한 광고에 높은 가중치를 부여하는 이유가 불명확
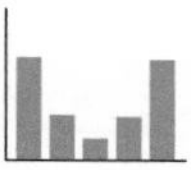	위치 기반	광고가 구매 과정에서 차지하는 위치에 따라 가치를 인정받음	임의적 가중치
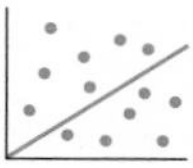	회귀분석이나 모델 기반	회귀분석이나 다른 모델 기반으로 가중치 부여	소비자의 구매 과정에서 광고에 비중을 배정하는 과학적 방식 어떤 광고는 그 자체만으로는 아무런 기여가 없는데도 불구하고 관련성 있는 사이트(예를 들어, 문맥 광고)에 노출되기 때문에 보게 된다는 점을 고려하지 않음
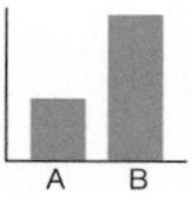	실험 기반	A/B 테스트에 기반을 둔 가치 인정	광고 효과 측정을 위한 가장 정확한 방법이나 수많은 광고 네트워크와 소비자를 관리하기 어려움 실행이 어렵거나 큰 비용 소요

출처: 수닐 굽타(Sunil Gupta) & 조셉 다빈(Joseph Davin), '디지털 마케팅(Digital Marketing)', *Core Curriculum: Readings in Marketing, Harvard Business Publishing*, Google Analytics Help 편집, '광고 기여 가치 모델 개요 (Attribution Modeling Overview)', https://support.google.com/analytics/answer/1662518?hl=en.

[그림 9-2] 광고 기여 모델

광고 간의 역학관계

검색이나 디스플레이 광고가 눈에 보이는 순간 바로 광고를 클릭하지 않더라도 이후 특정한 시점에 여전히 소비자 행동에 영향을 미칠 수 있다. 이러한 현상은 TV 브랜드 광고뿐 아니라 즉각적인 소비자 반응을 유도하도록 설계된 디지털 광고에도 해당한다. 이 사실을 간과하면 광고의 지속 효과를 과소평가하여 예산을 너무 적게 책정할 우려가 있다. 광고의 지속 효과는 소비자가 구매 전 몇 주 또는 몇 달 이상을 고민하는 자동차와 같은 제품에서 특히 중요하다. 2011년 구글은 'ZMOT'라는 조사에서 소비자의 검색 데이터를 활용해 실제 구매가 이루어지기까지 소비자가 얼마나 오랫동안 다양한 제품을 검색하는지 조사하여 자동차를 구매하기 약 1개월에서 2개월 전 검색이 가장 활발하게 일어난다는 사실을 알아냈다.[20]

필자는 소비자의 탐색 행태가 시간에 따라 변화하는 것을 보면서 BBVA, 광고 대행사와의 논의 내용에 대해 다시 생각해 보게 됐다. 광고 대행사는 디스플레이 광고의 기여 효과를 확인하는 실험에서 소비자가 광고에 노출되고 나서 임의로 지정한 2주 동안 광고의 영향을 추적했다. 그런데 광고 효과가 만일 2주 이상 지속된다면 어떡할까? 나는 〈디스플레이 광고는 과연 검색에 영향을 미칠까?: 온라인 광고의 기여 가치와 역학관계Do Display Ads Influence Search?: Attribution and Dynamics in Online Advertising〉를 함께 집필한 파벨 키레이예프Pavel Kireyev, 코엔 포엘Koen Pauwels과 함께 광고 효과의 지속성을 조사했다. BBVA로부터 데이터를 입수하여 검색과 디스플레이 광고가 신규 고객 확보에 기여하는 효과를 단기적, 장기적으로 구분하는 시계열

(시간에 따른 배열) 모델을 구축했다. 그러자 BBVA가 자체적으로 진행했던 실험과 상응하는 결과가 나왔는데 디스플레이 광고가 먼저 노출됐을 때 검색 광고의 전환율은 훨씬 높았다. 그리고 놀랍게도 검색 광고는 2주 이상 상당한 영향을 미치는 것으로 나타났다. 따라서 검색 광고의 지속 효과를 고려해 디스플레이 광고의 높은 기여 효과를 고려하더라도, BBVA는 검색 광고 예산을 36퍼센트 늘려야 한다는 결론을 내렸다.[21]

온라인–오프라인 간의 상호작용

GM이나 유니레버와 같은 대형 광고주 중 일부는 광고 예산 대부분을 온라인에 지출하지만 대부분의 매출은 여전히 오프라인 채널에서 발생한다. 2016년 디지털 광고는 전체 미국 광고 지출에서 38퍼센트를 차지했으며 2020년에는 50퍼센트 이상으로 늘어날 것으로 예상한다.[22] 그러나 2017년 1사분기 미국 전체 유통업 매출에서 온라인 채널이 차지하는 비중은 8.5퍼센트에 불과했다.[23] 마케팅 실무자들은 온라인 광고가 오프라인 판매를 견인한다고 확신한다. 하지만 온라인 광고에 노출되어 온라인 구매로 이어진 소비자를 추적하는 것은 상대적으로 쉽지만, 온라인 광고 노출과 오프라인 구매 간의 연관성을 입증하는 시도는 최근에 와서야 비로소 가능해졌다.

현장실험을 통해 온라인 광고가 오프라인 매출로 이어지는지 추적해 볼 수 있다. 페이스북도 한때는 '좋아요' 혹은 열성팬 숫자와 같은 자체적인 측정 지표에 의존했지만 지금은 특정 광고의 매출 기여도를 보여주는 방식으로 옮겨 가는 중이다. 페이스북은 새로운 광고 측정 플랫폼 리프트 Lift를 도입해 페이스북 방문자를 임의의 두 개 그룹으로 나누어 한쪽 그룹에만 뉴스피드에 노출되는 광고를 보여준다. 그리고 두 개 그룹의 구매전환율을 비교해 온라인 광고의 오프라인 매출 기여 효과를 측정한다. 이 방법을 통해 페이스북은 제너럴 모터스의 온스타 시스템OnStar System(자동차용 통신시스템)■ 데이터 요금제의 오프라인 매출이 뉴스피드에 게재하는 광고 덕택에 2.3퍼센트 증가함을 보여주었다.[24]

광고주가 페이스북에 의존하여 자체 광고의 효과성을 증명하는 것이 불편하게 느껴질 수 있으나, 일부 연구 단체에서도 현장실험 방식을 통해 온라인 광고가 오프라인 매출에 미치는 강력한 교차 채널cross-channel 효과를 확인했다. 사무용 가구를 판매하는 한 네덜란드 회사의 데이터를 활용한 조사에 따르면, 구글 애즈Google Ads■■로 인한 매출 효과의 73퍼센트는 오프라인 판매에서 발생했고, 우편 광고물로 말미암은 매출 효과의 20퍼센트는 온라인 판매에서 발생했다.[25] 미국 의류 리테일러를 대상으로 한 또 다른 조사에서도 온라인 광고 투자자본수익률ROI, Return on Investment 중 80퍼센트 이상은 오프라인 판매에서 나왔다.[26] 이를 통해 온라인-오프라인 간의 교차 채널 효과를 고려하지 않으면 마케팅 예산 배정을 최적화할 수 없음을 알 수 있다.

온라인 광고가 오프라인 매출에 영향을 미칠 뿐 아니라 오프라인 광

■ 위성을 이용해 위치를 추적하는 위치파악시스템(GPS)과 이동전화 기술이 결합한 텔레매틱스(telematics) 서비스

■■ 구글의 검색 광고 네트워크 서비스로 광고주가 검색 광고 신청을 하면 구글의 제휴 검색엔진에 동시에 광고가 게재된다.

고와의 강력한 시너지를 내기도 한다. 예를 들어 TV 광고의 메시지 전달 효과가 트위터나 페이스북을 통해 배가될 수 있다. 독일 유명 자동차 기업의 데이터를 바탕으로 매체 간 시너지 효과를 조사한 연구에 따르면 기업이 온라인 매체에 배정하는 광고 예산을 최적화하려면 현재의 두 배로 올려야 한다.[27]

현장실험을 빠르고 저렴하게 수행하고 광고와 구매 데이터를 바탕으로 정교한 모델을 만들 수 있게 됨에 따라 기업은 마케팅 비용의 효과를 보다 정확하게 측정하고 예산을 최적화할 수 있게 되었다. 하지만 관리자들은 업계에 만연한 잘못된 측정 방식과 사실을 왜곡하는 통계 오류를 여전히 경계해야 한다.

디지털 전환
조직 설계
스킬

조직과 역량 새롭게 재정비하기

성공적인 디지털 전환에
필요한 핵심 요소

이미 자리잡은 큰 조직에서 변화를 추진하기란 결코 쉬운 일이 아니다. 기술이 진화를 거듭하고 새로운 사업 모델이 끊임없이 출현하는 상황에서는 미래에 대한 불확실성 탓에 변화의 추진이 더욱 어렵다. 스타트업과 달리 오랜 역사를 가진 기업은 무시할 수 없는 자산과 수익 창출을 요구하는 주주가 있다. 현존하는 기업들은 핵심 역량의 강화와 미래 신사업의 발판 마련을 동시에 진행해야 하는데, 이는 완전히 처음부터 시작하는 것보다 훨씬 힘든 일이다. 이 장에서는 성공적인 디지털 전환Digital Transformation에 필요한 핵심 요소가 무엇인지 알아본다.

미래를 위한 비전과 로드맵 수립

CEO가 변화를 주도하려면 비전을 가져야 한다는 말은 진부한 외침이다. 그러나 기업의 미래를 위한 비전과 방향성이 중요해지는 순간이 있는데, 기술적 파괴technology disruption로 전례 없는 도전에 직면했거나 직원과 주주가 기업의 미래를 확신하지 못할 때이다.

때로는 뉴욕 타임스의 경우처럼 현재의 사업 방식만으로는 한계가 있을 때 오히려 미래 방향성이 명확해지기도 한다. 100년이 넘는 세월을 광고 판매에 의존해 온 뉴욕 타임스는 기존 사업 모델로는 더 이상 성장할 수 없음을 깨달았다. 안내 광고classified ads 수익이 떨어졌을 뿐 아니라 온라인 광고의 단가도 떨어졌다. 구글, 페이스북이 온라인 광고 시장의 큰 비중을 차지하고 있어서 온라인 광고로는 다른 광고 매출 하락을 상쇄할 수 없었다. 비용 절감은 단기적인 생존에 도움이 될 수 있었으나 미래 비전과 경로path를 그리기 위해서는 장기적인 계획이 필요했다.

뉴욕 타임스는 광고가 아닌 다른 수입원이나 구독료에 집중하기로 하고 온라인 뉴스의 유료화를 단행했다. 당시 어떤 대형 언론사도 성공적인 전례를 남기지 못했고, 독자의 대부분은 디지털 시대에 '정보는 당연히 공짜여야 한다.'라고 믿어 왔기 때문에 많은 전문가들이 실패를 예견했다. 그러나 뉴욕 타임스는 비전대로 밀고 나가 회의론자들의 의구심을 불식시켰다. 2017년 4분기 신규 온라인 구독자 수는 15만 7천 명으로 2016년 4분기 말 대비 41.8퍼센트 늘어났으며 2017년 말에는 누적 가입자가 260만 명 이상으로 증가했다. 총 구독 매출(인쇄와 온라인)은 광고 매출의 거의

두 배에 달해 전통적으로 광고에 크게 의존했던 비즈니스 모델에 큰 변혁이 일어났다.[1]

시야를 넓히면 미래 방향성이 명확해지기도 한다. 2007년 11월 샨타누 나라옌Shantanu Narayen은 어도비 CEO로 임명되자마자 무거운 짐을 짊어졌으나 2008년의 척박한 경영 환경을 헤쳐 나가 2017년 어도비를 업계에서 지배적인 위치로 끌어올렸다. 어도비는 2008년 금융 위기로 엄청난 타격을 입었으며 오랫동안 웹과 데스크톱 비디오 제작의 표준이자 비디오 편집 소프트웨어인 플래시Flash는 스티브 잡스 전 애플 CEO가 아이폰에서 어도비 플래시를 지원하지 않기로 함에 따라 인기가 식었다. 2009년 어도비 매출은 20퍼센트, 수입은 50퍼센트, 주가는 60퍼센트나 하락했다.[2] 대부분의 리더는 그러한 시기에 소극적으로 나올텐데 오히려 나라옌은 디지털 마케팅 회사인 옴니츄어Omniture를 18억 달러에 인수하는 대담한 행보를 보였다. 옴니츄어 인수가 발표된 당일 어도비 주가는 시간 외 거래에서 4퍼센트 하락했으며 월스트리트 저널은 〈옴니츄어를 인수한 어도비: 도대체 무슨 생각일까?〉라는 제목의 기사로 시장 심리를 반영했다.[3]

나라옌이 설명한 당시의 의사결정 과정은 다음과 같다.

66 비즈니스가 정체되어 성장이 시급하지만 많은 영역에서 시장을 선도하고 있는 이점을 살려 기회를 포착할 수 있도록 시야를 넓혀야 합니다. 더 넓게 보고 더 가까이에서 관찰할수록 목표가 명확해집니다.[4]

세 가지 관찰 결과로 나라옌의 시야가 확대됐다. 첫째, 디지털 시대를 맞아 사람들이 제작하는 콘텐츠의 양은 폭발적으로 증가하고 있었으나 막상 콘텐츠 제작 프로그램의 선두주자인 어도비는 성장하지 않고 있었다. 나라옌은 그 이유가 고객의 비즈니스에서 어도비는 필수적인 존재가 아니었기 때문이라 생각했다. 둘째, 데이터의 중요성이 커짐에 따라 어도비가 그 시장에서 중요한 역할을 차지해야 한다고 깨달았다. 셋째, 마케팅이 어도비에 독특한 기회를 제공했다. IBM과 오라클은 최고정보책임자CIO를 상대하는 기업이었고, 고객관계관리CRM 시장의 강자인 세일즈포스Salesforce는 영업직 임원을 독점 상대하는 기업이었다. 하지만 최고마케팅책임자CMO를 상대하는 사업 영역은 사실상 공백 상태였다. 어도비의 옴니츄어 인수는 놀라울 만큼 성공적인 결과를 이끌어 내어 2016년 회계 연도말 기준, 어도비 전체 매출의 약 30퍼센트에 해당하는 17억 달러를 디지털 마케팅 분야에서 올렸다.

소비자의 불편과 행동 변화를 제대로 이해하는 것도 기업의 미래 방향 설정에 도움이 된다. 아마존은 이러한 전략의 전문가다. 소비자의 콘텐츠 소비 행태가 도서, DVD 구매에서 모바일 기기를 통한 미디어 소비로 옮겨 갔다. 아마존은 제프 베조스의 고객 중심적인 철학에 따라 비디오 스트리밍, 전자책, 전자책 리더기 시장에 진출했다. 리테일러가 아마존과의 경쟁 방안 마련에만 고심할 때, 베조스는 한발 앞서서 고객이 매장에 들어가 물건을 고르고 나서 계산대를 거치지 않고 빠져나오는 실험적인 무인 매장 아마존 고를 선보였다. 리테일러는 기술에 초점을 맞추는 대신, 매장에 비콘을 설치하고 고객의 움직임과 현재의 행동을 파악하여 매장에서 소비자의 불편을 해결하는 데 초점을 두어야 한다.

업계의 높은 관심을 받는 스타트업의 최신 기술이나 새로운 비즈니스 모델에 현혹되기 쉽다. 현존하는 기업은 항상 외부 플레이어의 동향을 주시하고 배울 점을 찾아야 하지만 자사 핵심 DNA에 충실하면서 현재 보유한 자산을 활용해야 한다. 제프 이멜트는 GE 장비의 대규모 설치 기반이야말로 감히 스타트업이 쫓아올 수 없는 절대적인 경쟁력으로, GE가 사물 인터넷 플랫폼 구축에 매우 유리한 입지를 점하고 있음을 깨달았다. 월마트는 높은 고정 비용을 지출하는 수천 개 매장을 거느리기 때문에 근본적으로 아마존과 같은 사업 모델을 가져갈 수는 없다. 하지만 월마트 오프라인 매장이야말로 온라인 주문 고객의 배송 비용을 줄여 주는 대단히 귀중한 자산이다. 2017년 4월 월마트는 온라인 고객이 매장에서 주문을 찾아갈 수 있도록 하는 '픽업 디스카운트^{pickup discount}(온라인에서 주문하고 매장에서 픽업하면 할인해 주는 정책)'를 내놓았다.

미래 로드맵을 그린다고 CEO가 모든 해답을 얻는다거나 미래를 정확히 예견한다는 보장은 없다. 목표는 대략적인 방향만 제시할 뿐 로드맵을 따라가는 여정은 순탄치 않다. 기업은 비전을 가이드라인으로 삼아 그 안에서 전략을 끊임없이 발전시키고 구체화해야 한다.

격변의 디지털 과도기 헤쳐 나가기

디지털 전환은 기존의 비즈니스를 관리하는 동시에 미래의 성장 발판을 마련하는 일로, 마치 비행 도중에 비행기의 엔진을 교체하는 일과 같다. 비행기는 처음에는 하강하다가 다시 상승하게 마련인데 상승기에 접어들기까지의 두려움 때문에 조직 내 모든 구성원은 회사의 전략에 의구심을 품기 시작한다. 기존 사업에 대한 위협과 변화의 필요성을 느끼더라도 여전히 단기적으로는 수익성이 있기 때문에 불확실한 미래를 근거로 당장 모든 수익을 포기하기란 어렵다.

이러한 딜레마에 대처하는 방법을 뉴욕 타임스와 어도비 사례를 통해 다시 살펴보자. 뉴욕 타임스의 경우 비록 당시 구독료와 광고 매출은 종이 신문이 디지털 신문보다 훨씬 높았지만 디지털로 전환하고 구독료 기반 수익 모델에 치중할 수밖에 없었다. 언젠가는 뉴욕 타임스가 종이 신문이 없는 완전한 디지털 회사로 변모하는 시나리오를 상상해 보라. 종이 신문의 판매 부수가 감소하였을뿐더러 인쇄와 배포 비용이 많이 드는 점을 고려할 때 이러한 가정이 단순한 상상에 그치지는 않을 것이다. 2012년 뉴스위크Newsweek, 2013년 인포메이션위크InformationWeek, 2014년 컴퓨터월드Computerworld 등 최근 몇 년간 여러 간행물이 완전히 디지털로 전환했다.

아직은 구독료와 광고 매출에서 종이 신문이 디지털보다는 높기 때문에 뉴욕 타임스가 디지털 전환을 전면적으로 도입하면 현재의 수익은 감소할 수 있다. 하지만 전면적인 디지털 전환은 종이 신문 발행 비용의 약 50퍼센트를 차지하는 제작과 배포의 비용을 줄일 수 있다. 그리하여 뉴욕 타임스의 전체적인 영업이익은 현재와 비슷한 수준이 된 것이다. 하지만 전환은 여러 해에 걸쳐 서서히 진행될 수 있는데, 그동안에는 어떤 일이 일어날까?

그림 10-1은 디지털 전환이 이루어지는 동안 신문 수익성의 변화를 보여준다. 전면적 디지털 전환으로 미래의 수익성은 제작과 배포 비용의 절

감으로 개선될 수 있지만, 과도기 동안 신문사는 인쇄 부문과 디지털 부문의 동시 운영 탓에 오히려 비용이 증가한다. 비행기가 하강 곡선을 한번 그리고 나서야 상승 궤도에 진입하게 되는 것과 같은 이치다.

어도비는 디지털 전환이 이루어지는 도중에 이러한 상황에 직면했다. 샨타누 나라옌은 디지털 마케팅 분야 진출을 위한 옴니츄어 인수와 더불어 월 최소 50달러의 사용료만 내면 크리에이티브 제품군^{Creative Suite ■}을 사용할 수 있는 서비스형 소프트웨어^{SaaS, Software as a Service ■■} 모델로 전환했다. 기존에 어도비는 크리에이티브 제품군 소프트웨어를 패키지 형태로 2,500달러의 영구적 라이선스를 부여하여 판매했었다.

사업 모델이 일회성 판매로 끝나는 고정 매출에서 월정액 과금 형태의 서비스형 소프트웨어로 바뀌다 보니 보다 안정적이고 예측 가능한 수익원이 생겼으며, 또한 낮은 진입 가격으로 신규 사용자 유치가 수월하다는 장점이 생겼다. 하지만 소비자가 2,500달러를 한번에 결제하던 방식에서 매월 50달러를 지불하는 요금제로 바뀌면서 매출과 이익에는 큰 변화가 생겼다.

어도비는 신규 고객이 늘어나면 장기적인 관점에서 월정액 매출이 기존의 과금 체계에서 발생하던 매출을 넘어서리라 예견했지만, 매출과 이익에 미치는 단기적 여파는 피할 수 없었다. 그림 10-2는 디지털 전환이 이루어지는 동안 어도비 순이익의 하락과 상승을 보여준다.

2013년과 2014년에는 수익이 급격히 감소했으며, 2015년에는 회복

■　어도비가 개발한 그래픽 디자인, 영상 편집, 웹 개발 응용 프로그램들을 한데 묶은 제품군이다.

■■　기존에는 직접 소프트웨어(SW)를 구매해 설치했지만, 이제는 월 또는 연 단위로 일정 비용을 내고 언제 어디서나 사용하며 MS, 어도비, 오토데스크 등 주요 SW 업체가 SaaS 서비스를 제공한다.

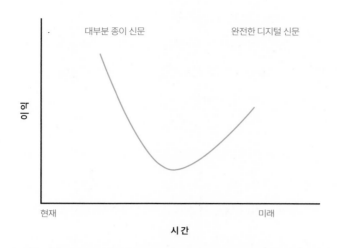

[그림 10-1] 디지털 전환이 이루어지는 동안 뉴욕 타임스의 잠정적인 수익 변화 경로

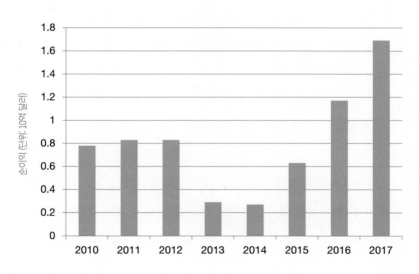

출처: 어도비 재무 보고서 종합

[그림 10-2] 디지털 전환이 이루어지는 동안 어도비 순이익의 하락과 상승 추이

성공적인 디지털 전환에 필요한 핵심 요소

세를 보였으나 전환기 이전의 수준에는 미치지 못하였다. 그럼에도 어도비의 주가는 꾸준히 상승했다. 나라옌은 이 시기의 변화를 어떻게 성공적으로 관리했을까? 나라옌은 내부적으로나 외부적으로 변화를 관리하는 프로세스를 다음과 같이 설명했다.

> 내부적으로는 우리가 원하는 만큼 매출이 빨리 늘어나지 않고 있다는 사실을 일종의 충격요법으로 삼았습니다. 초기 비용이 너무 비싸고 불법 소프트웨어 복제 유통이 계속 문제가 됐기 때문에 사실상 새로운 고객을 유치하지 못하고 있었습니다. 변화가 불가피하다는 인식을 전파하려면 충격요법 효과를 발휘할 만한 요소를 내부에서 찾아야 했습니다. 외부적으로는 주주들에게 확신을 줘야 했습니다. 디지털 전환이 이루어지는 동안 어도비를 지지해준다면 급격한 성장과 매출 예측 가능성의 증대, 그리고 반복 매출recurring revenue로 인한 이득을 볼 것이라 설득했습니다. 금융권의 긍정적인 평가를 얻고자 앞으로 3년 동안 디지털 전환이 어떻게 진행될는지 큰 그림을 그려서 보여줄 필요가 있었습니다. 우리는 애널리스트들과 열린 소통을 하려고 힘썼습니다.[5]

나라옌과 고위 경영진은 어도비의 비전을 지원하고 조직의 변화를 유도하기 위해 실패에 대비한 플랜B ▪는 없음을 회사 전체 직원들에게 알렸다. 어도비의 디지털 재창조digital reinvention에 관한 사례를 작성하려고 찾아갔을 때, 대화 도중 줄곧 등장하는 문구가 '배수진을 치다burn the boats'였다.

▪ 첫 번째 계획이 성공하지 못했을 때를 대비한 두 번째 계획이나 대안

기존의 낡은 비즈니스 방식으로 돌아갈 의사가 전혀 없음을 표명했다. 미래에 대한 확실한 비전과 용기, 신념, 조직 내 명확한 의사소통이 합쳐지면서 어도비는 기사회생turnaround에 성공했다. 어도비가 디지털 전환 전략을 발표한 2013년 5월 8일부터 2018년 4월 1일까지 주가는 400퍼센트 증가했는데, 이는 같은 기간 애플이나 구글의 주가 상승률을 웃도는 수치였다.

디지털 전환의 속도

미래에 대한 불확실성과 디지털 전환이 이루어지는 동안 필연적으로 나타나는 U자형의 수익률 변화를 고려한다면 디지털 전환은 얼마나 빨리 이루어져야 하는가? 이 질문을 경영진들에게 물어보면 일반적으로 극단적인 두 부류로 나뉜다.

한 부류는 고통을 참을 이유가 없으므로 디지털 전환 작업을 빨리 끝내야 한다고 주장한다. 이 부류에 속하는 임원들은 디지털 회사로 전환하는 기간이 길어질수록 누적 손실이 커지거나 이익이 줄어든다고 지적한다.(예를 들면, U자형 곡선이 넓어지고 깊어진다.)

반면, 디지털 회사로 서서히 변해 가는 것을 선호하는 이들은 어차피 미래는 불확실하기 때문에 빨리 뛰어들수록 손해라고 주장한다. 새로운 방면에 자원을 투입하기 전 여러 환경에서 파일럿을 진행하는 편이 나을 수도 있다는 것이다. 현 사업 모델이 미래의 사업 모델보다 수익성이 높다면(예를 들면, 그림 10-1에서 볼 수 있듯이) 차라리 디지털 전환 속도를 늦추면서 현재의 사업 모델에서 최대한의 이익을 얻는 편이 낫지 수익성이 떨어지는 지점을 향해 돌진할 필요가 있느냐고 반문한다.

양쪽 주장 모두 나름의 합당한 근거가 있다. 결국 디지털 전환의 속도는 세 가지 핵심 요소에 따라 좌우된다.

- **소비자:** 가장 중요한 요소는 소비자의 행동 트렌드다. 예를 들어 미디어의 소비 행태에 극적인 변화가 일어나고 있음은 분명하다. 신문사와 케이블 회사는 이러한 추세를 무시할 수 없다. 대체로 기업들은 소비자들이 거부 반응을 나타내더라도 그에 앞서 소비자의 행동을 바꾸도록 권장하고 싶을 것이다.

  어도비가 크리에이티브 제품군을 클라우드 기반으로 옮기고 구독 서비스로 전환했을 때 많은 이용자는 소프트웨어 '대여'를 강권한다고 불평했다. 왜냐하면 대여 방식은 장기적인 시각에서 비용이 더 많이 들고 구독이 끝나면 작업물을 잃어버릴 수 있는 위험도 따랐기 때문이다. 어도비가 새로운 구독 서비스 모델을 발표한 지 며칠도 안 돼 천 명이 넘는 소비자가 온라인 청원 사이트인 체인지닷오알지Change.org에 어도비를 상대로 청원서를 제출했다. 하지만 어도비 경영진들은 기존 방식으로 되돌아가지 않고 확실한 비전 아래 소비자들의 불만과 우려 해소에 주력했다.

- **경쟁자:** 신문사들은 오랫동안 온라인 유료화에 대한 아이디어를 내세웠지만, 시행착오만 거듭했다. 뉴욕 타임스의 시도가 성공적으로 정착되고 나서야 유료화 모델이 조명을 받았다. 이윽고 모든 신문사는 자체적으

로 유료 구독 모델을 구축했다. 경쟁자의 선제 대응과 변화가 시장에 파문을 불러일으키고 있더라도 이를 두 가지 관점에서 신중하게 바라봐야 한다.

첫째, 뉴욕 타임스에는 가능한 일이지만 보스턴 글로브^{Boston Globe}에는 불가능한 일일 수도 있다. 즉 자신만의 고유한 강점이나 시장 지배력을 제대로 파악하지 못한 채 업계 내 다른 플레이어를 맹목적으로 따라 하는 행위는 실패로 끝날 가능성이 매우 크다. 둘째, Section1에서 강조했듯이 업계 간의 고유한 경계가 흐려지는 상황에서 경쟁자의 범위를 너무 좁게 정의하면 근시안적인 판단을 내리게 된다. 소비자는 산업 전반의 다양한 플레이어를 기준으로 제품이나 서비스 품질을 판단한다. 소비자는 은행, 리테일러, 브랜드 할 것 없이 모두 구글만큼 빠른 처리 속도와 아마존만큼 빠른 배송, 애플만큼 매끄러운 제품, 우버만큼 원활한 서비스를 제공해 주길 기대한다는 사실을 유념해야 한다.

- **회사:** 디지털 전환의 가장 큰 장애물은 기업 자체, 즉 기술, 역량, 조직 구조에 있다. GE는 제트엔진, 가스터빈과 같은 최첨단 기계 제조에 자부심을 느끼고 있다. 당연히 GE에는 실력 있는 엔지니어가 많이 있었지만, 사물 인터넷에 역점을 두고 디지털 플레이어로 전환하는 과정에서 GE는 디지털 분야의 역량이 필요했다.

2017년 GE디지털은 3만 명이 넘는 소프트웨어, 데이터 분석, 클라우드 컴퓨팅 분야 전문가를 확보했다. 또, 자율주행차량 개발을 위해 모든 자동차 회사가 소프트웨어와 인공지능 기술을 갖춘 엔지니어 확보에 앞다퉈 나서고 있다. 새로운 인력 채용과 기술 개발을 진행함과 동시에 기존의 오래된 시스템에 새로운 인적 자원과 기술을 통합하는 것은 매우 버거운 일이며 상당히 많은 시간이 소요될 수 있다. 바로 이 지점에서 디지털 전환이 이루어지는 속도의 차이가 나타난다.

연구를 통해 많은 기업이 세 단계에 걸쳐 디지털 전환을 추진한다는 점을 발견했다. 첫 번째 단계는 기술을 사용해 비용을 절감하고 기존 비즈니스 운영의 효율성을 높이는 일을 병행한다. 그러려면 여러 사업부의 부서 이기주의를 없애야 하며 이는 대단히 중요한 과업이다.

Section1에서 말한 대로 GE는 예측 정비를 통해 기업의 자체적인 기계를 보다 효율적으로 운영할 목적으로 디지털 여정을 시작했다. 2008년 금융 위기 이후 골드만 삭스는 내부 효율 개선과 비용 절감을 위해 기술을 활용하려고 했다. 골드만 삭스에서 증권 부문에 속하는 FICC Fixed Income, Currency, Commodity(채권, 외환, 상품) 전략본부의 글로벌 총괄인 에즈라 나훔Ezra Nahum은 다음과 같이 설명했다.

❝ FICC 본부는 금리, 외환, 신흥 시장, 담보 대출, 유동 신용flow credit, 구조화 신용structured credit, 상품commodity 총 일곱 개 사업부서로 구성됩니다. 모든 사업부는 사일로silo 형태로 완전히 분리되어 운영됐습니다. 그러다 "어느 정도 규모가 있으면서 일곱 개 사업부에 공통으로 도움이 될 만한 기능이 있을까?"라고 자문하기 시작했습니다. 여전히 사업부마다 상품 전문가들이 필요하지만 공통된 기술 플랫폼에서 작업할 수 있겠지요. 따라서 일곱 개의 별도 조직으로 꾸려나가던 운영 방식은 버리고 대신 개별 업무에 특

화된 일곱 개의 작은 팀을 만들고 그 아래 공통 기능을 수행하는 큰 규모의 팀을 두었습니다.[6]

첫 번째 단계에서 디지털 전환의 초점을 내부 효율성에 맞추어 추진하면 조직원들이 그 혜택을 실질적으로 체감하게 되어 조직 내에 훨씬 수월하게 뿌리내릴 수 있다. 그뿐만 아니라 외부 시장을 대상으로 본격적으로 사업화하기 전에 학습 기회가 될 수 있다.

두 번째 단계에서 기업은 기술 플랫폼을 고객에게 개방한다. GE와 골드만 삭스는 고객에게 기술 플랫폼 접근 권한을 부여했다. 골드만 삭스의 최고재무책임자CFO이자 전직 최고정보책임자CIO인 마틴 차베즈는 기술 플랫폼을 내부 사업부뿐 아니라 외부 고객을 대상으로 보급하겠다는 명확한 목적을 갖고 있었다. 그리고 고객이 리스크 분석이나 맞춤형 투자 전략을 수립하고 분석하는 데 사용할 수 있는 애플리케이션 제품군을 개발했다.

세 번째 단계에서 기업은 제삼자third party 플레이어나 때로는 경쟁사에도 시스템을 개방하는 플랫폼 전략으로 전환한다. 아마존은 아마존닷컴에 제삼자 판매자들이 제품을 올리도록 참여시켜 마켓플레이스로 거듭났다. GE는 산업 인터넷 운영체제인 프레딕스 플랫폼을 둘러싼 생태계 조성을 위해 외부 개발자들의 사용을 적극적으로 유도했다. 골드만 삭스는 처음에는 자체 상품만 판매하는 구조화채권 플랫폼을 만들었지만 나중에는 웰스 파고Wells Fargo, 토론토 도미니언 은행TD Bank, 캐나다 임페리얼 상업 은행CIBC 등 경쟁은행을 포함한 제삼자 판매자들까지 플랫폼에 참여시켰다. BBVA는 상업적으로 이용 가능한 응용 프로그래밍 인터페이스API를 제삼자 업체에 제공해 은행의 내부 고객 데이터를 활용한 신규 상품을 자체적으로 개발할 수 있는 환경을 마련해 주었다.

내부 운영에 미치는 영향

디지털 전환은 기업 내부 운영에 중요한 변화를 가져온다. 모든 기업은 성공적인 디지털 전환을 위해 변화를 받아들일 준비가 되어 있어야 한다. 예를 들어 골드만 삭스에서도 미국 기관 투자를 담당하는 직원의 숫자와 유형이 급격히 바뀌었다. 2000년에는 600명의 트레이더가 있었지만 2017년에는 단 두 명의 트레이더와 수백 명의 컴퓨터 엔지니어가 배치됐다. 뉴욕 타임스는 디지털 전략을 개발하면서 종이 신문을 관리하는 문제로 어려움을 겪었다. 뉴스 속보는 종이 신문과 디지털 신문 중 어디에 실어야 하는가? 만일 디지털 신문에 속보가 실리면 다음 날 종이 신문에는 무엇을 담아야 하는가?

어도비의 패키지 소프트웨어 판매에서 구독형 서비스 판매로의 전환은 조직 내에 거의 모든 기능을 바꿔놓았다(그림 10-3 참조).

- **제품 개발:** 어도비는 패키지 판매 시절에 18개월에서 24개월마다 신규 버전의 소프트웨어를 출시했다. R&D팀은 새로운 기능 개발 착수에 앞서 고객의 요구사항을 2년 앞서 예측해야 했다. 하지만 구독형 모델로 전환함으로써 제품 개발팀은 새로운 기능을 끊임없이 혁신하고 테스트하면서 고객 피드백을 신속히 얻을 수 있게 되었다. 소비자의 미래 니즈

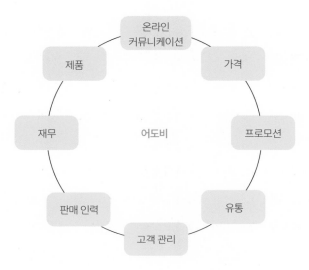

[그림 10-3] 새로운 사업 모델로 인한 어도비 운영의 변화

를 직관에 의존해 예측하는 대신 엔지니어들은 이제 소비자가 실제로 제품을 사용하는 방식에서 제품 혁신 아이디어를 얻을 수 있다. 어도비는 또한 소비자가 맞춤형 제품을 만들도록 허용함으로써 회사의 개발 비용을 절감할 수 있다.

• **유통과 판매원:** 과거 어도비에는 베스트바이와 같은 리테일러에게 찾아가 소프트웨어를 판매하는 대규모 영업 인력이 있었다. 하지만 클라우드 기반으로 옮겨 가면서 판매 업무가 불필요해졌고, 이에 따라 영업 인력과 리테일 파트너가 함께 변화를 관리해야 했다.

• **홍보와 커뮤니케이션:** 패키지 소프트웨어 홍보에는 새로운 버전 출시를 알리는 대대적인 이벤트 행사와 대규모 마케팅 예산이 필요했다. 하지

만 지금은 디지털 마케팅 도구를 활용하여 고객을 확보하고 유지한다.

- **고객 관리:** 어도비는 기존에는 최종 사용자를 파악할 수 없었다. 하지만 구독형 서비스로 바뀌면서 고객의 사용 이력과 유지 기간 등에 대한 자세한 데이터를 확보하여 적절한 제품과 서비스로 소비자를 공략할 수 있다.

- **가격:** 어도비는 모든 사용자에게 동일한 금액을 부과하는 대신 이용 행태에 따라 차등적인 요금을 청구할 수 있다. 사용량이 많은 고객은 제품에서 더 많은 가치를 얻으므로 더 큰 비용을 지급할 의향이 잠재되어 있다.

- **온라인 커뮤니티:** 어도비는 온라인 이용자 커뮤니티를 구축할 수 있는 역량을 확보했다. 예를 들어 아들의 졸업식 사진 편집에 도움이 필요한 아마추어 사진작가와 유료로 기꺼이 도와줄 수 있는 포토샵 전문가를 매칭해 주는 플랫폼이 될 수도 있을 것이다.

- **월스트리트 관리:** 앞에서 설명했듯이 2,500달러의 소프트웨어 패키지 판매에서 월 50달러의 구독형 서비스로 전환하면 매출 인식 방법 또한 바뀐다. 이로 인해 어도비의 회계와 재무 구조가 완전히 바뀌었으며 단기적으로는 매출과 수익에 엄청난 영향을 미쳤다. 이러한 변화가 어도비 주가에 나쁜 영향을 미치지 않도록 어도비 최고재무책임자CFO인 마크 개럿Mark Garrett은 재무 분석가들이 구독형 서비스 모델로 전환한 어도비 주가를 어떻게 평가해야 할지 교육하는 어려운 임무를 맡았었다.

패키지 소프트웨어 판매에서 구독형 판매 모델로의 전환은 작은 변화로 보일 수 있지만 어도비 운영의 거의 모든 부분에 엄청난 파급 효과를 가져왔다. 어도비는 디지털 전환을 성공적으로 완수하기 위해 내부적인 변화를 완벽하게 실행해야 했다. 물론 신구新舊 간에 갈등을 일으키지 않으면서 기업의 자산과 시너지 효과를 충분히 활용하는 적절한 조직 구조가 그러한 변화를 뒷받침해야 한다. 이는 다음 내용에서 다룬다.

파이낸스뱅크의 앤파라

혁신 지향적인
조직 설계하기

이 책의 서론에서 혁신 추진을 위해 전담 부서를 별도로 신설하는 일은 대형 선박의 방향을 돌리기 위해 작은 스피드보트를 띄우는 격이라고 강조했었다. 스피드보트는 그 속도가 아무리 빠르더라도 대형 선박의 항로를 바꾸기에는 역부족이다. 2012년 터키의 5대 민영 은행 중 하나인 파이낸스뱅크가 인터넷 은행 엔파라를 설립했을 당시의 상황이 대표적인 사례이다.

파이낸스뱅크의 스피드보트

1987년, 터키 은행 업계의 자유화 기간■ 동안 휘스뉘 외즈예인Hüsnü Özye in은 파이낸스뱅크를 설립했다.[1] 당시 소수의 터키 은행이 시장을 장악한 구

■ 터키는 1923년 공화정이 들어서며 60여 년간 정부가 예산, 외환, 외국인 투자 등을 모두 통제했지만 1983년부터 개혁이 일어나며 개인 부문과 시장경제에 중점을 두는 쪽으로 경제 정책이 변화했다.

조였기 때문에 외즈예인은 기업 금융^{Wholesale} 분야에 주력하기로 했다. 이후 소매 금융이 번성하기 시작하자 파이낸스뱅크는 일반 소비자층에도 초점을 맞추어 신용카드와 소비자 대출을 중심으로 소매 금융에 진출했다.

2010년 외즈예인이 은행에서 물러나고 오메르 아라스가 회장으로 부임했다. 아라스와 CEO인 테멜 구제롤루^{Temel Güzeloğlu}는 디지털 기술로 인한 금융 업계의 파괴적 변화를 예견하고 인터넷 은행 엔파라를 론칭했다. 당시 급성장세를 보이던 중산층 세그먼트를 겨냥한 시도로, 엔파라는 파이낸스뱅크가 진출하지 않았던 새로운 시장을 타깃으로 삼아 파이낸스뱅크의 기존 온라인과 모바일 뱅킹 가입자 기반의 자기 잠식을 피하고자 했다.

구제롤루는 맥킨지의 시니어 컨설턴트 출신인 엘사 페크메즈 아탄^{Elsa Pekmez Atan}에게 엔파라를 맡기고 단기 수익 창출에 대한 부담 없이 별도의 조직을 독립적으로 운영할 권한을 부여했다. 그는 엔파라가 중산층 고객 유치 외에도 모기업에 디지털 뱅킹 서비스에 대한 학습 기회를 제공하기를 희망했다. 아탄은 아마존을 그대로 모방해 철저한 고객 중심 서비스, 운영의 간소화를 추구했다. 엔파라 고객은 영업지점이 없어 고정 비용이 줄어든 만큼 시중 은행 대비 낮은 수수료와 높은 예금 금리 적용이라는 혜택을 누렸다.

개업한 지 한 달도 안돼 고객은 2만 명, 예금액은 3억 9천만 달러에 달했으며 그 해 년도 말에는 본래 목표를 초과 달성해 고객은 11만 명, 예금액은 15억 달러에 이르렀다. 경쟁 은행들 역시 인터넷 전문 은행을 별도로 오픈해 엔파라의 전략을 모방하려고 했지만, 기존 가입자에게 불편을 초래할까 우려되어 몇 년 지나 사업을 철수했다.

2016년 말 엔파라는 파이낸스뱅크에 성공적인 결과를 안겨다 줬다. 인터넷 은행에는 63만 명의 가입자와 55억 달러 예금액이 모였으며 악성 부실 채권 비율은 업계 평균과 모기업에 비교해 매우 낮았다. 소비자한테 환영받지 못하던 은행업계에서 엔파라는 고객으로부터 열렬한 사랑을 받았다. 아탄은 "엔파라는 거의 완벽에 가까운 고객만족도(99.4퍼센트)를 자랑하며 순수 추천고객 지수NPS, Net Promoter Score ■는 75퍼센트로 터키 은행 업계 평균 25퍼센트에 비해 월등히 탁월하다."[2]고 자랑했다.

스피드보트가 물보라를 일으키며 속도를 즐기고 있던 바다 한쪽에서 모선母船은 고통의 시간을 보내고 있었다. IT 자원이 엔파라 서비스에 투입됐기 때문에 상당 부분의 모기업 프로젝트는 보류될 수밖에 없어 리테일 운영 부서는 불만을 표출했다. 엔파라를 독립 회사로 운영함에 따른 중복 비용도 발생하고 있었다. 규모가 커진 엔파라는 차츰 모회사로부터의 수익 창출 압박에 시달리기 시작했다.

한편 오메르 아라스는 모기업의 온라인 뱅킹 사업부가 어째서 엔파라가 운영 중인 서비스를 고객에게 제공할 수 없는지 의구심을 품었다. 2015년 후반 카타르 국립 은행Qatar National Bank이 파이낸스뱅크를 인수하면서 아라스와 최고 경영진이 받는 압력이 커졌다.

엔파라에서 터득한 노하우를 파이낸스뱅크로 이전할 목적으로 아라

■ 기존 고객들이 어떤 판매업체의 제품이나 서비스를 동료에게 얼마나 추천할 것 같은 가를 측정하며 측정 결과는 가장 낮은 -100점에서 높게는 +100점까지 나올 수 있다.

스는 아탄에게 모기업의 고객 관계를 관리하는 추가적인 역할을 맡겼다. 하지만 새로운 임무를 맡은 지 일 년 후 아탄은 파이낸스뱅크 직원의 문화와 행동을 변하게 하기란 어렵다고 느꼈다. 엔파라의 고객 관계를 관리하고 파이낸스뱅크의 변혁을 주도했던 아탄의 팀원 중 한 명이었던 뎰야 뒤너Derya Düner는 다음과 같이 설명했다.

> 엔파라에서는 완전히 처음부터 시작했어요. 고객에 대한 서비스 정신이 뛰어난 사람들을 채용했죠. 하지만 파이낸스뱅크에서는 이야기가 전혀 달랐어요. 모기업은 높은 수준의 서비스가 아니라 빠르게 해결하는 퀵윈Quick-Win과 영업이익을 중점에 두는 문화를 갖고 있었습니다. 파이낸스뱅크에서 가장 어려운 부분은 직원들에게 현재 하는 일이 단기간에 해결해 마무리 지어야 하는 프로젝트가 아니라고 강조하며 설득하는 일이었어요.[3]

2017년 초, 엔파라는 갈림길에 섰다. 파이낸스뱅크 경영진은 인터넷은행을 어떻게 할지 답을 내리지 못한 상태였다. 파이낸스뱅크와 엔파라의 합병이 어려우니 그렇다면 엔파라를 분사Spinoff해야 하는지 등의 고민이 이어졌다. 모선에서 진작 분리한 스피드보트는 특유의 민첩성과 속도로 빠르게 질주하고 있었지만 정작 모선에는 별로 도움이 되지 못 하는 상황이었다.

상륙함 만들기

마스터카드의 사장이자 CEO인 아제이 방가는 혁신을 장려하기 위해 기존의 방식과는 색다르게 접근했다. 그는 자신의 철학을 다음과 같이 설명한다.

> 카드 업계의 성격을 감안할 때 대부분의 스타트업은 몸집을 키우기 위해 대기업 파트너가 필요합니다. 양사가 함께 일을 추진하면서 대기업은 혁신적 DNA를 가진 스타트업의 노하우를 얻을 수 있습니다. 저는 모선과 따로 노는 스피드보트엔 관심이 없습니다. 우리가 할 수 있는 최선의 모습은 대기업이라는 대형 함선에 스타트업과 혁신가라는 스피드보트가 자유로이 드나들 수 있도록 상륙함landing dock같은 개방적인 환경을 마련하는 것입니다. 우리와 함께 일하는 내부 혁신팀과 외부 스타트업에 제가 제안하는 규칙은 간단합니다. '마스터카드의 인프라와 엔진을 사용해 과감한 도전 정신과 실행력으로 뭔가 새로운 것을 만들어 내라.'는 겁니다. 작은 스피드보트를 타고 따로 돌아다니는 것보다 대형 함선을 뒤에 두고 항해에 나서는 편이 훨씬 낫습니다.[4]

상륙함을 만들기 위해서 먼저 조직의 모든 구성원이 회사의 비전과 전략 그리고 운영 규칙에 완전히 부합하는지 확인해야 한다. 방가는 다음과 같이 설명한다.

       마스터카드는 비유하자면 거래라는 열차가 달릴 수 있는 레일을 제공합니다. 기존의 레일을 강화하면서 미래의 레일을 구축하기 위해 세 가지 폭넓은 카테고리에 집중합니다. 첫째는 선불, 직불, 신용, 가맹점 결제로 이루어진 핵심 비즈니스, 둘째는 새로운 지역에 있는 시장과 고객 계층의 다각화, 셋째는 미래의 신규 사업 개발(예를 들면, 데이터 분석과 서비스)입니다. 그리고 이러한 전략적 포커스는 세 가지 운영 원칙을 따라야 합니다. 마스터카드는 B2B2C 회사로서 카드나 계좌를 직접 발급하지 않으며 가맹점과 은행 파트너가 마스터카드를 대신해 소비자와 직접 거래합니다. 정책 변화가 사업에 큰 영향을 미칠 수 있기 때문에 정부는 중요한 이해관계자이며, 신뢰를 기반으로 하는 사업이기 때문에 사이버 보안이 대단히 중요합니다. 또한 혁신 방향은 회사의 전략적 우선순위와 어느 정도 일치해야 합니다. 그렇지 않으면 조직이 혁신을 거부하는 위험한 상황이 벌어집니다.

방가는 폭넓은 미래 비전과 운영 원칙 하에 다음의 다섯 가지에 중점을 두고 혁신을 추진했다.

1. **마스터카드 랩:** 2009년 마스터카드는 아일랜드 결제 기술 회사인 스타트업 오비스콤Orbiscom을 인수했다. 이후 방가는 첨단 기술과 사업 모델을 발굴하기 위해 자체적인 혁신 연구소인 '마스터카드 랩MasterCard Labs'을 설립했으며, 이때 내부 인사가 아닌 오비스콤 CEO인 게리 라이온스Garry Lyons를 마스터카드의 최고혁신책임자CIO이자 연구소장으로 임명했

다. 방가는 게리와의 초창기 대화를 다음과 같이 설명했다.

> 저는 게리한테 예산 권한을 넘기면서 앞으로 돈을 어디에 쓰든 저한테 보고할 필요가 없다며 다음과 같이 말했습니다. "ROI 달성에 필요한 여러 가정을 합리화하는 엑셀과 같은 스프레드시트는 필요 없어요. 하지만 만일 당신 팀이 외형을 갖추고 실제 수익이 이루어지는 혁신을 2년 이내에 만들어 내지 못하면 그 조직을 해체할 것입니다." 연구소Lab는 예산을 자율적으로 집행하지만 기본적인 인프라는 독립적으로 사용하지 않습니다. 따라서 이러한 연계성 덕분에 연구소에서 나오는 모든 혁신적인 산출물은 마스터카드가 수행하는 일과 유기적인 관계를 유지할 수 있습니다.

2. **외부 생태계 활용:** 모든 혁신을 독자적으로 추진할 수 있는 회사는 없다는 사실을 깨달은 방가는 실리콘 밸리 등의 지역에서 개발된 새롭고 흥미로운 기술을 활용하는 시스템을 만들고자 했다. 그래서 방가의 팀은 다음 세 가지를 만들었다.

첫째, 전 세계 다양한 지역에 '인큐베이터incubator'와 '액셀러레이터accelerator' 네트워크를 구축했다. 마스터카드는 스타트업이 아이템을 발굴하고 개발할 수 있도록 자금을 지원하고 마스터카드의 인프라에 접속하는 권한을 준다. 대신 마스터카드는 스타트업의 신기술과 혁신적인 아이디어를 처음으로 접하며 이에 대한 투자나 상업적 계약 체결 여부를 결정할 수 있다.

둘째, 마스터카드는 지급 결제 기술 분야에서 벤처 기업을 발굴하고 육성하는 몇 안 되는 벤처 캐피털 회사에 투자한다. "벤처 캐피털은 유망 벤처 기업 발굴 역량이 마스터카드보다 뛰어납니다. 시장 변화를 포착하는 능력이 곧 회사 경영의 근간이 되기 때문에 당연히 잘할 수밖에 없죠. 그들을 통해 적은 금액을 투자하고도 지급 결제 시장이 어떻게 돌아가는지 훤히 파악할 수 있게 됩니다."라고 방가는 평가했다.

셋째, 마스터카드는 후기 단계의 스타트업에 투자하는 규모가 좀 더 큰 회사에 투자한다. "차고에서 먹고 자는 개인 사업가부터 대여섯 명의 직원을 거느린 스타트업, 25명부터 300명까지 인력을 갖춘 상장 전 지분매각Pre-IPO 단계의 회사까지 투자 대상에 포함하므로 스펙트럼이 상당히 넓습니다. 이러한 투자 방식은 두 가지 중요한 역할을 합니다. 첫째, 마스터카드의 비즈니스를 위협하거나 혹은 우리가 활용할 수 있는 미래 기술에 대한 가시성을 제공합니다. 둘째, 직원들이 바깥세상에서 진행되는 개발을 흥미롭게 지켜보다가 우리가 하는 일에 어떻게 접목할 수 있을까 하는 질문을 던질 때 조직 내에 일종의 삼투 작용처럼 지식이 융합됩니다."라고 방가는 강조했다.

3. **직접 투자와 합작 투자:** "여러 회사와 합작 투자를 합니다. 혁신적인 시도의 상당 부분은 실패로 끝나기 마련이지만 어떤 게 성공할지는 많은 경험과 실패를 반복해야만 터득할 수 있어요. 하지만 돈을 얼마 들이지 않고도 미래의 기술을 내다보고 직원들에게 영감과 자극을 주는 기회가 생기니 얼마나 좋습니까."라고 방가는 말했다.

4. **인수 또는 상업적 파트너십 체결을 위한 거래 파이프라인 구축:** 방가는 모든 혁신이 실리콘 밸리에서 일어나는 일이 아니라고 강조한다. "전 세계에서 활발히 진행되는 기술의 발전을 활용하려면 국가별 책임자가 마스터카드의 혁신 어젠다를 이해하고 현지 인재와 혁신 발굴에 적극적으로 나서야 합니다. 이러한 방식으로 미래 비즈니스 관점으로 정보를 민감하게 파악해 훨씬 다양한 진입 기회를 포착하고 있습니다."

한 예로 마스터카드는 2016년 영국의 보카링크Vocalink를 7억 파운드에 인수했다. 보카링크는 여러 국가에 걸친 실시간 은행 대 은행 결제가 가능한 자동 정산 서비스ACH, Automated Clearing House 기술을 보유한 일류 기업으로 전신 송금 방식이 아니라도 휴대폰, 인터넷, 전화로 지급 결제가 가능하다.

5. **내부 경쟁과 해커톤**■: 신명 나는 회사 분위기 조성과 혁신 장려책으로 마스터카드는 직원들에게 결제, 데이터, 서비스 비즈니스에 관련한 혁신적인 아이디어 개발을 장려한다. 아이디어가 호평을 받으면 지원금 규모가 커지면서 순위가 올라가고 최종 승자는 상당한 예산을 받아 실질적인 CEO로서 사업을 개발하고 운영할 기회를 얻는다.

"결국 궁극적인 목표는 상륙함을 만들어 미지의 세계로 모험을 떠난 승선객들이 언제나 우리 선박으로 옮겨 탈 수 있고 미래에도 안심하고

■ 해커톤(Hackathon)은 해킹(hacking)과 마라톤(marathon)의 합성어로 기획자·개발자·디자이너 등이 팀을 구성해 한정된 기간 내에 아이디어를 도출하고, 이를 토대로 앱, 웹 서비스 또는 사업 모델을 완성하는 행사를 말한다.

항해를 계속할 수 있도록 해 주며, 동시에 우리 자원과 인프라를 발판으로 또 다른 포부를 펼칠 수 있도록 해 주는 것입니다."라고 방가는 요약했다.

내부적인 변화를 통해 새로운 회사로 변모

기존 회사가 내부적인 변화 과정을 통해 새로운 회사로 다시 태어날 수 있을까? 많은 사람이 오래된 조직의 백혈구가 혁신적인 새로운 아이디어를 집어삼키기 때문에 변화의 가능성이 희박하다고 믿지만 최근 일부 사례를 보면 반드시 그렇지만은 않다. 생각해 보면 인간 세포도 평균 칠 년에서 십 년 주기로 스스로 재생하지 않던가.[5]

　마스터카드에서 아제이 방가는 '기존 회사에서 내부적인 탈바꿈을 통해 새로운 회사를 설립'하려고 노력을 쏟고 있다. 2010년 방가가 마스터카드의 CEO가 됐을 당시 전체 매출에서 서비스(예를 들면, 데이터, 컨설팅, 안전, 보안)가 차지하는 비중은 7퍼센트에 불과했으나 오늘날은 25퍼센트가 넘는다. 신속한 자동 정산 서비스^{ACH, Automated Clearing House ■}를 통한 모바일 결제와 같은 기술이 마스터카드에 위협 요인으로 작용할 수 있지만 방가는 미래 성장 동력 확보를 위해 새로운 먹거리를 준비하며 10년에서 15년 후를 내다보며 다른 회사로 변모시키는 중이다.

■　기업·은행 간 자동 어음 교환 시스템으로, 통상 결제 완료까지 3~4일이 걸렸으나 마스터카드는 2015년 30분 내로 단축하는 실시간 송금 서비스 '마스터카드 센드(MasterCard Send)'를 선보였다.

골드만 삭스는 기술을 활용하여 내부적인 변화를 거쳐 새로운 회사로 거듭나기 위한 여정에 착수했다.[6] 1993년 IBM의 CEO로 부임한 루 거스너[Lou Gerstner]가 하드웨어 부문을 과감히 포기하고 소프트웨어와 서비스 부문에 집중해 위기에 빠진 회사를 구원한 사례에서 영감을 얻었다. 기술은 골드만 삭스에서 항상 중추적 역할을 담당했지만, 2008년 금융 위기와 서브프라임 모기지[비우량 주택담보대출] 사태 이후 새롭게 등장한 규제로 인해 변화의 속도가 빨라졌다. 2010년 7월 발효한 도드-프랭크[Dodd-Frank]법안[■]과 해당 법안의 내용인 볼커룰[Volcker rule][■■]로 금융 기관의 자기 자본 거래[Proprietary Trading]가 금지됐으며 금융 당국은 훨씬 높은 자기 자본 비율을 요구했다. 이 규정은 골드만 삭스 비즈니스에 중대한 영향을 미쳐 2011년 매출과 세전 이익은 2007년 대비 각각 37퍼센트와 65퍼센트가 감소했다. 또한 골드만을 포함한 모든 금융 기관은 금융 관련한 신기술 혹은 핀테크[fintech] 회사로부터 심각한 위협에 시달리고 있었다.

당시 골드만의 CEO인 로이드 블랭크페인[Lloyd Blankfein]과 최고정보책임자[CIO]인 마틴 차베즈는 불리한 역경을 헤쳐 나가기 위해 변화 경영 3단계 전략에 따라 회사를 이끌었다. 첫째, 전사용 기술 플랫폼을 구축해 핵심적인 업무 기능을 중앙에 집중시켜 중복 업무를 없애고 부서 이기주의를 타파했다. 이러한 변화는 각 사업 부문이 각자의 수익성을 책임지고 부문 간

■ 도드(Christopher Dodd)와 프랭크(Barney Frank)가 만든 법안으로, 리스크 예방 대책 마련, 파생 금융 상품 규제 강화, 금융 소비자 보호 장치 신설, 대형 금융 회사의 각종 감독 규제책 신설을 골자로 한다.

■■ 도드-프랭크 법률 제619조로 금융 기관이 자기 자본으로 채권과 주식, 파생 상품 등 고위험 자산 투자를 금지한 법이다.

의 독립성을 중요하게 여기던 골드만에게는 막중한 임무였다. 다음으로 핵심 역량 강화를 위해 골드만은 고객에게 플랫폼을 개방했다. 차베즈는 이러한 변화를 구글에 빗대어 설명했다.

> 구글이 폐쇄적이고 독점적이라면 어떨지 상상해 보십시오. 구글에 전화를 걸어 검색을 요청하면 결과를 알려줍니다. 그러면 전화를 다시 걸어 검색의 범위를 좁히거나 새로운 검색어로 검색해 달라고 요청합니다. 우리의 기존 사업 방식이 바로 이렇습니다. 고객을 위해 개발한 제품에 고객이 만족할 때까지 전화를 주고받곤 합니다. 그러지 말고 고객한테 우리 플랫폼과 도구에 직접 접근할 수 있는 권한을 부여하면 어떨까요?

골드만은 미래 성장 동력을 발굴하기 위해 새로운 사업을 구축하기 시작했다. 그중 두 가지를 꼽자면 첫째는 구조화 증권 ■ 플랫폼인 사이먼 SIMON을 헤지펀드나 자산 관리사들이 골드만의 데이터베이스와 연동해 투자 전략을 세울 수 있도록 외부에 공개했으며, 둘째는 비대면의 고금리 예·적금, 개인 대출 등의 소매 금융 서비스를 마커스Marcus라는 브랜드를 통해 제공했다.

골드만은 자기 자본 전략 투자PSI, Principal Strategic Investment와 디지털 전략 그룹DSG, Digital Strategies Group 두 개 그룹을 내부적으로 신설해 전략을 실행했다. 글로벌 총괄인 다렌 코헨Darren Cohen이 이끄는 PSI는 두 개의 임무를 맡았는데, 하나는 새로운 기술을 활용해 핵심 비즈니스를 구성하고 강화하

■ 여러 기초자산(주가, 이자율, 환율, 실물자산의 가격 등)의 가격 변동으로 수익이 결정되는 증권이다.

는 역할이다. 다른 하나는 마스터카드 CEO인 아제이 방가처럼 유망 기술 스타트업을 발굴하고 10억 달러의 전략 투자 포트폴리오를 운영하는 일이었다. PSI는 골드만의 각 사업 부서장과의 긴밀한 협력을 통해 현재의 비즈니스 실행력을 강화하고 향상할 수 있는 잠재력이 높은 기술을 파악해 투자 기회를 모색했다. 덕분에 거래와 기업공개IPO 프로세스 중 상당한 부분 기능이 자동화되어 비용이 절감되고 속도가 향상됐다. 전략적 투자 관리 역할을 맡은 PSI는 모기업의 앞날에 변화를 초래하거나 실적 향상에 도움이 될 만한 기술 분야의 스타트업에 투자하겠다는 목표 아래 유망한 벤처 기업에 투자해 이익을 거두는 벤처 캐피털로서, 또 한편으로는 사모 펀드private equity ▪ 운용사로서 활동하게 되었다.

2016년 골드만은 여러 사업 부서의 대표로 구성된 DSGDigital Strategies Group를 신설하는데, 집행위원회의 보완적 성격을 띠는 조직으로 이니셔티브를 조정하고 실행하게 했다. 2016년 6월 내부 문서를 통해 '디지털 비즈니스 이니셔티브가 확장됨에 따라 골드만은 DSG 조직 신설을 통해 글로벌 시장 상황에 따라 운용을 원활하게 조율하고 교차 상품을 기획하며 디지털 상품의 전략과 자원 확보, 실행, 마케팅에 관한 의사결정을 적시에 내릴 수 있게 된다."라고 소개했다.

정해진 틀을 깨는 새로운 아이디어로 중무장한 열정적인 젊은 사업가들로 구성된 별도의 조직을 독립적으로 운영하는 것이 마치 트렌드처럼

▪ 소수의 투자자로부터 자금을 모아 주식, 채권 등에 운용하는 펀드이다. 이 펀드는 공모펀드와는 달리 운용 대상에 제한이 없는 만큼 자유로운 운용이 가능하다. 공모펀드는 펀드규모의 10% 이상을 한 주식에 투자할 수 없고 주식이 채권 등 유가증권에도 한 종목에 10% 이상 투자할 수 없다. 그러나 사모펀드는 이러한 제한이 없어 이익이 발생할 만한 어떠한 투자 대상에도 투자할 수 있다(편집자주). 출처: 금융위원회

보인다. 하지만 오랜 역사를 지닌 덩치 큰 기업에 이러한 시도는 변혁을 일으키는 데 큰 도움이 되지 못한다는 것을 점점 더 많은 기업들이 깨달아 가고 있다.

스피드보트를 대형 함선과 잘 연결해 놓지 않으면 함선의 방향을 바꾸는 데는 아무런 도움이 되지 않는다. 모기업의 상륙함에 스타트업을 어떻게 안착시킬지 구체적 방안 없이 스타트업에 투자하게 되면 결국 핵심 사업의 변혁은커녕 벤처 캐피털 시뮬레이션 게임만 하다 끝나는 격이 된다.

디지털 시대의 인재 관리

데이터 활용 인재를
관리하기

수 세기 동안 농업 기술에는 큰 변화가 없었다. 농부는 가축의 도움으로 땅을 일구고 근처 강에서 물을 끌어와 논밭에 물을 댔다. 인도와 같은 많은 신흥국가에서 소규모 농가는 특별한 기술이 거의 필요 없기 때문에 백 년도 넘은 방식을 그대로 쓴다. 농경 혁신은 18세기 들어 윤작과 함께 시작됐고 20세기에는 기계화, 합성 비료, 농약, 다수확 품종 개발로 이어졌다.

그러나 오늘날 농사는 첨단기술 산업이다. 무인 자율주행 트랙터에 장착된 위치 추적 장치GPS 덕분에 같은 땅을 두 번 간다거나 지나치는 부분이 없어져 연료 낭비는 줄이고 비료 활용 효율성을 높인다. 또한 기술 발달로 경작지에서 기르는 작물 생산 비용과 수확량 등을 실시간으로 분석·예측하는 '정밀 농업Precision Farming' ■도 가능해졌다. 존디어의 장비는 1인 치마다 씨앗을 한 개씩 정확하게 뿌릴 수 있고 부착된 센서를 통해 토양 내의 영양 물질 함유량을 측정해 실시간으로 비료량을 조정한다. 시드니 대는 잡초를 하나씩 골라내 없앨 수 있는 태양열 기반 장치도 개발했다.[1]

이코노미스트The Economist 기사에서는 농사를 행렬 대수matrix algebra ■■에 비유했다. "농부는 날씨, 토양의 수분 수준, 양분 함량, 잡초와 농작물 간 의 경쟁, 해충과 질병의 위협, 작물 성장 저해 요소 제거에 필요한 비용과 같은 변수를 끊임없이 계산해야 한다."[2] 존디어와 같은 회사는 센서와 다 른 장치에서 나오는 이러한 변수의 과거와 실시간 데이터를 사용해 농부 가 수확량을 최적화하고 수익을 극대화할 수 있는 소프트웨어 알고리즘 을 개발하고 있다.

소프트웨어 개발과 데이터 분석은 특정 업계에만 국한되지 않는다. 농업부터 금융 서비스에 이르기까지 기업들은 컴퓨터 공학과 데이터 분 석 역량을 갖춘 수백 명 혹은 수천 명의 소프트웨어 엔지니어를 두고 있 다. 2017년 골드만 삭스 직원 중에서 25퍼센트 이상 혹은 9천 명 이상이 공학기술 경험자였으며 2016년 애널리스트 중 37퍼센트는 과학·기술·공 학·수학STEM ■■■ 전공자였다.[3] 데이터는 '21세기의 원유'로 기업들은 귀중 한 데이터 자원에서 가치를 도출하고 정제하는 역량을 갖춘 인력이 필요 하다.

■ 정보통신기술을 활용해 비료·물·노동력 등 비용을 최소화하면서 생산량을 최대화하는 생산 방식

■■ 행렬의 덧셈, 곱셈, 역행렬 등의 연산 법칙을 체계화한 수학의 한 분야

■■■ 과학(Science), 기술(Technology), 공학(Engineering), 수학(Math)을 STEM이라 부른다.

데이터 애널리틱스, 머신러닝, 인공지능

IBM 보고서에 따르면 매일 2.5퀸틸리언^{quintillion}(250경) 바이트의 새로운 데이터가 만들어진다. 다르게 표현하면 오늘날 전 세계 데이터의 90퍼센트는 최근 2년 내 생성된 것이다.[4] 이렇게 어마어마한 양의 데이터는 웹 서핑, 소셜 미디어 게시물, 모바일 기기 사용 내역과 같은 소비자 활동과 기계에 부착된 센서로부터 끊임없이 생성된다. 따라서 방대한 데이터의 처리는 지금까지 여러 지면을 할애해 설명했던 어도비, 아마존, GE, 골드만 삭스, 마스터카드, 뉴욕 타임스, 더 웨더 컴퍼니와 같은 기업은 물론 모든 업계의 공통 과제다.

막대한 양의 데이터를 다루는 한 가지 강력한 방법은 머신러닝[■]과 인공지능이다. 오늘날 인공지능은 자동화를 이끄는 주역임과 동시에 두려움과 흥미진진함을 불러일으키는 존재다. 테슬라의 CEO인 엘론 머스크^{Elon Musk}처럼 인공지능이 정신 착란을 일으켜 살인을 저지를 수도 있다며 인공지능의 파괴적인 속성에 대해 경고하는 이가 있는가 하면[■■] 어떤 이들은 인공지능 기술이 미래에 모든 산업을 혁명적으로 발전시키리라 주장한다. 어떤 관점으로 보든 간에 인공지능이 디지털 시대의 생존과 번영에 필요한 기술과 미래의 일자리에 엄청난 파급효과를 불러올 것임은 자명하다. 인공지능이 미래의 일자리에 미칠 영향을 예측하려면 인공지능

■ 컴퓨터가 학습을 통해 방대한 양의 데이터 가운데 비슷한 것끼리 묶어 내고 서로 관계있는 것들의 상하 구조를 인식하여 이것을 바탕으로 미래의 행동을 예측하는 기술로 인공지능의 한 분야를 말한다.

■■ 엘론 머스크는 '인공지능은 문명이 직면한 가장 큰 위협으로, 그 재앙에서 인류를 보호하기 위한 규제 장치가 필요하다.'는 입장이다.

은 무엇이고 현재는 사람이 처리하고 있는 많은 일을 기계가 대행하도록 지원하는 방법에 대한 이해가 선행되어야 한다.

인공지능의 기원

인공지능에 대한 아이디어는 1956년 여름 다트머스대Dartmouth College에서 개최된 워크숍에서 시작됐다. 초창기의 시도는 단기간의 훈련으로도 습득 가능한 규칙을 가르치는 규칙 기반rule-based의 '전문가 시스템expert system'▪을 만드는 일로, 기계가 인간 전문가로부터 규칙(예를 들면, 체스, 장기, 바둑)을 배운 후 계산력을 발휘해 수백만 가지의 조합을 샅샅이 분석해 최적의 결론에 도달하는 방식에 중점을 두었다.

1996년 IBM은 체스용 슈퍼컴퓨터 딥 블루Deep Blue를 개발해 세계 체스 챔피언인 게리 카스파로프Garry Kasparov와 대진시켰다. 딥 블루는 빠른 연산 처리 속도로 초당 2억 개의 포지션을 계산해 여섯, 여덟, 때로는 심지어 이십 수나 먼저 내다볼 수 있었다. 이 엄청난 연상능력으로 딥 블루는 카스파로프한테 첫 게임에서는 승리했지만 다음 세 번은 지고 마지막 두 번은 무승부로 끝났다.

전문가 시스템은 기계의 컴퓨팅 파워를 이용했을 뿐 아무리 강렬한 인상을 준다고 해도 그 결과는 결코 똑똑하지 않았다. 언어 번역과 같은 대부분의 실용적인 솔루션은 체스처럼 사전에 정의한 규칙을 따르지 않는다. 결과적으로 인공지능은 수십 년간 관심 밖으로 멀어지면서 암흑기

▪ 체스선수·의사 등 특정 분야 전문가들의 지식을 법칙으로 변환하여 기억하고, 그들의 의사결정을 대신하는 시스템으로 인간이 일상 생활 중 겪는 문제를 처리하는 능력에서는 프로그래밍의 한계를 드러냈다.

에 들어갔다. 그러다 대용량 데이터의 수집과 패턴 인식 기술이 등장하면서 다시 세상의 관심을 끌었다.

빅데이터와 패턴 인식

빅데이터라는 단어는 디지털 환경에서 만들어지는 방대한 양의 복잡한 데이터를 뜻하며 어느덧 비즈니스 업계 용어로 자리잡았다. 빅데이터는 과연 그만한 가치를 제공할 수 있을까? 아니면 과장된 숭배의 대상일까?

어쨌든 데이터는 언제나 비즈니스 의사결정에서 가장 중추적인 역할을 담당해 왔다. 엄청난 양의 데이터가 가능하게 하는 일들에는 무엇이 있는가? 2008년 구글의 연구자들은 빅데이터의 영향력의 일부를 보여줬다. 필자는 2015년 기사에서 다음과 같이 이 연구를 설명했다.

2008년 11월 구글 연구자들은 유명 과학저널인 네이처지에 구글 플루 트렌드 모델에 관한 글을 기고했다. 2003년부터 2008년까지 미국 소비자 수천억 명이 구글에서 검색한 독감 건수를 통해 독감 발생을 예측할 수 있다는 주장이 실려 있었다. 구글에 따르면 예측 모델에는 독감에 관한 어떠한 사전 지식도 사용하지 않았으며 대신 빈도수가 높은 5천만 개 이상의 검색 질의어querie 후보를 분석한 후 4억5천 만 개의 서로 다른 수학 모델로 후보 질의어 중에서 가장 적합한 검색어를 선별했다. 최종 모델은 45개 검색어만으로 미국 몇몇 지역의 독감 발병률을 예측했으며 모델이 예측한 결과를 미국 질병통제예방센터CDC, Centers for Disease Control and Prevention가 보고한 실제 독감 발생 건수와 비교했다. 이 보고서에 따르면 예측치와 실

제 독감 발생 건수와의 상관관계는 0.9와 0.97사이 ▪로 매우 정확했다.[5]

이를 보면 독감 발생을 예측하기 위해 반드시 해당 분야의 전문가가 되어야 할 필요는 없는 듯 하다. 비록 구글의 연구는 이후 많은 비판을 받았지만 데이터와 알고리즘이 전문가를 대체할 수 있다는 가능성을 보여 줬다.[6]

인공지능의 부활

구글의 플루 트렌드 연구를 포함해 빅데이터와 관련한 대부분의 연구 조사는 검색 질의어의 개수와 같은 수치 데이터를 사용한다. 액셀 스프레드시트나 계량 경제 모델을 통해 비즈니스 문제를 해결하고자 할 때도 바로 이러한 종류의 데이터를 쓴다. 하지만 데이터는 텍스트, 이미지, 비디오처럼 다양한 형태로 존재한다. 수천 만장의 사진 중에서 자녀의 사진만 어떻게 골라낼 것인가? 이것이 바로 수백 만장 이미지 데이터베이스에서 이미지를 골라 인식 정확도를 겨루는 시각 지능 경진대회인 이미지넷ImageNet이 해결하고자 하는 문제이다.

2010년 인간의 이미지 인식 정확도는 95퍼센트였던 반면 기계와 소프트웨어 알고리즘의 정확도는 72퍼센트였다. 2012년 토론토대 제프리 힌튼Geoffrey Everest Hinton교수가 이끄는 팀은 '딥러닝'이라는 새로운 방법으로 이미지 인식 정확도를 85퍼센트로 올렸다. 오늘날 딥러닝 기반의 안면 인식 알고리즘의 정확도는 99퍼센트가 넘는다.[7]

▪   상관계수의 가능한 범위는 −1.0에서 +1.0 사이로 숫자의 절댓값이 클수록 관련성이 크다.

딥러닝은 인간의 뇌 신경망을 모방한 인공 신경망^{ANN, Artificial Neural Network}을 기반으로 한다. 평균 인간의 두뇌는 천억 개의 신경 세포(뉴런)로 이뤄져 있으며 하나의 신경세포는 최대 만 개까지 다른 신경세포와 연결되어 정보를 빠르게 전달한다. 신경세포는 일단 신호를 받으면 연결된 신경세포로 전자 충격을 보내 차례대로 그 정보를 내보낸다. 각 신경세포의 출력 신호는 '무게'와 '활성화 기능'에 따라 좌우된다. 연구자들은 인간의 뇌세포 사이에서 일어나는 현상을 모방하고 엄청난 양의 데이터를 이용해 원하는 결과를 얻기 위해 무게와 활성화 기능을 조절해 인공신경망을 훈련한다.

인공신경망은 수십 년간 존재해 왔지만 '합성곱 신경망^{convolutional neural network}'*이라 부르는 새로운 방법이 등장하면서 비약적으로 발전했다. 신경망 '레이어^{layer}' 하나만으로는 단순한 패턴만 인식하지만 레이어가 여러 층으로 쌓이면 패턴 속의 패턴까지 찾아낼 수 있다. 예를 들면 신경망의 첫 번째 레이어는 사진 속 하늘에서 사물을 인식할 수 있다. 두 번째 레이어는 네모와 동그라미를 구분할 수 있으며 세 번째 레이어는 둥근 모양을 얼굴이라고 인식할 수 있는 식이다. 여러 층의 레이어가 중첩되며 이미지가 점점 더 또렷하게 보이는 상황에 비유할 수 있다.

오늘날은 레이어가 20~30개 쌓인 신경망을 일반적으로 사용한다. 이와 같은 신경망에서 특징을 추상화**하는 수준, 즉 딥러닝이 머신러닝과 인공지능의 발전과 성장의 토대가 되었다.

■ 데이터의 특징을 뽑아낼 수 있어 영상 이미지 판독에 가장 유효한 딥러닝 기술로, 방대한 데이터로 이뤄진 신경망 위에 데이터의 특징을 잡아내 추출할 수 있는 합성곱 레이어를 덧씌운 형태를 말한다.

■■ 여러 개의 신경망 층을 거치면서 각 층의 출력이 단순화·추상화(abstraction)됨. 1층에서 사진을 입력하면 2층은 윤곽을 표현, 3층은 코·입·귀를 판단, 4층은 남녀·인종 등을 파악해 최종 이미지를 판독한다.

기계를 학습시키는 '트레이닝' 방식

인공지능 연구는 두 가지 상반된 방식으로 접근한다. 하나는 과거에 쓰던 규칙 기반 혹은 하향식top-down으로, 개발자가 모든 사고방식이나 행동방식을 일일이 지시해 주는 형태(예를 들면, 온라인 게임바둑 인공지능)다. 또 다른 하나는 최근 머신러닝의 패턴 인식에 쓰는 상향식bottom-up■, 데이터 기반 data-based 방식으로 기본 조건을 지정해 두면 기계가 스스로 제일 나은 방법을 자기 학습하는 형태(예를 들면, 구글의 알파고)다. 어린아이들은 문법 규칙을 암기하지 않고 자연스럽게 흡수해 언어를 터득한다. 패턴 인식은 데이터가 많으면 많을수록 정확도가 올라가기 때문에 빅데이터가 영향력을 발휘한다. 오늘날 인간이 수행하는 일을 기계가 대신 처리하도록 가르치는 다음의 몇 가지 방법이 있다.

첫 번째는 지도 학습supervised learning으로 현재 구글이 스팸 이메일을 걸러내거나 100가지 이상 언어로 웹 페이지를 번역할 때 쓰는 방식이다. 그렇다면 기계가 이와 같은 업무를 어떻게 자동으로 처리할 수 있을까? 구글의 컴퓨터 과학자들은 언어를 배우지 않은 상태에서 어떻게 백 가지 언어의 번역을 지원할까?

지도 학습에는 많은 양의 '트레이닝' 데이터가 필요한데 가령 이메일로 기계를 학습시킬 경우 사람이 우선 스팸과 스팸이 아닌 메일을 분류해야 한다. 그런 다음 이메일에 대한 정보를 기계에 입력해 스팸메일을 올바로 골라내는지 확인한다. 스팸메일로 분류하는 특정한 규칙이 지정되진

■ 단기간 훈련으로도 습득 가능한 전문지식은 소프트웨어로 흉내내기 쉽지만(하향식), 상식은 일상적 경험을 통해 획득한 방대한 지식이 쌓여 만들어진 산물이라 소프트웨어로 구현이 매우 어려워 1980년대 후반부터 인간의 뇌 속 신경세포가 정보를 처리하는 방식을 모방한 상향식이 주목받았다.

않는다. 대신 기계가 예측 정확도를 높이기 위해 어떤 문구나 문장에 중점을 두어야 하는지 자동으로 터득한다. 이때 데이터가 많으면 많을수록 시행착오는 줄어든다.

마찬가지로 구글 번역기는 언어에 대한 사전 지식이 없는 상태로 가령 영어에서 스페인어로 문장이나 페이지 전체를 변환하고 나서 정확도를 측정한다. 누적 데이터가 많을수록 기계의 학습 효과가 좋아져서 정확도가 올라간다. 오늘날 구글 번역기는 더욱 정교해져서 번역가의 솜씨에 준한다. 현재는 대화의 실시간 번역도 가능하다. 똑똑해진 번역기 때문에 언어 능력의 중요성이 떨어졌다. 단지 언어에만 국한한 일은 아니다. 기계의 엑스레이나 MRI 이미지 판독 능력은 수년간의 실습과 경험을 쌓은 방사선 전문의의 수준 혹은 그 이상으로 뛰어나다. 기계 훈련에 필요한 대용량 데이터가 있다면 반복적인 작업은 자동화가 가능하고 그렇게 될 전망이다.

지도 학습의 경우 기계 훈련을 위해 데이터를 분류하고 레이블을 붙이는 작업이 필요하지만 '비지도 학습unsupervised learning'은 가이드가 전혀 필요 없다. 이 방식은 기계에 무엇을 찾으라고 말하지 않고 대신 데이터에 있는 흥미로운 패턴을 찾아보라고 명령한다. 사이버 공격, 테러 위협, 신용카드 부정 사용 등의 이상 현상을 발견할 때 유용하다. 하지만 비지도 학습은 상당히 어려운 영역으로 제대로 된 성능 발휘가 안 돼 학자들은 오랫동안 고심했다. 그러다 2011년 세계적인 인공지능 석학인 앤드류 응Andrew Ng 박사의 당시 박사과정 지도 학생이던 쿠옥 레Quoc Le가 무작위적인 수백만 개의 유튜브 영상 속의 고양이를 성공적으로 구분해 내는 방법을 개발하며 비지도 학습 발전에 기폭제가 마련됐다.[8] 구글은 2012년 그간의 과정을 통해 얻은 성과를 〈캣 페이퍼Cat Paper〉*라고 불리는 논문으로 발표했다. 해당 논문을 통해 비지도 학습의 시대가 열리게 되었고, 이는 머신러닝 발전에 크게 기여했다.

지도 학습과 비지도 학습의 중간 단계는 '강화 학습reinforcement learning'이라고 불린다. 기계가 비지도 학습으로 시작해 흥미로운 패턴을 발견하면 연구자가 강화 개념positive reinforcement을 기계에 보내 검색을 지시한다. 또 다른 방법은 전이 학습transfer learning으로 기계가 처음부터 지식을 쌓는 게 아니고 전문가(예를 들면, 사이버 보안)가 지식을 기계에 전수한다. 현재의 인공지능은 언어 혹은 의료처럼 대부분 특정한 영역에 치중한다. 더 나아간 단계는 인간의 뇌처럼 다양한 영역에 걸쳐 패턴을 조합하고 인식할 수 있는 '범용 인공지능AGI, Artificial General Intelligence'**의 개발로, 오늘날 그 목표를 향해 나아가고 있다.[9]

일자리 자동화의 여파

방대한 데이터를 실시간으로 수집하고 저장해 의미 있는 정보를 추출하는 역량은 모든 업계에 변화를 몰고 오고 있으며 일자리에도 큰 영향을 미칠 전망이다. 2013년 영국 옥스퍼드대가 발간한 보고서에서 미국 내 702개의 직업군을 분석한 결과 그 일자리 중 47퍼센트는 자동화 기술의 발전으로 사라질 수 있다고 한다. 직업에 따라 자동화의 영향력은 다르게 나타난다. 예를 들어 텔레마케터는 99퍼센트, 회계사와 세무사 94퍼센트, 리

■ 원제: Building High-level Features Using Large Scale Unsupervised Learning

■■ 특정 문제뿐 아니라 모든 상황에서 생각과 학습, 창작할 수 있는 능력이 있는 인공지능으로 인공지능 연구의 궁극적 목표 중 하나이기도 하다. 업계에서는 2040년~2050년 사이에 출현을 예측한다.

테일 판매직은 92퍼센트인 반면, 레크리에이션 강사는 0.3퍼센트, 치과의사는 0.4퍼센트에 불과하다.[10] 2017년 맥킨지 보고서에 따르면 전체 일자리 중에서 기계로 완전히 대체되는 비중은 5퍼센트 미만이다. 하지만 전체 직업 중 60퍼센트, 그리고 그중에서 30퍼센트 정도의 업무는 자동화될 수 있다고 예측했다.[11]

고등 교육을 받고 고도로 숙련된 변호사, 방사선 전문의도 인공지능으로 대체되기 어려운 직업군은 아니다. 1960년대와 1970년대 일어난 자동화의 여파로 공장 블루칼라 노동자의 해고가 대거 발생했다면, 앞으로 인공지능이 주도하는 자동화는 많은 화이트칼라 직군을 대체할 전망이다. 일정하고 반복적이며 예측 가능한 속성의 일은 기계가 훨씬 빠르게 낮은 비용으로도 잘 처리할 수 있다. 반복적인 속성이 얼마나 많은 지가 중요하지 손재주manual skill와 인지능력cognitive skill 혹은 블루칼라와 화이트칼라 업무 간의 구분은 이제 의미 없다.

가까운 미래에 자동화가 초래할 수 있는 대량 실업에 대한 불안으로 인해 일반인과 정치인 사이에 논란이 일고 있다. 일부는 사람들이 하는 일 없이 온종일 앉아서 넷플릭스만 시청하는 상황을 예견하기도 한다. 하지만 인공지능이 일자리를 없앤다는 공포는 상당히 과장되어 있다.

1930년대 유명 경제학자인 존 메이너드 케인스John Maynard Keynes는 자신의 손주들은 주당 15시간 이상 일할 필요가 없으리라 전망했지만 오늘날의 현실과 상당히 동떨어진 예견이었다.[12] ATM기기가 은행 창구 직원을 대신하리라 예측했고 지점당 은행 창구 직원 숫자는 1988년 20명에서 2004년 13명으로 감소했지만 같은 기간 은행 지점 수는 오히려 43퍼센트 증가했다. 결국 ATM기기는 일자리를 없애지 못했다. 다만 현금을 인출해 주던 은행 창구 직원의 역할이 고객 서비스 부문으로 바뀌었을 뿐이다.[13]

인공지능과 자동화의 도입으로 인한 직장 내 역할 이동이 ATM의 영향과 유사한 양상으로 일어날 전망이다. 규칙적이고 반복적인 업무는 자동화 기기로 대체될 수 있기 때문에 비반복적이고 불규칙한 업무에 맞춘 역량의 재개발이 필요하다. 과거의 승강기 운전원과 같이 사라지는 일자리도 있겠지만 새로운 기술을 필요로 하는 새로운 일자리는 계속해서 창출될 것이기 때문이다.

디지털 시대의 인재 관리

직업뿐 아니라 기업이 인력을 채용, 개발, 관리하는 과정도 급격한 변화를 겪고 있다.

채용

기술 발전으로 기업은 누구를 채용하며 어떻게 선별할지 다시 생각해봐야 하는 상황에 처했다. 골드만 삭스는 기업공개[IPO] 절차의 많은 부분을 자동화하고 주식 매매 트레이더의 상당수를 알고리즘 개발 소프트웨어 엔지니어로 교체했다.

GE디지털에는 소프트웨어와 클라우드 컴퓨팅과 사물 인터넷 관련 기술을 보유한 직원이 3만 명이 넘는다. 갭[Gap] CEO로 취임한 아트 펙[Art Peck]은 새로운 디자인을 개발함에 있어 크리에이티브 디렉터의 직관과 비전에 의존하기보단 구글 애널리틱스Google Analytics와 같은 데이터 툴을 활용해 판매 실적과 고객 데이터를 기반으로 패션 트렌드 상품을 개발해야 한다고 주장했다.

데이터 중심 경영으로의 전환은 업계를 막론한 파급을 몰고 왔다. 모든 기업이 데이터 분석 역량을 갖춘 인력 확보에 집중하고 있으며 컴퓨터 공학 전공자와 코딩 역량 보유자에 대한 수요가 급속히 증가하고 있다. 마케팅 영역 또한 첨단 디지털 마케팅 기술 역량 강화에 큰 비중을 두는 방향으로 이동하고 있다.

기업의 채용 방식에도 변화의 물결이 거세지고 있다. 기존의 인터뷰 방식은 주관적이고 편견이 개입할 소지가 다분하며 시간 소모가 많아 사전에 평판을 조회할 수 있는 후보자 수가 제한된다. 일부 기업은 적임자 선별을 위해 대학 졸업장, 성적표와 같은 잣대를 두고 선별하는 현행 방식에 의구심을 갖는다. 소프트웨어 개발사인 카탈리스트 데브웍스 Catalyst Devworks가 IT 전문가 수십만 명을 평가한 결과 대학 학위는 업무 성과와 큰 관계가 없는 것으로 나타났다.[14]

2003년 작가 마이클 루이스Michael Lewis는 베스트셀러 ≪머니볼≫에서 기존의 스카우트 방식을 따르는 대신에 분석과 증거에 기초한 데이터로 선수를 영입하는 방침을 새로 세워 성공신화를 쓴 메이저리그 오클랜드 애슬레틱스의 실화를 다뤘다.

일반 기업도 동일한 방식을 도입할 수 있을까? 실리콘 밸리에 소재한 스타트업 녝의 설립자이자 CEO인 가이 하프텍Guy halfteck는 모바일 게임과 분석 기술을 활용하면 컨설턴트, 재무 분석가, 의사, 그리고 그 외 모든 기술 분야를 망라한 채용 전형에서 전통적인 인터뷰 과정을 거쳤을 때만큼 심지어는 더 나은 직원을 뽑을 수 있다고 확신한다.

10분~20분 간의 모바일 게임으로 어떻게 적임자를 판별할까? 이 질문을 하프텍에게 던지자 낵 게임을 다음과 같이 설명했다.

> 낵은 상당한 몰입감을 제공하는 디지털 게임 환경을 구현해 줍니다. 사용자는 게임당 최대 2만 5천 번 또는 1분당 250번 미세하게 동작microbehavior을 취하게 되는데, 이때 적극적 또는 방어적 결정, 액션, 대응, 학습, 탐험 능력을 총동원하게 됩니다. 낵은 게임을 얼마나 잘하느냐를 보는 것이 아니라 특정한 상황에서 어떻게 대처하는지를 파악합니다. 게임 중 생성된 사용자의 데이터를 바탕으로 다양한 행동 패턴과 성향을 파악할 수 있습니다. 예를 들면, 사용자가 정보를 얼마나 빠르게 처리하는지, 감정을 나타내는 표정 이모티콘과 같은 사회적 신호를 어떻게 효율적으로 활용하고 얼마나 민감하게 반응하는지, 어떻게 도전을 극복하고 학습하는지, 변화 상황에 맞춰 행동을 변화시키고 사고의 폭을 넓히는지 등을 파악합니다. 그리고 사용자들의 이러한 궤적을 머신러닝과 최첨단 행동 과학적 분석 기법을 혼합해 평가합니다. 행동상의 궤적을 통합해 사회적 지능, 계량적 사고, 회복 능력, 계획성 등과 같은 심리적 속성을 예측하는 여러 모델을 구축해서 검증하고 이에 기반해 점수를 산출합니다. 35개의 휴먼 모델Human Model 행동 속성에 따른 모델인 낵스Knacks를 개발해 업무 성과, 리더십 스킬, 아이디어 창출 능력, 교육 성과 등 실생활에서의 행동을 예측합니다.[15]

모바일 게임을 통한 인재 발굴을 회의적으로 바라보는 시각도 있을 수 있다. 하프텍과 팀원들은 이러한 채용 방식의 당위성을 입증하려고 대학, 학자, 기업들과 일련의 연구에 착수했다. 2017년 연구에 따르면 미국 뉴욕대 랑곤 메디컬 센터[NYU Langone Medical Center] 연구팀은 전현직 정형외과 수련의 120명을 대상으로 낵 게임 중의 하나인 와사비 웨이터[Wasabi Waiter]를 해 보게 하였다. 게임 중에 나타낸 행동 데이터를 통해 참가자의 정형외과 레지던트 수련 시험 성적을 예측할 수 있었다.[16]

매출액 천억 달러 이상, 직원 수 16만 5천 명을 자랑하는 세계 최대 보험회사 악사 그룹[AXA Group]의 인력 채용 총괄책임자인 리노 피아졸라[Rino Piazzolla]는 낵 게임의 열렬한 팬 중 한 명으로 자신이 어떻게 낵의 아낌없는 지지자이자 사용자가 됐는지 설명했다.

> HR[Human Resources] 분야에서 어떠한 혁신이 일어나고 있는지 알아보려고 몇몇 스타트업을 조사하던 중에 낵을 알게 됐어요. 악사가 수많은 인원을 채용하는 콜센터 인력 모집에 낵을 테스트해 보기로 했어요. 그런 다음 채용했던 사람들을 대상으로 확인차 다시 테스트를 실시했어요. 그 결과 낵을 통해 콜센터 업무에 적합한 인력을 뽑고 있다는 통계적인 증거를 얻게 되었습니다.[17]

낵은 데이터 분석과 게이미피케이션[Gamification]■ 방식을 인재를 채용하

■ 게임이 아닌 분야를 '게임화'해 지식전달, 행동 방지나 관심 유도, 마케팅 등에 활용. '12년 8월 덕평휴게소 남자 화장실 소변기에 설치한 '강한 남자 찾기'는 소변의 양·세기를 센서로 측정해 앞사람과 점수를 비교하는 게임으로 변기 밖으로 튀는 소변이 상당량 줄었으며 SNS·입소문으로 방문자 유도했다.

는 방식에 도입한 독특한 접근법으로 보스턴 컨설팅그룹^{BCG}, 시티그룹, 도이치 텔레콤, 네슬레, IBM, 다임러, 인도 타타그룹^{Tata Group}의 타지^{Taj} 호텔 리조트를 포함한 여러 기업을 고객사로 유치했다. 최근 보스턴 컨설팅그룹은 인재 확보를 위해 넉의 모바일 게임 링크를 많은 대학에 보냈는데, 그중의 대부분은 임원진이 시간이 부족해 직접 방문할 수 없었던 곳들이었다. 몇 주 지나 수천 명의 지원자가 응모했다. 지원자의 이력서나 배경지식이 없는 상태에서 넉은 오직 알고리즘만 가지고 게임 데이터를 분석해 보스턴 컨설팅그룹에 가장 잘 맞을 법한 상위 5퍼센트 후보자를 선별했다.

넉과 고객사만 이러한 채용 방식을 도입한 게 아니다. 길드^{Gild■}, 엔텔로^{Entelo■■}, 텍스티오^{Textio■■■}, 도사^{Doxa■■}, 갭점퍼스^{GapJumpers■■■}와 같은 스타트업뿐 아니라 유니레버, 골드만 삭스, 월마트와 같은 전통적인 기업도 재능 있는 인력 발굴과 후보자 풀 확대를 위해 데이터 기반의 채용 과정 도입을 실험하는 중이다. 이들은 채용 과정 초반에 알고리즘을 이용해 후보자를 1차적으로 스크리닝하고, 최종 단계에서 대면 인터뷰를 진행한다. 유니레버는 이러한 방식이 훨씬 빠르고 정확하며 비용은 적게 들면서도 동시에 이전이라면 인터뷰하지 않았을 후보까지 명단에 포함해 회사의 인력풀을

■ 링크드인과 같은 SNS에서 이력서, 프로젝트 이력을 분석해 분야별 인재 데이터베이스를 만들고, 이들이 실직했거나 구직 의향을 가질 때를 포착해 구인 희망 기업에 통보하는 알고리즘을 개발·운영한다.

■■ 인터넷과 소셜 미디어에 올라온 개개인의 자료를 분석해 어떤 유형의 지원자인지, 지원자가 나중에 이직할 확률이 높은지를 기업에 알려준다.

■■■ 인공지능으로 채용 담당자의 중립적인 직무 설명 작성을 지원하고 공고문구에서 구직자에게 매력적인 포인트, 지원자의 다양성 강화나 구인 기간 단축에 도움이 되는 문장 등을 분석 제공한다.

■■ 특정 기업의 '근무 소감'을 설문조사(예, 남녀·인종 차별, 연봉, 문화, 노동 강도 등)를 통해 제공한다.

■■■ 기업들이 '스펙'이란 편견 때문에 인재를 놓치지 않도록 '블라인드 오디션 플랫폼'을 제공해 익명으로 지원자 스스로 능력을 입증할 수 있는 도전 과제를 해결해 해당 직업의 실무 역량을 평가받는다.

넓혔다는 사실을 알아냈다.[18]

분석 기술과 인공지능 발달로 마이클 루이스가 ≪머니볼≫에서 묘사한 '인간에 대한 분석people analytics' 역량과 정확성이 크게 향상되었다. 그 중요성이 '긱 경제big economy'■ 시대를 맞아 더욱 커지고 있다. 단기간에 특정 업무를 수행하는 수많은 프리랜서가 존재하는 가운데 회사들이 임시직 직원 채용에 엄청난 자원을 소비하는 일은 소모적이기 때문이다.

트레이닝과 역량개발

대부분 기업에는 직원의 기술력과 지식 수준 향상을 지원하는 온라인 교육 과정이나 다양한 도구가 있다. 네덜란드의 인재교육HR 소프트웨어 스타트업인 애피컬Appical은 밀레니얼 세대에 어필하는 게이미피케이션을 활용해 기업의 입사 교육을 지원한다. 모든 직원의 구체적인 요구사항을 이해하여 개인별로 맞춤화된 교육 과정을 만드는 것이 애피컬의 다음 목표이다. 아직은 아이디어가 초기 단계에 있지만 기업이 자사 직원에게 제공하는 콘텐츠를 실시간으로 맞춤화하는 방식을 담아 구현할 예정이다. 동영상 광고 기술 솔루션 회사인 아이뷰Eyeview는 소비자의 과거 구매 이력과 웹 브라우징 행태를 바탕으로 맞춤형 비디오 광고를 실시간으로 제공할 수 있다. 어도비는 현재의 지식 수준과 잠재적 요구사항에 따라 특정 학습 콘텐츠를 사용자에게 노출할 수 있다. 동일한 기술을 직원의 맞춤화된 교육용 커리큘럼 개발에도 적용할 수 있다.

■ 기업이 정규직보다 계약직을 더 많이 채용하는 경제 상황으로, '긱'이란 용어는 1920년대 美 재즈 공연장 주변에서 연주자를 섭외해 짧은 시간 공연에 투입한 데서 비롯했다.

악사 그룹의 리노 피아졸라는 현재 임원 육성 과정에 넥을 사용하는 것에 대해 다음과 같이 설명했다.

> 넥은 원래 인력 채용 서비스로 시장에 포지셔닝했지만, 설립자인 가이 하프텍한테 '만일 내 강점을 확인할 수 있다면 약점 또한 확인할 수 있지 않으냐, 그렇게 되면 개인의 자질 평가와 개발에 상당히 유용한 목적으로 사용될 수 있다.'라고 이야기했어요. 그래서 실험 삼아 제가 직접 게임을 해 보기로 했어요.
>
> 예전에 악사, GE, 펩시와 같은 기업에서 일하면서 전통적인 방식으로 수많은 경영진을 평가해 왔고 저 또한 평가를 받아왔기 때문에 넥은 어떤 결과를 내놓을까 궁금했어요. 그런데 그 결과가 실로 놀랍더군요. HR 분야에서 오랜 경력을 쌓아온 제가 보기에도 평가 결과는 가히 최고로 꼽을 수 있는 수준이었어요. 전통적인 평가 방식은 대개 전후 사정을 고려해 판단하기 때문에 주관이 개입할 소지가 많아요. 하지만 넥은 저라는 사람이나 과거 경력 같은 배경지식이 전혀 없는 상태에서도 짧은 시간 안에 깜짝 놀랄 만한 결과를 내놓더군요. 그래서 지금은 차세대 리더 개발 프로그램과 같은 경영진 경력 개발에 넥을 많이 쓰고 있어요.
>
> 또한 미국에서 전략적 인력 계획을 수립하기 위해 현재의 역량 수준을 진단하고 앞으로 필요한 역량을 파악하는 데 넥을 이용했어요. 미국 내 모든 직원 대상으로 넥 게임에 자발적으로 참여해 달라고 부탁했어요. 직원 중 30퍼센트 이상이 게임에 참가해서 기능별로 현재의 인적 자원 보유 현황을 파악할 수 있었어요.

기술의 급격한 변화로 배움의 기회는 끊임없이 생긴다. 기업의 고위 간부들은 스냅챗, 위챗처럼 밀레니얼 세대의 일상생활에 깊이 침투한 서비스에 대해 어느 정도는 알고 있을 것이다. 하지만 신입 직원이야말로 밀레니얼 세대가 이 서비스들을 실시간으로 어떻게 활용하고 소통에 참여하는지 가장 잘 안다.

직원 세대 간의 이러한 지식 격차를 깨닫고 유니레버는 고위 임원과 젊은 직원이 한 쌍의 짝을 이뤄 후배는 선배에게 신세대의 기술 활용법이나 아이디어, 트렌드 등 젊은 감각을 가르치고 선배는 회사 전략에 대한 후배의 이해를 돕는 '리버스 멘토링Reverse Mentoring'을 도입했다. 코카콜라 차이나의 CEO는 몇 년 전 십 대로 구성한 자문위원회를 만들고 분기마다 몇 명을 초청해 십 대의 미디어 소비와 구매 행태에 대한 깊은 이해를 얻는다고 말했다.

끊임없이 배워야 하는 현재 상황은 우리의 교육 시스템에 중요한 질문을 제기한다. 수 세기 동안 계속되어 온 4년제 대학 학위는 오늘날에 적합한 모델인가? 독일이 직업훈련교육제도로 성공을 거뒀듯이 대학과 정부도 산업 현장 중심의 도제식 직업교육에 더 많은 투자를 해야 할까? 인도와 같은 여러 나라도 기술 요구사항이 변화하고 발전함에 따라 지속적으로 업데이트해야 하는 기술 기반의 교육에 대규모로 투자하고 있다. 또한 이는 경영진과 대학이 경영진 육성 프로그램에 더 많이 투자해야 함을 의미한다. 악사 그룹의 리노 피아졸라는 앞으로 직원들에게 필요한 핵심 자질은 학습 능력과 배우고자 하는 열망이라고 분석했다.

성과 평가

모든 기업은 다면평가나 분기 혹은 연간 실적평가 등 저마다 고유한 평가 시스템을 사용하여 임금과 상여금을 조정하고 특진 제도를 운영한다. 이러한 전통적인 방식에는 세 가지 한계가 있다. 첫째, 상당한 시간이 소요된다. 딜로이트에 따르면 6만 5천 명 직원의 성과를 평가하는 데 연간 200만 시간 이상을 쓴다고 한다. 기업의 주요 자산이 사람이기 때문에 직원의 성과를 평가하고 개선하기 위해 시간을 들이는 것 자체는 중요하다. 하지만 문제는 그 방식이 비효율적이라는 것이다.

한 연구에서 4,492명의 매니저를 상사, 동료, 부하직원이 어떻게 평가했는지 조사한 결과에 따르면, 평가 결과에 영향을 미치는 요인의 62퍼센트가 평가자의 주관적 판단이었고, 21퍼센트만이 실제 업무 성과를 반영하는 것으로 나타났다.[19] 주관성이 많이 개입된 평가는 생산성 개선이나 유대관계 형성을 방해한다. 전통적인 평가 방식의 또 다른 한계는 주로 연간 1회 일괄적으로 실시한다는 것이다. 대부분의 경우 연말에 피드백을 몰아서 하기 때문에, 직원이 필요할 때 즉시 개선하여 성과를 향상할 수 있는 기회는 사실상 지나가 버린다.

기업은 디지털 도구와 기술 덕분에 직원 성과를 평가하는 새롭고 신속한 방식을 테스트할 수 있게 되었다. GE는 전임 CEO인 잭 웰치 Jack Welch 시절 논란이 많았던 수십 년 된 연간 실적 평가 시스템을 'PD@GE Performance Development at GE'라는 사내 전용 모바일 애플리케이션으로 대체하는 작업을 진행 중이다. PD@GE를 통해 직원은 동료와 부하직원, 상사로부터 실시간 피드백을 받을 수 있고, GE는 직원들의 성과를 수시로 관리할 수 있다.[20] 또한 직원의 과거 데이터를 활용해 리더들이 승계 계획과 경력개발 지원을 잘 수행하도록 지원하는 애플리케이션도 개발 중이다.[21] 2017년 4월 골드만 삭스는 직원이 관리자와 실시간으로 피드백을 교환하는 온고잉 피드백 360+Ongoing feedback 360+ 시스템을 도입했다. 직원이 일 년간 받은 피드백을 요약해 보여주는 대시보드도 제공할 계획이다.[22] 임프레이즈Impraise와 디벨랩미DevelapMe도 기업 내부적으로 실시간으로 성과 피드백을 주고받는 애플리케이션이다.

기술을 활용하여 실시간 피드백을 제공할 수 있을 뿐 아니라, 데이터 기반의 접근 방식을 통해 평가자의 편견을 배제하여 보다 정확하게 고성과자를 선별할 수 있다. 로열 더치 셸Royal Dutch Shell의 임원인 한스 헤링가Hans Haringa는 기업 대내외적으로 혁신적인 아이디어를 수집하고 평가해 자금을 지원하는 인큐베이션 팀을 맡았던 시절에 낵 게임에 대한 정보를 듣고 업무에 도움이 될지 알아보기로 했다. 헤링가는 과거에 아이디어를 제안했던 1,400명의 직원을 대상으로 낵 게임을 할 것을 요청했다. 그리고 대상자의 75퍼센트가 낸 아이디어가 시드 펀딩seed funding이나 그 이상의 추가 유치 활동에서 어떠한 실적을 올렸는지와 같은 성과 정보를 낵 측에 제공했다.

낵은 게임과 실적 데이터를 활용해 모델을 만들어 나머지 25퍼센트 직원 아이디어의 성공 가능성을 점치는 데 적용했다. "아이디어를 확인한 적도 없고 제안한 사람을 만나 보거나 인터뷰한 적도 없는 상태에서, 직급과 배경, 학벌에 대한 사전 지식이 없이 낵이 개발한 알고리즘을 통해 상급 아이디어의 제안자를 정확히 식별해냈어요. 낵이 아이디어 제안자 중 상위 10퍼센트라고 예측한 사람들이 실제로 펀딩의 최종 단계까지 갔던 이들이었습니다."라고 헤링가는 설명했다.[23]

디지털 시대의 인재 관리

우수한 인력의 유지와 관리는 현존하는 모든 조직의 공통 과제다. 기업은 많은 경우 임원이 이직을 결심하고 사표를 제출하고 나서야 알게 된다. 카드사나 통신사가 고객의 과거 사용 이력 데이터를 활용해 이탈률을 예측할 수 있는 것처럼, 임직원의 퇴사율도 같은 방법으로 예견할 수 없을까? 기업의 이러한 니즈에 따라 직원의 퇴사 확률을 일찌감치 예측할 수 있는 새로운 툴이 개발됐다.

GE는 현재 직원의 이직 가능성을 6개월 전에 예측해 직원의 마음을 돌리기엔 너무 늦어지기 전에 적절하게 대응할 수 있는 프로그램을 테스트하는 중이다.[24] 학계에서도 고객의 이탈 예측 모델링 기술을 이용해 직원의 이직률을 예측하는 머신러닝 알고리즘을 개발하고 있다.

앞으로 인력 채용부터 개발, 평가, 유지에 이르기까지 인사 전 분야에서 데이터와 머신러닝, 알고리즘의 역할이 커질 전망이다. 기계가 인간의 판단을 대신할 수는 없겠지만 인재 관리를 위해 쏟는 노력을 보완해줄 중요한 자산이 될 것이다. 앞으로도 가속화될 기술 혁명에 제대로 대비하고 적극적으로 수용하는 포용적인 자세가 필요하다.

감사의 말

　필자는 항상 기술에 매료돼 왔다. 1990년대 인터넷 여명기에 소비자, 기업, 사회에 어마어마한 변화가 불어닥쳤을 때 지금껏 단 한 번도 느껴보지 못한 커다란 흥분에 휩싸였었다. 아마존과 같은 스타트업이 오프라인 공룡 월마트를 위협하고 있었으며 이베이는 제품이 기획·개발되어 최종 소비자에 도달하기까지의 거래 비용transaction cost을 줄이고 있었다. 1991년 노벨 경제학상을 받은 로널드 코즈Ronald Coase는 기업이론theory of the firm에서 기업은 거래 비용 절약을 위해 존재한다고 밝혔다. 기업은 인재나 자원을 사내에 두는 편이 외부에 의존하는 쪽보다 거래 비용이 낮아서 고용을 창출하는 것이고, 사람들도 높은 거래 비용 때문에 프리랜서보다는 기업의 일원이 된다고 주장한다. 구글의 탄생(1998년), 페이스북의 출현(2004년), 아이폰 출시(2007년)로 필자의 호기심은 더욱더 높아져서 10년 동안 디지털 기술과 소비자 행동과 기업 전략에 미치는 영향을 연구하기에 이르렀다.

　이 기간에 세 그룹의 기업을 연구했다. 첫 번째 그룹은 새로운 비즈니스 모델과 서비스를 창조해 기존 사업자를 파괴하고 있던 스타트업이었다. 놀라울 정도로 신선한 아이디어를 가진 많은 창업자와 허심탄회하게 소통하며 배우는 특권을 누렸다. 렌트 더 런웨이의 제니퍼 하이맨과 제니퍼 플라이스는 하버드대 경영대학원 재학 중 자신들의 아이디어를 상의하러 왔었고, 터프머더^{Tough Mudder}(장애물 달리기 대회)의 [■] 윌 딘^{Will Dean} 또한 하버드대 경영대학원 학생이었다. 그 외에도 트립어드바이저의 스티브 카우퍼^{Steve Kaufer}, 훌루의 제이슨 킬라^{Jason Kilar}, 유튜브 창립 멤버 채드 헐리^{Chad Hurley}, 페이티엠의 비자이 세카르 샤르마^{Vijay Shekhar Sharma}, 로비오^{Rovio}(앵그리버드 게임을 개발한 핀란드 회사)의 미카엘 헤드^{Mikael Hed}, 싸이월드의 주형철, 이탈리아의 오스카 파리네티, 플립카트의 사친 반살과 비니 반살 형제, 인모비^{InMobi}(글로벌 모바일 광고 네트워크)의 나빈 티와리^{Naveen Tewari}, 오요 룸스의 리테쉬 아가르왈, 넉의 가이 하프텍을 꼽을 수 있다. 그 외의 창업자 몇 명과 벤처 캐피털 리스트들(대다수는 하버드대 경영대학원 동문) 또한 자신들의 시간을 기꺼이 할애해 디지털 파괴자의 사고방식을 이해하도록 힘껏 도와주었다. 앨리슨 치에하노베르^{Allison M. Ciechanover}가 맡고 있는 캘리포니아 리서치 센터^{California Research Center}와 그녀의 역량 있는 직원들, 그리고 안잘리 레이나^{Anjali Raina}가 맡는 인도 리서치 센터^{India Research Center}와^{■■} 그녀의 우수한 직원들, 그중에서도 특히 라츠나 타일야니^{Rachna Tahilyani}는 인도 기업가들과 셀 수 없이 많은 미팅을 주선해 주어 개인적으로 만나 배움의 시간을 가지면서 큰 도움을 받았다.

연구 대상 두 번째 그룹은 아마존, 애플, 페이스북, 구글과 같은 '디지

■ 참가자들이 팀을 구성해서 험난한 장애물을 지나고 진흙탕을 뒹굴며 16~19킬로미터를 완주하는 경기로 2010년부터 미국·영국·호주 등 40개국에서 한 해 100회 이상 개최되며 인기를 끌고 있다.

■■ 하버드 대학교는 전 세계 14개 도시에 리서치 센터를 운영하며 글로벌 비즈니스 사례 연구를 진행하고 있다.

털 거인'이었다. 디지털 DNA로 자라났지만 이제는 기존 기업들과 같은 선상에 서서 거래할 정도로 크다. 예를 들면 페이스북은 P&G와 코카콜라의 광고 목표와 현재 동향을 이해해야 한다. 이 기업들의 몇몇 임원도 시간을 할애해 조언을 해 주어 감사하게 생각한다. 특히 구글이 바라보는 디지털 마케팅에 대한 견해를 공유해준 슈보 사하[Shuvo Saha], 애플 페이 론칭을 둘러싼 애플의 배경을 이해하도록 도움을 준 에디 큐[Eddy Cue]와 제니퍼 베일리[Jennifer Bailey]한테 특히 감사한다.

　　세 번째 그룹은 업계 내 부동의 입지를 가졌지만 디지털 기술로 당시 압박을 느끼고 있었던 대기업이었다. 이 기업의 리더들로부터 디지털 전환의 기회와 도전에 대해 배우게 됐다. 아제이 방가는 디지털 혁신 추진을 위한 플랫폼을 만들어 마스터카드를 어떻게 끌고 나가는지 보여주었으며 라자 라자마나는 마스터카드의 마케팅 전환 추진 현황을 설명해 주었다. 데이비드 케니는 더 웨더 컴퍼니를 어떻게 변하게 하였고, 그 경험이 지금의 IBM 왓슨 그룹을 이끄는 데 어떤 도움이 되고 있는지를 말해줬다. 유베르 졸리는 아마존의 무지막지한 공세에 엄청난 압박을 느끼는 가운데 베스트바이를 어떻게 이끌어 가고 있는지 피력해 주었다. 캐스퍼 로스테드로부터는 그의 전 직장인 헨켈이나 현재 몸담은 아디다스가 디지털 전환의 도전에 어떻게 응전하고 있는지를 배웠다. 마틴 차베즈는 골드만 삭스에서 경험한 디지털 여정을 설명해 주었다. 샨타누 나라옌은 5년 동안 어도비 주가를 일곱 배나 성장시킨 규모가 남다른 전환 과정을 자세히 짚어줬다. 오메르 아라스는 터키의 모회사인 파이낸스뱅크로부터 완전히 분리된 별도 법인으로 인터넷 은행을 설립한 경위를 설명했다.

연구의 일환으로 생각을 정리하는 데 도움이 될 만한 수십 명의 임원도 인터뷰했다. 유럽 리서치 센터Europe Research Center의 빈센트 데상Vincent Dessain 센터장과 유능한 팀원들에게 감사의 말을 전하며 그중에서도 특히 다니엘라 베이어스도퍼Daniela Beyersdorfer, 에밀리 빌라우드Emilie Billaud, 토니아 라브뤼에르Tonia Labruyere가 여러 기업 경영진과의 인터뷰 주선에 힘써주어서 크나큰 도움을 받았다. 그 덕분에 BMW의 조셉 라이터 박사Dr. Josef Reiter와 미하엘 뷔어텐베어거Michael Wuertenberger, 루이비통 모에 헤네시LVMH의 토마스 로미외Thomas Romieu, 다임러 그룹의 윌코 스타크, 네슬레의 패트리스 불라Patrice Bula, 노바티스Novartis(스위스의 다국적 제약회사)의 폴 밴 아르켈Paul Van Arkel, 페르노리카Pernod-Ricard의 안토니아 맥케언Antonia McCahon, 유니레버의 루이스 디 코모Luis Di Como와 로라 미셀브룩Laura Misselbrook, 일렉트로 옵티컬 시스템Electro Optical Systems(산업용 3D 프린터 기술 공급업체)의 한스 랑거Dr. Hans Langer 박사와 미팅을 가질 수 있었다. 그리고 중동·북아프리카 지역 리서치센터MENA Research Center의 에셀 체킨Esel Çekin과 그녀의 팀원들은 터키와 중동 지역의 많은 경영진을 연결해 주어 큰 도움을 받았다.

당시에 가졌던 많은 인터뷰를 통해 배움을 얻고 아이디어를 구체화하고 있을 때 하버드대 경영대학원 동료들은 필자의 개인적인 사고를 정제화하는 과정에서 대단히 풍부한 자원이 돼주었다. 바라트 아난드Bharat Anand, 더그 정Doug Chung, 존 데이튼John Deighton, 애니타 엘버스Anita Elberse, 비니트 쿠마르Vineet Kumar, 라지브 랄Rajiv Lal, 헨리 맥기Henry McGee, 도날드 응웨Donald Ngwe, 펠릭스 오베르홀-기Felix Oberholzer-Gee, 카쉬 랜간Kash Rangan, 탈레스 테세이라Thales Teixeira에게도 지면을 빌려 고마움의 뜻을 전한다. 또한 학계 동료들이나 공동저자로부터 귀중한 의견을 많이 받았으며 특히 돈 레만Don Lehmann, 칼 멜라Carl Mela, 라구 리옌가Raghu Iyengar, 푸니트 만찬다Puneet Manchanda, 오렐리 레멘스Aurélie Lemmens, 클라렌스 리Clarence Lee, 조셉 다빈Joseph Davin, 파벨 키레예브Pavel Kireyev, 미켈라 아디스Michela Addis, 코엔 파웰Koen Pauwels, 레슬리 존Leslie John, 미시엑 피스코르스키Misiek Piskorski, 스르니바스 레디Srinivas Reddy의 도움을 받았다.

지금까지 MBA나 경영자 과정의 재학생들로부터 많이 배워왔으며 지난 5년 동안 내 생각을 공유하는 자리가 되어 온 GMPGeneral Management Program 과정의 천 명이 넘는 참가자에게 진심으로 고마움을 전하는 바이다. 그리고 1주일간의 경영진 대상 프로그램인 〈Driving Digital Strategy 드라이빙 디지털 전략〉에 참석해 본 도서의 콘텐츠를 질적으로 높이는 데 도움이 되는 이런저런 조언을 아끼지 않았던 수백 명의 경영진에게도 감사의 뜻을 표하고 싶다. 수백 명의 하버드대 동문과 MBA 졸업생들도 건설적인 피드백을 주었으며 특히 잭 클레이턴Zach Clayton(2009년 MBA 졸업)과 크리스틴 암스트롱Kristin Armstrong(2009년 MBA졸업)는 이 분야의 조사에 착수했던 초기 시절에 도움을 주었다.

무엇보다도 내 아이디어의 타당성을 테스트하는 실험의 장은 디지털 전환을 겪고 있던 회사들이었다. 본 도서에 나온 사상을 담은 프레젠테이션이 전 세계 경영진으로부터 공감을 얻은 후에야 비로소 본격적으로 도서를 집필할 준비가 되었다. 다시 한번 필자에게 이런 기회를 준 이들에게 감사의 말을 전한다. 유럽에서 PwC 임원 교육을 담당하는 기관의 장을 맡고 있는 쇠렌 뢰셀Søren Røssel은 필자한테 노르웨이와 핀란드에서 개최한 임원 교육 프로그램의 포럼을 맡겨 수백 명의 PwC 경영진 앞에서 강의할 기회를 주었다. 쇠렌과 팀원들, 그중에서도 프로그램 운영 과정 동안 지원을 아끼지 않았던 리네 루치에Line Lüthje와 피에 갓셜크Fie Gottschalck에게도 고마움을 전한다. 또한 PwC 노르웨이의 호브라드 아브라함센Håvard Abrahamsen과 PwC 핀란드의 미코 니에미넨Mikko Nieminen에게도 감사를 표한다. 아부다비 투자청Abu Dhabi Investment Authority, 아디다스, 오토트레이더Autotrader(미국 자동차 구매 사이트), 베르텔스만Bertelsmann(독일 글로벌 미디어 기업), CTO 포럼▪, 프랭클린 템플턴 인베스트먼츠Franklin Templeton Investments, 하이네켄Heineken, 헨켈, IBM, 지스커 뱅크Jyske Bank(덴마크 3위 은행), KLP(노르웨이 최대 생명보험회사), 루이비통 모에 헤네시 아시아LVMH Asia, 노바티스Novartis, T-모바일, 투르크셀Turkcell(터키 최대 통신사), 유니레버의 경영진에게도 집필하던 내용을 공유할 기회가 생겨서 감사하게 생각한다.

10년에 걸친 연구를 하려면 각 분야에서 많은 이들의 도움이 필요하며 그런 점에서 곁에서 우수한 연구원과 행정 직원들이 힘껏 도와주었기 때문에 지금과 같은 행운을 누리게 되었다. 디지털 여정에 첫발을 내딛던 당시 최초의 연구원이었던 사라 사이먼Sara Simonds은 어떤 인연인지 본 도서의 집필을 끝냈을 때 마지막 연구원이기도 했으며 그 중간에는 카비타 슈클라Kavita Shukla, 다미쉬타 루드Dharmishta Rood, 마가렛 로드리게즈Margaret Rodriguez가 헌신적으로 도와주었다. 다시 한번 강조하자면 이 책은 필자 곁에 오랫동안 머물러 있던 이들의 어마어마한 열정과 헌신 없이는 탄

▪ 2005년 실리콘 밸리의 창업가인 바셰르 잔주아(Basheer Janjua)가 전 세계 비즈니스 리더가 모이는 자리의 필요성을 느껴 설립한 행사로 일년에 여러 차례 각 분야의 초청 연사와 관련자가 참가한다.

생하지 못했을 것이다. 헤더 맥네일Heather McNeil, 스티브 처치Steve Church, 엘리스 클락슨Elise Clarkson은 이 기간에 행정 조교로서 아낌없이 지원해 주었다.

이 책이 완성되기까지 하버드 비즈니스 리뷰 프레스의 우수한 팀원들과 출판 작업을 함께하며 결정적인 도움과 지원을 많이 받았다. 팀 설리번Tim Sullivan은 집필 초기 단계에 조언을 아끼지 않았으며 나중에는 케빈 에버스Kevin Evers이 팀의 역할을 대신해 출판 관점에서의 포지셔닝과 질적인 향상에 도움이 되는 뛰어난 제안들을 해 주었다. 존 조베니카Jon Zobenica는 원고 정리에 어마어마한 시간을 쏟았으며 앨리슨 피터Allison Peter와 앤 스타Anne Starr는 원고 정리, 문장 구성, 저작권 허가 등을 포함해 다양한 방면에서 수많은 도움을 주었다. 켄지 트래버스Kenzie Travers는 도서의 보증서나 다름없는 추천사를 얻는 데 엄청난 심혈을 기울였다. 샐리 애시워스Sally Ashworth, 줄리 데볼Julie Devoll, 린제이 디트리히Lindsey Dietrich, 브라이언 갤빈Brian Galvin, 비나이 허바Vinay Hebbar, 키스 페퍼Keith Pfeffer, 존 시플리Jon Shipley, 펠리시아 시뉴사스Felicia Sinusas를 포함해 이 책의 홍보에 끊임없는 노력을 기울여온 하버드 비즈니스 리뷰 프레스의 글로벌 세일즈와 마케팅팀에게 진심으로 감사의 마음을 전한다.

마지막으로 어린 시절부터 깊은 호기심을 불어넣어 준 부모님, 연구에 깊이 몰두한 나머지 가정일에 소홀했을 때도 절대 변치 않는 사랑과 지지를 보내준 아내 카말Kamal, 날마다 감동과 애정을 불어넣는 두 아들 타룬Tarun과 쿠날Kunal에게도 깊은 사랑을 보낸다.

미주

들어가며

1. 카스퍼 로스테드(Kasper Rørsted)와 인터뷰한 내용.

고객의 관점에서 사업 영역 정의하기

1. Theodore Levitt, "Marketing Myopia," *Harvard Business Review*, August 1960, 45 – 56.

2. Das Narayandas, Sunil Gupta, and Rachna Tahilyani, "Flipkart: Transitioning to a Marketplace Model," Case 516-017 (Boston: Harvard Business School, 2015, revised 2016).

3. Jeffrey Dastin, "Exclusive: Amazon's Internal Numbers on Prime Video, Revealed," Reuters, March 14, 2018, https://www.reuters.com/article/us-amazoncom-ratings-exclusive/exclusive-amazons-internal-numbers-on-prime-videorevealed-idUSKCN1GR0FX.

4. Ibid.

5. Tricia Duryee, "Amazon May Have up to 80 Million High-Spending Prime Members Worldwide," *GeekWire*, September 14, 2015.

6. Christian Camerota, "Amazon's Prime Opportunity," *HBS News*, July 14, 2015.

7. Kelly Liyakasa, "BMO Capital Markets: Amazon's 2017 Ad Revenue Could Top $3.5B," *AdExchanger*, April 28, 2017.

8. Jeff Dunn, "Netflix and Amazon Are Estimated to Spend a Combined $10.5 Billion on Video This Year," *Business Insider*, April 10, 2017, http://www.businessinsider.com/netflix-vs-amazon-prime-video-content-spend-estimatechart-2017 – 4.

9. Sunil Gupta and Margaret L. Rodriguez, "Amazon in 2017," Case 514-025 (Boston: Harvard Business School, 2013, revised 2017).

10. Kelly Liyakasa, "Amazon's Q1 Sheds (More) Light on Ad Revenues," *AdExchanger*, April 23, 2015.

11. "Amazon Commands Nearly Half of Consumers' First Product Search," *PR Newswire*, October 6, 2015.

12. JP Mangalindan, "In Online Search War, It's Google vs. Amazon," *Fortune*, October 15, 2014, http://fortune.com/2014/10/15/in-online-search-war-its-google-vs-amazon/.

13. Spencer Reiss, "Cloud Computing. Available at Amazon.com Today," *Wired*, April 21, 2008, https://www.wired.com/2008/04/mf-amazon/.

14. Robert D. Hof, "Jeff Bezos' Risky Bet," *Bloomberg Businessweek*, November 13, 2006, 52 – 58.

15. "Quarterly Revenue of Amazon Web Services from 1st Quarter 2014 to 4th Quarter 2017,"

statista.com, https://www.statista.com/statistics/250520/forecast-of-amazon-web-services-revenue/.

16. Carol Hymowitz, "For Now, the Focus Is More on Innovation Than on Budget Cuts," *Wall Street Journal*, July 17, 2006.

17. John Deere Annual Report, 2014, http://www.annualreports.com/HostedData/AnnualReportArchive/d/NYSE_DE_2014.pdf.

18. Hymowitz, "Innovation," *Wall Street Journal*, July 17, 2006.

19. Ibid.

20. Matthew Cawood, "Streamlining Big Data Collection," *Farm Weekly*, July 6, 2015.

21. Michael E. Porter and James E. Heppelmann, "How Smart, Connected Products Are Transforming Competition," *Harvard Business Review*, November 2014, 64–88.

22. Adam Levy, "Netflix CEO Reed Hastings Just Told Cable How to Beat Netflix," *The Motley Fool*, November 22, 2015.

23. Michael E. Porter, "How Competitive Forces Shape Strategy," *Harvard Business Review*, March 1979, 137.

24. See YCharts, "The Cash Conversion Cycle," *Forbes*, March 10, 2012, http://www.forbes.com/sites/ycharts/2012/03/10/the-cash-conversion-cycle/, for the source of this data and discussion of cash conversion cycle.

25. Rohit Arora, "Another Industry Amazon Plans to Crush Is SmallBusiness Lending: Op-Ed," *CNBC*, June 16, 2017, https://www.cnbc.com/2017/06/16/amazon-plans-to-crush-small-business-lending.html.

26. Chuck Salter, "Kindle 2 Preview: Jeff Bezos on Why Amazon Works Backwards," Fast Company, February 6, 2009, https://www.fastcompany.com/1153395/kindle-2-preview-jeff-bezos-why-amazon-works-backwards.

27. Alastair Stevenson, "John Deere: Technology Vendors Need to Feed Agriculture's Big Data Needs," *V3*, June 5, 2014, https://www.v3.co.uk/v3-uk/news/2348372/john-deere-technology-vendors-need-to-feed-agricultures-bigdata-needs.

28. Cawood, "Streamlining," *Farm Weekly*, July 6, 2015.

29. Mike Ramsey, "Ford Says It Will Focus More on Transportation-Services Sector," *Wall Street Journal*, January 5, 2016, B5.

1. *Global Entertainment and Media Outlook 2016–2020: A World of Differences*, PwC Report, https://www.pwc.com.tr/tr/industry/entertainment-media/outlook-global-entertainment-and-media-outlook-2016-2020.pdf.

2. 더 웨더 컴퍼니에 대한 설명은 데이비드 케니의 그의 팀을 개인적으로 인터뷰한 내용. 로자베스 모스 칸터(Rosabeth Moss Kanter)가 추가 정보를 제공. "The Weather Company,"

Case 314-083 (Boston: Harvard Business School, 2014) and Claire Suddath, "The Weather Channel's Secret: Less Weather, More Clickbait," *Bloomberg Businessweek*, October 9, 2014, https://www.bloomberg.com/news/articles/2014-10-09/weather-channels-web-mobile-growth-leads-to-advertising-insights.

3. Kerry Close, "A Third of American Malls Will Close Soon," *Time*, May 12, 2016, http://time.com/money/4327632/shopping-malls-closing/.

4. Sunil Gupta, Michela Addis, and Ruth Page, "Eataly: Reimagining the Grocery Store," Case 515-708 (Boston: Harvard Business School, 2015).

5. 오스카 파리네티(Oscar Farinetti)와 사적으로 인터뷰한 내용.

6. 알렉스 사페르(Alex Saper)와 사적으로 인터뷰한 내용.

7. Phil Wahba, "Reinventing the American Mall," *Fortune*, December 15, 2016, 150.

8. Sarwant Singh, "The Future of Car Retailing," *Forbes*, February 5, 2014, https://www.forbes.com/sites/sarwantsingh/2014/02/05/the-future-of-car-retailing/#7df822ce7d00.

9. Philips, "Philips Provides Light as a Service to Schiphol Airport," http://www.philips.com/a-w/about/news/archive/standard/news/press/2015/20150416-Philips-provides-Light-as-a-Service-to-Schiphol-Airport.html.

10. "Washington Metro to Install Cost-Free LEDs," *Lux*, November 26, 2013, http://luxreview.com/article/2013/11/washington-metro-to-install-cost-free-leds.

11. Joris Van Ostaeyen, *Analysis of the Business Potential of Product-Service Systems for Investment Goods* (PhD thesis, KU Leuven, 2014).

12. Atlas Copco, "Mobile Air Compressors," https://www.atlascopco.com/en-us/construction-equipment/products/Mobile-air-compressors.

13. Thomas Fischer et al., "Managerial Recommendations for Service Innovations in Different Product-Service Systems," in *Introduction to Product/Service-System Design*, eds. Tomohiko Sakao and Mattias Lindahl (London: Springer, 2009), 237.

14. Mark Egan, "Deep Learning: New Subsea Service Model Helps Oil Drillers Limit Costs," *GE Reports*, February 24, 2016.

15. Thomas Fleming and Markus Zils, "Toward a Circular Economy: Philips CEO Frans van Houten," *McKinsey Quarterly*, February 2014.

16. *Horizons, Michelin's Letter to Its Shareholders*, November 2014.

17. Karim R. Lakhani, Marco Iansiti, and Kerry Herman, "GE and the Industrial Internet," Case 614-032 (Boston: Harvard Business School, 2014, revised 2015).

18. Martha Heller, "GE's Jim Fowler on the CIO Role in the Digital Industry Economy," *CIO*, March 29, 2016.

19. Heather Ashton and Jeffrey Hojlo, "IDC FutureScape: Worldwide Manufacturing Product and Service Innovation 2018 Predictions," IDC Report US43317317, December 2017.

20. Vivek Agarwal, Vinay Arora, and Kris Renker, *Evolving Service Centric Business Models: Quest*

for Profitability and Predictability, Accenture Report, 2013.

플랫폼 혁명과 생태계 변화

1. Smithers Pira, *The Future of Global Printing to 2020* (Surrey, UK: Smithers Pira, 2015).

2. Felix Oberholzer-Gee and Julie M. Wulf, "Alibaba's Taobao (A)," Case 709-456 (Boston: Harvard Business School, 2009).

3. "Benefits of Online Platforms," Oxera, October 2015, https://www.oxera.com/Latest-Thinking/Publications/Reports/2015/What-are-the-benefts-of-online-platforms.aspx.

4. 헨릭 뮐러-핸슨(Henrik Müller-Hansen)이 저자에게 제공한 내용.

5. 자세한 내용을 참조. Das Narayandas, Sunil Gupta, and Rachna Tahilyani, "Flipkart: Transitioning to a Marketplace Model," Case 516-017 (Boston: Harvard Business School, 2015, revised 2016).

6. Catherine Shu, "Alibaba Group Starts Work on Massive Logistics Network to Provide 24-Hour Deliveries throughout China," TechCrunch, May 28, 2013, https://beta.techcrunch.com/2013/05/28/alibaba-csn/?_ga=2.12398516.144819195.1522769375-453968051.1501205451.

7. 윌리엄 루(William Ruh)와 인터뷰한 내용.

8. Thor Olavsrud, "GE, Pitney Bowes Team Up on Predictive and Prescriptive Analytics," *CIO*, July 14, 2015, https://www.cio.com/article/2947908/big-data/ge-pitney-bowes-team-up-on-predictive-and-prescriptive-analytics.html.

9. Thomas Kellner, "The Power of Predix: An Inside Look at How Pitney Bowes Is Using the Industrial Internet Platform," *GE Reports*, February 24, 2016, https://www.ge.com/reports/the-power-of-predix-an-inside-look-at-howpitney-bowes-has-been-using-the-industrial-internet-platform/.

10. General Electric, 2015 Annual Report, http://www.ge.com/ar2015/letter/.

11. 수닐 굽타와 사라 시몬즈의 연구를 인용. Sunil Gupta and Sara Simonds, "Goldman Sachs' Digital Journey," Case 518-039 (Boston: Harvard Business School, 2017).

12. Thales S. Teixeira and Morgan Brown, "Airbnb, Etsy, Uber: Acquiring the First Thousand Customers," Case 516-094 (Boston: Harvard Business School, 2016, revised 2018); and Michael Blanding, "How Uber, Airbnb, and Etsy Attracted Their First 1,000 Customers," *Harvard Business School Working Knowledge*, July 13, 2016.

13. Travis [Kalanick], "Chicago—Uber's Biggest Launch to Date?" Uber Newsroom, September 22, 2011.

14. Narayandas, Gupta, and Tahilyani, "Flipkart."

15. Geoffrey Parker and Marshall W. Van Alstyne, "Two-Sided Network Effects: A Theory of Information Product Design," *Management Science* 51, no. 10 (2005): 1494.

16. Elizabeth J. Altman and Mary Tripsas, "Product-to-Platform Transitions: Organizational

Identity Implications," in *The Oxford Handbook of Creativity, Innovation, and Entrepreneurship*, eds. Christina E. Shalley, Michael A. Hitt, and Jing Zhou (Oxford: Oxford University Press, 2015), 379–394.

17. 이 내용의 예는 다음을 참조. Clarence Lee, Vineet Kumar, and Sunil Gupta, "Designing Freemium: Managing Growth and Monetization Strategies," unpublished paper, July 2017.

18. "Global Mobile OS Market Share in Sales to End Users from 1st Quarter 2009 to 2nd Quarter 2017," Statista, https://www.statista.com/statistics/266136/global-market-share-held-by-smartphone-operating-systems/.

19. Nilson's Global Card Report 2015, *The Nilson Report,* April 2016, http://www.businesswire.com/news/home/20160509005108/en/Nilson-Report-ReleasesGlobal-Cards-Report-2015.

20. 미하엘 뷔어텐베어거(Michael Wüertenberger)와 인터뷰한 내용.

21. 다양한 시각에서 논의하고 싶다면 다음을 참조. Thomas R. Eisenmann, "Platform-Mediated Networks: Defnitions and Core Concepts," Module Note 807-049 (Boston: Harvard Business School, 2006, revised 2007).

22. Erle Ellis, "Ecosystem," *The Encyclopedia of the Earth,* September 24, 2014, http://www.eoearth.org/view/article/152248/.

23. James F. Moore, "Predators and Prey: A New Ecology of Competition," *Harvard Business Review,* May–June 1993, 75.

24. Peter James Williamson and Arnoud De Meyer, "Ecosystem Advantage: How to Successfully Harness the Power of Partners," *California Management Review* 55, no. 1 (2012): 24.

25. Eamonn Kelly, "Introduction: Business Ecosystems Come of Age," *Deloitte Insights*, April 15, 2015. This article was part of Deloitte's Business Trends 2015 report.

26. Tim Cook, "September 2014 Live Event," webcast, Apple, Inc., http://www.apple.com/live/2014-sept-event/.

27. Sunil Gupta, Shelle Santana, and Margaret L. Rodriguez, "Apple Pay," Case 516-027 (Boston: Harvard Business School, 2015, revised 2016).

28. 윌코 스타크(Wilko Stark)와 인터뷰한 내용.

29. Mark Zuckerberg in a November 12, 2016, Facebook post, https://www.facebook.com/zuck/posts/10103253901916271.

30. Alvin E. Roth, "The Art of Designing Markets," *Harvard Business Review,* October 2007, 118–126.

다시 생각하는 연구개발과 혁신

1. 나사(NASA)의 ISS 런저런 챌린지를 바탕으로 기술, https://www.nasa.gov/content/iss-longeron-challenge-0.

2. Mike Wall, "$30,000 NASA Contest to Boost Space Station's Power," Space.com, January 17,

2013, https://www.space.com/19315-nasa-contest-spacestation-power.html.

3. Sylvain Zimmer, "Optimizing the ISS Solar Arrays, a Python Solution to the NASA Longeron Challenge," February 6, 2013, https://sylvainzimmer.com/2013/02/06/optimizing-the-iss-solar-arrays-a-python-solution-to-the-nasalongeron-challenge/.

4. "NASA Tournament Lab: Space Poop Challenge," Herox, https://herox.com/SpacePoop.

5. Karim R. Lakhani et al., "Prize-Based Contests Can Provide Solutions to Computational Biology Problems," *Nature Biotechnology* 31, no. 2 (2013): 108–111.

6. Larry Huston and Nabil Sakkab, "Connect and Develop: Inside Procter & Gamble's New Model for Innovation," *Harvard Business Review,* March 2006, 58–66.

7. Eric von Hippel, "The Dominant Role of Users in the Scientifc Instrument Innovation Process," *Research Policy* 5, no. 3 (1976): 212.

8. Eric von Hippel, *Free Innovation* (Cambridge: MIT Press, 2017).

9. Eric von Hippel, "Open User Innovation," *The Encyclopedia of Human-Computer Interaction,* 2nd ed., eds. Mads Soegaard and Rikke Friis Dam (Aarhus N, Denmark: Interaction Design Foundation, 2013).

10. Dietmar Harhoff and Karim R. Lakhani, *Revolutionizing Innovation: Users, Communities, and Open Innovation* (Cambridge: MIT Press, 2016).

11. Mike Helser, "The Future of Open Innovation," *Research-Technology Management,* January–February 2017, 35.

12. Henry Chesbrough, "The Future of Open Innovation: The Future of Open Innovation Is More Extensive, More Collaborative, and More Engaged with a Wider Variety of Participants," *Research-Technology Management,* January–February 2017, 35.

13. Kevin J. Boudreau and Karim R. Lakhani, "Using the Crowd as an Innovation Partner," *Harvard Business Review,* April 2013, 60–69.

14. J. M. Bates and C. W. J. Granger, "The Combination of Forecasts," *Operational Research Quarterly* 20, no. 4: 451.

15. Sunil Gupta, "Big Data: Big Deal or Big Hype," *The European Business Review,* May–June 2015, 11.

16. Eliot van Buskirk, "How the Netflix Prize Was Won," *Wired,* September 22, 2009, https://www.wired.com/2009/09/how-the-netflix-prize-was-won/.

17. Von Hippel, "The Dominant Role of Users."

18. Dietmar Harhoff, "Context, Capabilities, and Incentives—The Core and the Periphery of User Innovation," in *Revolutionizing Innovation: Users, Communities, and Open Innovation,* eds. Dietmar Harhoff and Karim R. Lakhani (Cambridge, MA: MIT Press, 2016), 27–44.

19. Kate Linebaugh, "Citizen Hackers Tinker with Medical Devices," *Wall Street Journal,* September 26, 2014. This story was also highlighted by Eric von Hippel in his book *Free Innovation.*

20. Jeroen P. J. de Jong et al., "Market Failure in the Diffusion of Consumer-Developed

Innovations: Patterns in Finland," *Research Policy* 44, no. 10 (2015): 1856.

21. 존 프레드릭슨(Jon Fredrickson)과 인터뷰한 내용.

22. John Davis, "InnoCentive—Oil Spill Cleanup Part 2—Meet the Solver," https://www.youtube.com/watch?v=5_ucQKWmxdk.

23. Karim Lakhani, interview by author.

운영 효율성을 높이는 디지털 기술

1. Matt Burgess and Amelia Heathman, "Samsung Opens Galaxy Note 7 Exchange after Battery Fire Problems," *Wired*, September 19, 2016, http://www.wired.co.uk/article/samsung-galaxy-note-7-exchange-uk-battery-fre.

2. Brian X. Chen and Choe Sang-Hun, "Why Samsung Abandoned Its Galaxy Note 7 Flagship Phone," *New York Times*, October 11, 2016.

3. Germany Trade & Invest, *Industrie 4.0: Smart Manufacturing for the Future* (Berlin: Germany Trade & Invest, 2014).

4. Willy Shih, "Building the Digital Manufacturing Enterprise of the Future at Siemens," Case 616-060 (Boston: Harvard Business School, 2016).

5. Siemens, "Defects: A Vanishing Species?" *Pictures of the Future: The Magazine for Research and Innovation*, October 1, 2014.

6. Rajiv Lal and Scott Johnson, "GE Digital," Case 517-063 (Boston: Harvard Business School, 2017).

7. James Manyika et al., "Unlocking the Potential of the Internet of Things," McKinsey Global Institute, June 2015.

8. "MX3D Bridge," MX3D website, http://mx3d.com/projects/bridge/.

9. "The First On-Site House Has Been Printed in Russia," Apis Cor, February 20, 2017, http://apis-cor.com/en/about/news/frst-house.

10. Kaya Yurieff, "This Robot Can 3D Print a Building in 14 Hours," *CNN Tech*, May 2, 2017.

11. "3D Printing and the Future of Supply Chains," DHL Report, November 2016.

12. Marianna Kheyfets, "Could 'Westworld' Ever Be a Reality? This Doctor Is Already 3D Printing Tissues and Organs," *Circa*, February 3, 2017.

13. Tomas Kellner, "An Epiphany of Disruption: GE Additive Chief Explains How 3D Printing Will Upend Manufacturing," *GE Reports*, November 13, 2017.

14. Ibid.

15. Ibid.

16. "EOS and Airbus Group Innovations Team on Aerospace Sustainability Study for Industrial 3D Printing," Airbus Press Release, February 5, 2014.

17. Devindra Hardawar, "Mattel's New ThingMaker Is a $300 3D Printer for Toys," *Endgadget*,

February 15, 2016.

18. DHL Report, 2016.

19. Nick Parkin, "Doctors Turn to 3D Printing to Source Medical Supplies in Earthquake-Recovering Nepal," *ABC News Australia*, March 5, 2017.

20. DHL Report, 2016.

21. Varun Bhasin and Muhammad Raheel Bodla, "Impact of 3D Printing on Global Supply Chains by 2020" (thesis, Massachusetts Institute of Technology, 2014).

22. Dave McNary, " 'Star Wars' Helps Licensed Merchandise Sales Grow to $251.7 Billion," *Variety*, June 21, 2016.

23. Daniel Cohen, Matthew Sargeant, and Ken Somers, "3-D Printing Takes Shape," *McKinsey Quarterly,* January 2014.

24. Ernst & Young, "How Will 3D Printing Make Your Company the Strongest Link in the Value Chain: EY's Global 3D Printing Report 2016."

25. MIT, "Self-Assembly Lab," http://www.selfassemblylab.net.

26. Lockheed Martin, "Collaborative Human Immersive Laboratory," http://www.lockheedmartin.com/us/products/chil.html.

27. Magid Abraham and Marco Annuziata, "Augmented Reality Is Already Improving Worker Performance," hbr.org, https://hbr.org/2017/03/augmented-reality-is-already-improving-worker-performance.

28. Ibid.

29. Haje Jan Kamps, "Touch Surgery Brings Surgery Training to Augmented Reality," *TechCrunch*, January 6, 2017.

30. Lucas Matney, "Walmart Is Bringing VR Instruction to All of Its U.S. Training Centers," *TechCrunch*, June 1, 2017.

31. "Virtual & Augmented Reality: Understanding the Race for the Next Computing Platform," Goldman Sachs Report, January 13, 2016.

32. James A. Cooke, "Kimberly-Clark Connects Its Supply Chain to Store Shelf," *Supply Chain Quarterly*, Q1 2013.

33. Stan Aronow, Kimberly Ennis, and Jim Romano, "The Gartner Supply Chain Top 25 for 2017," *Gartner Report*, May 24, 2017.

34. Hayley Peterson, "Amazon Is Getting Closer to Crushing America's Biggest Clothing Stores," *Business Insider,* January 14, 2017, http://www.businessinsider.com/amazon-becomes-the-biggest-clothing-retailer-in-the-us-2017-1.

35. "Demand Planning—The Catalyst for Higher Performance," Tecsys White Paper, 2016.

36. Jeremy Hill, "Inside Amazon's Hiring Spree at Its Massive Etna Warehouse," BizJournals.com, August 2, 2017.

37. Eilene Zimmerman, "Cheaper and More Nimble Than Amazon's Kiva Robot," *Forbes,*

January 11, 2016, https://www.forbes.com/sites/eilenezimmerman/2016/01/11/cheaper-and-more-nimble-than-amazonskiva-robot/#4b510933cb32.

38. Mark Roberti, "How Tiny Wireless Tech Makes Workers More Productive," *Wall Street Journal*, August 16, 2016.

39. Ibid.

40. "UPS Fact Sheet," UPS, https://pressroom.ups.com/pressroom/ContentDetailsViewer.page?ConceptType=FactSheets&id=1426321563187-193.

41. Mathieu Dougados et al., "The Missing Link: Supply Chain and Digital Maturity," Capgemini Consulting, December 16, 2013, https://www.capgemini.com/consulting/resources/the-missing-link-supply-chain-and-digital-maturity/.

42. Steven Rosenbush and Laura Stevens, "At UPS, the Algorithm Is the Driver," *Wall Street Journal*, February 16, 2015.

43. Dakin Campbell, "Goldman Set Out to Automate IPOs and It Has Come Far, Really Fast," *Bloomberg*, June 13, 2017, https://www.bloomberg.com/news/articles/2017-06-13/goldman-set-out-to-automate-ipos-andit-s-come-far-really-fast.

44. Sunil Gupta and Sara Simonds, "Goldman Sachs' Digital Journey," Case 518-039 (Boston: Harvard Business School, 2017).

45. Singapore Academy of Law, *Legal Technology Vision: Towards the Digital Transformation of the Legal Sector* (Singapore: Singapore Academy of Law, 2017).

46. Zach Abramowitz, "More Evidence That Software Is Eating the Legal Industry: An Interview with LawGeex CEO Noory Bechor," *Above the Law*, June 2, 2015.

47. Singapore Academy of Law, *Legal Technology Vision*.

오프라인과 온라인의 연결, 옴니채널 전략

1. 이 논의는 다음의 연구를 바탕으로 기술. Sunil Gupta and Eren Kuzucu, "Enpara.com: Digital Bank at a Crossroad," Case 518-030 (Boston: Harvard Business School, 2017).

2. This discussion is based on Robert J. Dolan and Leslie K. John, "Kiehl's Since 1851: Pathway to Profitable Growth," Case 514-044 (Boston: Harvard Business School, 2013, revised 2015).

3. Ibid., page 2.

4. 이 논의는 다음의 연구를 바탕으로 기술. Jill Avery, Chekitan S. Dev, and Peter O'Connor, "Accor: Strengthening the Brand with Digital Marketing," Case 316-103 (Boston: Harvard Business School, 2016).

5. Nick Vivion, "Accor Is Now AccorHotels and Fights OTAs with Open Enrollment for Independents," *Tnooz*, June 3, 2015.

6. "AccorHotels Opens Its Distribution Platform to Independent Hotels," *Hospitality On,* June 6, 2015, http://hospitality-on.com/en/news/2015/06/03/accorhotels-opens-its-distribution-platform-to-independent-hotels/.

7. Nicole Spector, "Retailers Are Making It Easier for You to Return Gifts—and Buy More," *NBC News*, January 3, 2017.

8. Cliff Kuang, "Disney's $1 Billion Bet on a Magical Wristband," *Wired*, March 10, 2015.

1. Gregory Karp, "Millennials, Nontraditional Travelers Chase the Sapphire Reserve," *NerdWallet*, April 5, 2017, https://www.nerdwallet.com/blog/credit-cards/chase-sapphire-reserve-millennials-travel-trends/.

2. Jennifer Surane and Hugh Son, "Dimon Says New Sapphire Card Cuts Proft by up to $300 Million in Quarter," *Bloomberg*, December 6, 2016.

3. Ibid.

4. "J.P. Morgan Chase Strategy Update," Marianne Lake, Chief Financial Offcer, February 27, 2018, https://www.jpmorganchase.com/corporate/investor-relations/document/3cea4108_strategic_update.pdf.

5. Justina Perro, "Mobile Apps: What's a Good Retention Rate?" Localtyics.com, March 21, 2017, http://info.localytics.com/blog/mobile-apps-whats-a-goodretention-rate.

6. Corrie Driebusch and Eliot Brown, "Blue Apron Serves Up an Insipid Offering," *Wall Street Journal,* June 28, 2017, https://www.wsj.com/articles/blue-apron-prices-ipo-at-10-a-share-1498688019.

7. Robert S. Kaplan, "Elkay Plumbing Products Division," Case 110-007 (Boston: Harvard Business School, 2009, revised 2010).

8. 더 자세한 내용은 다음의 연구를 참조. Sunil Gupta and Joseph Davies-Gavin, "BBVA Compass: Marketing Resource Allocation," Case 511-096 (Boston: Harvard Business School, 2011, revised 2012).

9. Kevin Roberts, *Lovemarks: The Future beyond Brands* (Brooklyn: PowerHouse Books, 2015).

10. Jim Lecinski, "Winning the Zero Moment of Truth," Google report, June 2011, https://www.thinkwithgoogle.com/marketing-resources/micro-moments/zero-moment-truth/.

11. David Court et al., "The Consumer Decision Journey," *McKinsey Quarterly*, June 2009.

12. Glen L. Urban et al., "Morphing Banner Advertising," *Marketing Science* 33, no. 1 (2013): 27.

13. John R. Hauser, Guilherme Liberali, and Glen L. Urban, "Website Morphing 2.0: Switching Costs, Partial Exposure, Random Exit, and When to Morph," *Management Science* 60, no. 6 (2014): 1594.

14. Garrett A. Johnson, Randall A. Lewis, and Elmar I. Nubbemeyer, "Ghost Ads: Improving the Economics of Measuring Online Ad Effectiveness," *Journal of Marketing Research* 54, no. 6 (2017): 867.

15. Anja Lambrecht and Catherine Tucker, "When Does Retargeting Work? Information Specifcity in Online Advertising," *Journal of Marketing Research* 50, no. 5 (2013): 561.

16. Mark Borden, "The Mekanism Guarantee: They Engineer Virality," *Fast Company*, May 1, 2010.

17. Carla Marshall, "How Many Views Does a YouTube Video Get? Average Views by Category," *TubularInsights,* February 2, 2015.

18. Sharad Goel, Duncan J. Watts, and Daniel G. Goldstein, "The Structure of Online Diffusion Networks," *Proceedings of the 13th ACM Conference on Electronic Commerce*, 623. See also Derek Thompson, "Why It's a Lot Harder to 'Go Viral' on the Internet Than You Think," *Time*, February 17, 2017.

19. Duncan Watts and Jonah Peretti, "Viral Marketing for the Real World," *Harvard Business Review*, May 2007, 22 – 23.

20. Felix Oberholzer-Gee, "Buzzfeed—The Promise of Native Advertising," Case 714-512 (Boston: Harvard Business School, 2014).

21. Ibid.

22. Jonathan Ringen, "Point Man," *Fast Company*, July/August 2017, 85.

23. John Deighton and Leora Kornfeld, "The Ford Fiesta," Case 511-117 (Boston: Harvard Business School, 2011).

24. Sinan Aral, "What Would Ashton Do—and Does It Matter?" *Harvard Business Review*, May 2013, 25 – 27.

25. Eytan Bakshy et al., "Everyone's an Influencer: Quantifying Influence on Twitter," *Proceedings of the Fourth ACM International Conference on Web Search and Data Mining*, 65.

26. Oberholzer-Gee, "Buzzfeed."

27. Carl F. Mela, Sunil Gupta, and Donald R. Lehmann, "The Long-Term Impact of Promotion and Advertising on Consumer Brand Choice," *Journal of Marketing Research* 34, no. 2 (1997): 248.

28. Michael Lewis, "Customer Acquisition Promotions and Customer Asset Value," *Journal of Marketing Research* 43, no. 2 (2006): 195.

29. Julian Villanueva, Shijin Yoo, and Dominique M. Hanssens, "The Impact of Marketing-Induced Versus Word-of-Mouth Customer Acquisition on Customer Equity Growth," *Journal of Marketing Research* 45, no. 1 (2008): 48.

30. Philipp Schmitt, Bernd Skiera, and Christophe Van den Bulte, "Why Customer Referrals Can Drive Stunning Profits," *Harvard Business Review*, June 2011, 30.

31. Donald Ngwe and Thales Teixeira, "Improving Online Retail Margins by Increasing Search Frictions," working paper, Harvard Business School, Boston, 2017.

32. "37 Cart Abandonment Rate Statistics," Baymard Institute, January 9, 2017, https://baymard.com/lists/cart-abandonment-rate.

33. Bill Carmody, "Freemium Is About Marketing & Innovation, Not Pricing," *Inc.*, April 14, 2017.

34. Uzi Shmilovici, "The Complete Guide to Freemium Business Models," *Techcrunch*,

September 4, 2011, https://techcrunch.com/2011/09/04/complete-guide-freemium/.

35. Clarence Lee, Vineet Kumar, and Sunil Gupta, "Designing Freemium: Strategic Balancing Growth and Monetization," working paper, Harvard Business School, Boston, 2015, https://papers.ssrn.com/sol3/papers.cfm?abstract_id=2767135. See also Sunil Gupta and Carl Mela, "What Is a Free Customer Worth?" *Harvard Business* Review, November 2008, 102 – 109; and Vineet Kumar, "Making 'Freemium' Work," *Harvard Business Review*, May 2014, 27 – 29.

36. Kaifu Zhang et al., "Content Contributor Management and Network Effects in a UGC Environment," *Marketing Science* 31, no. 3 (2011): 433.

고객의 참여를 유도하는 가장 근본적인 방안

1. Andrew Rice, "Does BuzzFeed Know the Secret?" *New York*, April 7, 2013; http://nymag.com/news/features/buzzfeed-2013 – 4/.

2. Tobi Elkin, "Survey Finds 90% of People Skip Pre-Roll Video Ads," *MediaPost*, June 8, 2016.

3. Yuyu Chen, "More Than 60 Percent of Snapchat Users Skip Ads on the Platform," *Digiday*, February 13, 2017.

4. "The State of the Blocked Web: 2017 Global Adblock Report," PageFair.

5. Mary Meeker, "Internet Trends 2017—Code Conference," Kleiner Perkins, May 31, 2017.

6. Daniel G. Goldstein et al., "The Economic and Cognitive Costs of Annoying Display Advertisements," *Journal of Marketing Research* 51, no. 6 (2014): 742.

7. https://en.wikipedia.org/wiki/E-mart#cite_note-6.

8. "Tesco Builds Virtual Shops for Korean Commuters," *The Telegraph*, June 27, 2011, https://www.telegraph.co.uk/technology/mobile-phones/8601147/Tesco-builds-virtual-shops-for-Korean-commuters.html.

9. Anaheeta Goenka and Abhijit Panicker, "Kan Khajura Station: From the 'Dark' to Connectivity," *Warc*, 2014, https://www.warc.com/NewsAndOpinion/News/34990.

10. "HUL Opens Up Kan Khajura Tesan," *Warc*, June 29, 2015, https://www.warc.com/NewsAndOpinion/News/34990.

11. This discussion is based on Sunil Gupta, Srinivas K. Reddy, and David Lane, "Marketing Transformation at Mastercard," Case 517-040 (Boston: Harvard Business School, 2017).

12. Drew Neisser, "Clorox CMO's Five Building Blocks of a Better Brand," *AdAge*, March 8, 2017.

13. Thales S. Teixeira, "When People Pay Attention to Video Ads and Why," hbr.org, October 14, 2015.

14. "Moment Marketing Tool Kit," 2006, *Warc*.

15. "Your Guide to Winning the Shift to Mobile," Google, September 2015, https://www.thinkwithgoogle.com/marketing-resources/micro-moments/micromoments-guide-

pdf-download/.

16. Sunil Gupta, "In Mobile Advertising, Timing Is Everything," hbr.org, November 4, 2015.

17. Allison Mooney and Brad Johnsmeyer, "I-Want-to-Buy Moments: How Mobile Has Reshaped the Purchase Journey," Google, May 2015, https://www.thinkwithgoogle.com/ marketing-resources/micro-moments/i-wantto-buy-moments/.

18. Gupta, "Mobile Advertising."

19. See company website for Home Connect: https://www.dbs.com.sg/personal/loans/ mortgage-resources-tools/property-guide-app.

20. Forrester Research, "Moments That Matter: Intent-Rich Moments Are Critical to Winning Today's Consumer Journey," July 2015.

21. Robert D. Hof, "Marketing in the Moments, to Reach Customers Online," *New York Times,* January 17, 2016, https://www.nytimes.com/2016/01/18/business/media/marketing-in-the-moments-to-reach-customers-online.html?_r=0.

22. Consumers in the Micro-Moment, Wave 3, Google/Ipsos, U.S., August 2015, as reported in Google's *Micromoment Guide to Winning Mobile.*

23. 다음의 연구를 참조. Brandy Shaul, "Report: Average App Session Length Is Around 5 Minutes," *Adweek*, November 22, 2016; and "One-Third of Mobile App Engagements Last Less Than One Minute," Swrve.com, July 17, 2014, https://www.swrve.com/company/ press/one-third-of-mobile-app-engagementslast-less-than-one-minute.

24. *Micromoment Guide to Winning Mobile*, Google, September 2015.

25. Daniel An, "Find Out How You Stack Up to New Industry Benchmarks for Mobile Page Speed," Google, February 2018, https://www.thinkwithgoogle.com/marketing-resources/ data-measurement/mobile-page-speed-new-industry-benchmarks/.

마케팅의 가치와 비용 최적화

1. Chris Anderson, "The End of Theory: The Data Deluge Makes the Scientifc Method Obsolete," *Wired*, June 23, 2008.

2. Jeremy Ginsberg et al., "Detecting Influenza Epidemics Using Search Engine Query Data," *Nature* 457 (2008): 1012.

3. David Lazer et al., "The Parable of Google Flu: Traps in Big Data Analysis," *Science* 343 (2014): 1203.

4. Andrew Lipsman et al., "The Power of 'Like': How Brands Reach (and Influence) Fans through Social-Media Marketing," *Journal of Advertising Research*, March 2012, 40.

5. Leslie K. John et al., "Does 'Liking' Lead to Loving? The Impact of Joining a Brand's Social Network on Marketing Outcomes," *Journal of Marketing Research* 54, no. 1 (2017): 144. See also Leslie K. John et al., "What's the Value of a Like?" *Harvard Business Review*, March – April 2017.

6. Nicholas A. Christakis and James H. Fowler, "The Spread of Obesity in a Large Social Network over 32 Years," *New England Journal of Medicine* 357 (2007): 370.

7. Rob Stein, "Obesity Spreads in Social Circles as Trends Do, Study Indicates," *Washington Post*, July 26, 2007.

8. Ethan Cohen-Cole and Jason M. Fletcher, "Detecting Implausible Social Network Effects in Acne, Height, and Headaches: Longitudinal Analysis," *British Medical Journal* 337 (2008): 2533.

9. Russell Lyons, "The Spread of Evidence-Poor Medicine via Flawed Social-Network Analysis," *Statistics, Politics and Policy* 2, no. 1 (2011): 2151.

10. Cosma Rohilla Shalizi and Andrew C. Thomas, "Homophily and Contagion Are Generically Confounded in Observational Social Network Studies," *Sociological Methods and Research* 40 (2011): 211.

11. Sinan Aral, Lev Muchnik, and Arun Sundararajan, "Distinguishing Influence-Based Contagion from Homophily-Driven Diffusion in Dynamic Networks," *Proceedings of the National Academy of Sciences* 106, no. 51 (2009): 21544.

12. Catherine Tucker, "Identifying Formal and Informal Influence in Technology Adoption with Network Externalities," *Management Science* 54, no. 12 (2008): 2024.

13. Joseph P. Davin, Sunil Gupta, and Mikolaj Jan Piskorski, "Separating Homophily and Peer Influence with Latent Space," working paper 14-053, Harvard Business School, Boston, 2014. http://www.hbs.edu/faculty/Publication%20Files/14-053_f72cd431-8b9c-4991-8ea4-6ab5209f11a1.pdf.

14. Dean Eckles, René F. Kizilcec, and Eytan Bakshy, "Estimating Peer Effects in Networks with Peer Encouragement Designs," *Proceedings of the National Academy of Sciences* 113, no. 27 (2016): 7316.

15. Thomas Blake, Chris Nosko, and Steven Tadelis, "Consumer Heterogeneity and Paid Search Effectiveness: A Large-Scale Field Experiment," *Econometrica* 83 (2014): 155.

16. Mark Sweney, "Google Keyword Advertising Is Waste of Money, Says eBay Report," *The Guardian*, March 13, 2013.

17. Weijia (Daisy) Dai and Michael Luca, "Effectiveness of Paid Search Advertising: Experimental Evidence," working paper 17-025, Harvard Business School, Boston, 2017. See also "Do Search Ads Really Work?" *Harvard Business Review,* March-April 2017, 26.

18. Sunil Gupta and Joseph Davies-Gavin, "BBVA Compass: Marketing Resource Allocation," Case 511-096 (Boston: Harvard Business School, 2012).

19. 관련된 최근 연구 사례는 다음 연구를 참조. Pavel Kireyev, Koen Pauwels, and Sunil Gupta, "Do Display Ads Influence Search? Attribution and Dynamics in Online Advertising," *International Journal of Research in Marketing*

33, no. 3 (2016): 475; Hongshuang (Alice) Li and P. K. Kannan, "Attributing Conversions in a Multichannel Online Marketing Environment: An Empirical Model and a Field Experiment," *Journal of Marketing Research* 51 (2014): 40; and Anindya Ghose and Vilma

Todri-Adamopoulos, "Toward a Digital Attribution Model: Measuring the Impact of Display Advertising on Online Consumer Behavior," *MIS Quarterly* 40, no. 4 (2016): 889.

20. Jim Lecinski, *Winning the Zero Moment of Truth* (Palo Alto: Think with Google, 2011), 25.

21. 더 자세한 내용은 다음을 참조. Kireyev, Pauwels, and Gupta, "Do Display Ads Influence Search?

22. "TV and Digital Are in a Dead Heat for US Media Dollars," *eMarketer*, October 4, 2016.

23. https://www.statista.com/statistics/187439/share-of-e-commerce-salesin-total-us-retail-sales-in-2010/.

24. https://www.facebook.com/business/success/general-motors-onstar.

25. Thorsten Wiesel, Koen Pauwels, and Joep Arts, "Marketing's Proft Impact: Quantifying Online and Off-line Funnel Progression," *Marketing Science* 30, no. 4 (2010): 604.

26. Isaac M. Dinner, Harald J. Van Heerde, and Scott A. Neslin, "Driving Online and Offline Sales: The Cross-Channel Effects of Traditional, Online Display, and Paid Search Advertising," *Journal of Marketing Research* 51, no. 5 (2014): 527.

27. Prasad Naik and Kay Peters, "A Hierarchical Marketing Communications Model of Online and Offline Media Synergies," *Journal of Interactive Marketing* 23, no. 4 (2009): 288.

성공적인 디지털 전환에 필요한 핵심 요소

1. http://investors.nytco.com/investors/investor-news/investor-news-details/2018/The-New-York-Times-Company-Reports-2017-Fourth-Quarter-andFull-Year-Results/default.aspx.

2. Sunil Gupta and Lauren Barley, "Reinventing Adobe," Case 514-066 (Boston: Harvard Business School, 2014, revised 2015).

3. Michael Corkery, "Adobe Buys Omniture: What Were They Thinking?" *Wall Street Journal*, September 16, 2009, https://blogs.wsj.com/deals/2009/09/16/adobe-buys-omniture-what-were-they-thinking/.

4. Gupta and Barley, "Reinventing Adobe."

5. 샨타누 나라옌(Shantanu Narayen)과 2017년 4월에 인터뷰한 내용.

6. Sunil Gupta and Sara Simonds, "Goldman Sachs' Digital Journey," Case 518-039 (Boston: Harvard Business School, 2017).

혁신 지향적인 조직 설계하기

1. 이 논의는 다음 연구를 기반으로 함. Sunil Gupta and Eren Kuzucu, "Enpara.com: Digital

Bank at a Crossroad," Case 518-030 (Boston: Harvard Business School, 2017).

2. Ibid.

3. Ibid.

4. 작성자 인터뷰.

5. Nicholas Wade, "Your Body Is Younger Than You Think," *New York Times*, August 2, 2005, http://www.nytimes.com/2005/08/02/science/your-body-isyounger-than-you-think.html.

6. 이 논의는 다음 연구를 기반으로 함. Sunil Gupta and Sara Simonds, "Goldman Sachs' Digital Journey," Case 518-039 (Boston: Harvard Business School, 2017).

데이터 활용 인재를 관리하기

1. "The Future of Agriculture," *The Economist*, June 11, 2016.

2. Ibid.

3. Sunil Gupta and Sara Simonds, "Goldman Sachs' Digital Journey," Case 518-039 (Boston: Harvard Business School, 2017).

4. "10 Key Marketing Trends for 2017 and Ideas for Exceeding Customer Expectations," IBM report, 2017, https://www-01.ibm.com/common/ssi/cgi-bin/ssialias?htmlfd=WRL12345USEN.

5. Sunil Gupta, "Big Data: Big Deal or Big Hype?" *The European Business Review*, May 25, 2015.

6. David Lazer et al., "The Parable of Google Flu: Traps in Big Data Analysis," *Science* 343, no. 6176 (2014): 1203.

7. "The Return of the Machinery Question," *The Economist*, June 25, 2016.

8. Quoc V. Le et al., "Building High-Level Features Using Large Scale Unsupervised Learning," *Proceedings of the 29th International Conference on Machine Learning*, 2012, 507.

9. "Machinery Question," *The Economist*.

10. Carl Benedikt Frey and Michael A. Osborne, "The Future of Employment: How Susceptible Are Jobs to Computerisation?" working paper, University of Oxford, Oxford, 2013, http://www.oxfordmartin.ox.ac.uk/downloads/academic/The_Future_of_Employment.pdf.

11. James Manyika et al., "Harnessing Automation for a Future That Works," McKinsey Global Institute, January 2017, http://www.mckinsey.com/global-themes/digital-disruption/harnessing-automation-for-a-future-that-works.

12. Arwa Mahdawi, "What Jobs Will Still Be Around in 20 Years? Read This to Prepare Your Future," *The Guardian*, June 26, 2017.

13. "Automation and Anxiety: Will Smarter Machines Cause Mass Unemployment?" *The Economist*, June 25, 2016.

14. Susan Lund, James Manyika, and Kelsey Robinson, "Managing Talent in a Digital Age,"

McKinsey Quarterly, March 2016.

15. 작성자 인터뷰.

16. Kenneth A. Egol et al., "Can Video Game Dynamics Identify Orthopaedic Surgery Residents Who Will Succeed in Training?" *International Journal of Medical Education* 8 (2017): 123.

17. 작성자 인터뷰.

18. Kelsey Gee, "In Unilever's Radical Hiring Experiment, Resumes Are Out, Algorithms Are In," *Wall Street Journal*, June 26, 2017.

19. Marcus Buckingham and Ashley Goodall, "Reinventing Performance Management," *Harvard Business Review*, April 2015, 40 – 50.

20. Max Nisen, "How Millennials Forced GE to Scrap Performance Reviews," *The Atlantic*, August 18, 2015, https://www.theatlantic.com/politics/archive/2015/08/how-millennials-forced-ge-to-scrap-performancereviews/432585/.

21. Steven Prokesch, "Reinventing Talent Management," *Harvard Business Review*, September – October 2017, 54.

22. Jennifer Surane, "Goldman Sachs Introduces Real-Time Employee Performance Reviews," *Bloomberg*, April 21, 2017, https://www.bloomberg.com/news/articles/2017-04-21/goldman-sachs-introduces-real-time-employeeperformance-reviews.

23. Don Peck, "They're Watching You at Work," *The Atlantic*, December 2013, https://www.theatlantic.com/magazine/archive/2013/12/theyre-watchingyou-at-work/354681/.

24. Prokesch, "Reinventing Talent Management."

찾아보기